UNE COLLECTION D'ÉPANOUISSEMENT INTÉRIEUR
Dirigée par Anne Ducrocq

On naît, on grandit, on vit, on prend des coups, on s'étonne. On esquive, on mûrit, on guérit, on avance. Et parce que la vie est la vie et qu'elle nous veut du bien, on rencontre sur le chemin des livres de sagesse et d'épanouissement intérieur: on y apprend à respirer avec le cœur; la vie s'y faufile, vaste et libre, toujours en train de commencer.
Car il ne suffit pas d'être né, il faut renaître à l'essentiel.

Des histoires personnelles aux expériences universelles, de la foi au combat spirituel, des épreuves à l'amour, des blessures à la fin de vie,

tout est à vivre.

A. D.

Né en 1953, Bertrand Vergely est normalien, agrégé de philosophie et théologien orthodoxe. Professeur en khâgne à Orléans, il enseigne également à l'Institut d'études politiques de Paris et à l'Institut de théologie orthodoxe Saint-Serge. Il est l'auteur de nombreux ouvrages de philosophie générale ainsi que de nombreux essais sur la souffrance, la mort, la foi et le bonheur.

Bertrand Vergely

LE SILENCE DE DIEU

face aux malheurs du monde

Presses de la Renaissance

TEXTE INTÉGRAL

ISBN 978-2-7578-6169-1
(ISBN 978-2-7509-0131-8, 1ʳᵉ publication)

© Presses de la Renaissance, 2006

Pour Olivier Clément

Le mal et nous

« Si Dieu existe, comment peut-il tolérer la souffrance des enfants ainsi que celle des innocents ? » Ce cri est celui d'Ivan Karamazov, le héros de Dostoïevski. Il est celui d'Albert Camus. Il est le nôtre. La souffrance d'un enfant comme d'un innocent nous apparaît comme un scandale absolu. Il y a de bonnes raisons à cela. Une telle souffrance heurte notre lien avec la justice. Il nous semble juste qu'un coupable paie pour une faute qu'il a commise. Mais, quand un innocent souffre, quelle faute a-t-il commise ? Sa souffrance n'indique-t-elle pas une inversion profonde de l'ordre de la réalité ? Comment croire à une justice divine à l'œuvre dans le monde si l'enfant comme l'innocent souffrent ? Comment ne pas comprendre la révolte de l'homme de bon sens comme de l'intellectuel préférant ne plus croire en Dieu plutôt que d'embrasser une foi justifiant une telle souffrance ?

Pendant longtemps, on ne s'est pas révolté. On a été fataliste. Vieil héritage paysan. La violence fait partie du cours des choses. La Nature est violente. Les animaux sont violents. Les hommes sont violents. C'est ainsi. Cela a toujours été ainsi. Cela sera toujours ainsi. Vieil héritage religieux également. L'homme a péché vis-à-vis de Dieu. Il est puni. Il doit payer ses fautes. Le monde est une vallée de larmes.

Oui. Pendant longtemps, il n'y a pas eu révolte mais résignation. La Nature a été salie, l'homme culpabilisé. Et puis un jour, le vent a tourné. Le monde est devenu moderne et sartrien, il s'est révolté contre le fait de ne pas se révolter. Il a vu la source de toute violence non pas dans la Nature, mais dans la résignation devant la Nature. Il a découvert la source du mal non pas dans l'homme, mais dans la culpabilisation de l'homme. Il a donc cessé d'imaginer qu'il existe un ordre des choses et d'y adhérer, comme il a cessé de croire en Dieu et de vivre religieusement. Il a découvert que la Nature est moins violente quand on ne se résigne pas à celle-ci. L'homme est moins violent également quand on cesse de le culpabiliser.

Cette rupture avec la Nature comme avec la religion a été jugée comme une catastrophe. Il est apparu comme impie que l'homme ne se résigne plus et qu'il ne se culpabilise plus. Est-ce pourtant le cas ? N'est-ce pas au contraire la véritable foi qui est apparue à cette occasion ? N'est-ce pas cela qui a profondément dérangé et qui dérange encore ?

Quand on se résigne à la violence de la Nature, est-on vraiment sage ? On est aussi violent qu'elle. Qui ne peut pas dominer se résigne en attendant de pouvoir dominer. La résignation n'est qu'une ruse de la part de la violence qui attend son heure. D'où la sagesse consistant à se révolter contre une telle résignation. On se résigne trop et depuis trop longtemps. Cette résignation est devenue une habitude ancrée dans les mémoires. Elle a créé la plus vieille religion de l'humanité, à savoir la religion de la violence. On ne fait pas de mal en bousculant une telle religion. On fait au contraire du bien. Rien ne fait autant de mal que de répéter que l'homme a été, est et sera violent. C'est cela qui tue les enfants et les innocents. Comment être innocent et insouciant comme un enfant quand on pense que la violence est le fond de toute chose ? Innocence comme insouciance sont condamnées.

De même, la religion qui culpabilise l'homme se croit religieuse. Elle ne l'est guère. On avance que l'homme est responsable de tout ce qui se passe sur terre quand on a peur de se confronter à l'innocence de celui-ci comme à la sienne propre. Il est beaucoup plus facile d'être malheureux que d'être heureux et beaucoup plus facile d'être coupable que d'être innocent. Qui est malheureux a des raisons de haïr. Qui est coupable a des raisons de se haïr.

Si la résignation face à la Nature sert à justifier un culte archaïque de la violence, la culpabilisation de l'homme sert à justifier la destruction mentale des autres et de soi. En ce sens, la révolte contre une religion de culpabilité est un acte libérateur. Aussi convient-il de le saluer. Comme il convient de saluer le refus de se résigner face à l'ordre des choses. Ce qui ne résout pas cependant tous les problèmes.

On a la foi quand on refuse de se résigner, quand également on a une foi dans l'homme, dans ce qu'il peut faire, dans le fait même de faire. On découvre ainsi le véritable ordre des choses. Celui-ci est vivant. Il réside dans la vie agissante et non dans la vie passive. Il se trouve dans une vie dans laquelle l'homme s'implique en agissant. La Nature n'est donc pas ce que l'on croit. Elle ne réside pas dans un ordre des choses donné en dehors de l'homme, mais dans une vie agissante devenant consciente grâce à lui. Elle est le devenir conscient de celui-ci et non son passé obscur et extérieur.

De même, on a la foi quand on refuse une religion de culpabilité faisant honte à l'homme en l'accusant de tous les maux qui accablent le monde. Une telle foi est foi dans le jugement distinguant l'innocent du coupable. Elle est foi dans la reconnaissance de l'innocent. Elle est foi dans l'idée qu'une vie est possible au-delà de la violence et de l'humiliation. Il faut autrement dit croire que l'homme peut être sauvé pour croire en l'homme et en son innocence.

Il faut croire qu'il n'est pas irrémédiablement voué à un ordre violent de la Nature comme de lui-même, dont il ne peut se délivrer qu'en renonçant à lui-même et en se détruisant.

Penchons-nous sur la révolte. Celle-ci est porteuse d'un immense souffle de vie. Elle devrait donc normalement conduire à la foi. Étrangement, malheureusement, tel n'est pas le cas. La révolte des modernes au lieu d'avoir la foi désespère. Son message est destructeur au lieu d'être créateur.

Constatons-le. Le refus de se résigner à la Nature tend à devenir un refus de la Nature elle-même. Le refus d'une religion de culpabilité tend à se transformer en un refus de toute foi. D'où ce paradoxe. Le refus de la violence tend à devenir une violence plus grande encore que la violence passée. Si bien que l'on finit par se résigner à celle-ci. Pire, la révolte culpabilise l'homme de ne pas être violent en refusant de se révolter.

Comme quoi, ce n'est pas parce que l'on se révolte contre la résignation et la culpabilisation que l'on s'affranchit de celles-ci. Ce qui n'est pas un hasard. Qui est résigné ainsi que dans la culpabilisation vit contre. Qui est contre le fait d'être ainsi contre est encore contre. Il est inconsciemment résigné à la violence ainsi qu'à la culpabilisation en pensant qu'on n'y échappe pas.

Il est possible de sortir de la violence comme de la culpabilisation. Les pages qui vont suivre voudraient pouvoir le montrer. Comme elles voudraient pouvoir montrer que tel est en profondeur l'enjeu d'une réflexion concernant l'attitude de Dieu face au mal.

Bon nombre de théologiens se sont démenés afin d'innocenter Dieu. Bon nombre d'entre eux persistent encore à le faire. Cela fait plus de mal que de bien. Est-ce à l'homme d'innocenter Dieu ? Quand l'homme le fait, n'est-ce pas pour se justifier et innocenter une religion politique menant une politique religieuse ?

La religion que cherche à innocenter Dieu a quelque chose d'accablant. L'homme révolté qui cherche à accabler Dieu est tout aussi accablant. Camus s'en est rendu compte. S'il a fait le procès de Dieu dans *La Peste*, il a fait celui du nihilisme dans *L'Homme révolté*. Signe qu'il a vu les limites de la révolte sans avoir le temps d'en tirer toutes les conséquences.

S'il y a un Dieu culpabilisant dans lequel il est salutaire de ne pas croire, il y a un Dieu des profondeurs dans lequel il est difficile de ne pas croire. Vivre a du sens. L'homme est infiniment précieux. Cela nous tient en vie en empêchant de tuer comme de nous tuer. Ne pas croire en un tel Dieu revient à se tirer une balle dans le pied. Ce que nous faisons rarement, sauf dans ces cas extrêmes où des hommes deviennent des assassins ou mettent fin à leur existence. Il n'est pas très difficile d'être désespéré quand on est un auteur à succès, un séducteur couvert de conquêtes, un *dandy* argenté, un artiste que le monde s'arrache. C'est même plutôt utile. Le désespoir procure une forme de détachement qui amuse. On se dit désespéré, autrement dit, parce qu'on ne l'est pas vraiment. Quand on l'est vraiment, il en va autrement. On ne s'amuse plus. On souffre comme un damné. On ressent dans sa chair le fait d'être privé de sa source de vie.

Il importe, dans ces conditions, d'en tirer les conséquences : ne mélange-t-on pas deux choses qui n'ont rien à voir quand on se demande ce que fait Dieu alors que la création souffre ? Ne mélange-t-on pas le Dieu extérieur et le Dieu intérieur ? Quand un malheur arrive et que l'on souffre, il est normal, inévitable, humain, sain de se révolter contre Dieu en se demandant ce qu'il fait. Surtout quand une telle souffrance est liée à la violence aveugle de la Nature ou à l'injustice criante des hommes. Ne pas devenir athée en de telles circonstances est, pour ainsi dire, inquiétant. Une chose est, cela dit, le Dieu qui n'assiste pas, quand on l'appelle à l'aide et le Dieu qui est la vie de toute vie pour reprendre la superbe définition que saint Augustin donne de celui-ci dans les *Confessions*. Réduire Dieu à une fonction d'assistance, c'est lui ôter son caractère fondamental. C'est se l'ôter à soi-même. Souvenons-nous. En des temps de détresse, qu'est-ce qui nous a assisté ? Ce n'est pas l'assistance, mais une foi ardente. Face aux grandes souffrances, quand on ne peut plus rien faire, on peut encore se tenir dans la vie avec foi. Et c'est cela qui sauve. Une présence. Un geste. Une parole.

La vie est ainsi faite. Elle est à cheval entre le plan humain et le plan ontologique. De ce fait, les choses ne sont pas ce que l'on croit. En ce qui concerne la souffrance et la mort notamment. Ce n'est pas parce qu'il n'y a pas de réponse technique, humaine à un problème humain qu'il n'y a pas de réponse en profondeur. Ce n'est pas non plus parce qu'il y a réponse technique et humaine à un problème qu'il y a réponse. Nous sommes tous confrontés un jour ou l'autre à la souffrance et à la mort. Nous faisons tous l'expérience des limites humaines en matière d'assistance. Tout le monde ou presque, à quelques exceptions près, arrive à se confronter à de telles épreuves. Quand il y a une présence, une parole, un geste, une attitude dense et profonde, on peut vivre malgré l'assistance humaine. À l'inverse, bien des hommes disposent de toutes les assistances humaines possibles. Ils s'écroulent pourtant. Sans foi dans le vivant qui vit en eux, privés de parole, de geste et de présence, l'assistance humaine ne leur est pas suffisante.

Il y a le fait d'être assisté et celui d'être sauvé. Ce n'est pas parce que l'on est assisté que l'on est sauvé. Il arrive que l'on soit sauvé, bien que l'on n'ait pas été assisté. Un jour, nous allons mourir. Les hommes ne pourront plus rien pour nous.

Pourtant, ce moment sera encore un moment de vie, un moment essentiel, pour nous, pour notre entourage. En perdant toute la vie, nous allons être confrontés avec nous-mêmes au tout de la vie. Nous allons voir celui-ci se dévoiler. Et nous en retirerons la force de mourir. Nous n'aurons pas été assistés en de tels moments. Mais nous aurons été de l'être à l'état pur. L'être de la vie ne nous aura pas volé notre mort en nous faisant ainsi être. Et, le faisant, il ne nous aura pas volé notre vie. Nous appartenons à une source d'être qui sauve et pas simplement à une source humaine qui assiste. Il y a là un écart qui n'est pas toujours aisé à franchir. Il est parfois tentant de se servir de l'existence du salut pour ne pas assister. Il est parfois tentant également de se servir de l'assistance pour ne pas être sauvé. Nous n'avons le droit moral de nous dispenser ni de l'un ni de l'autre. L'homme doit être assisté, mais aussi sauvé. Si l'on comprend bien l'urgence qu'il y a à assister l'homme, on comprend moins bien celle qu'il y a à le sauver et la distance que cela implique par rapport à l'assistance. Nous nous insurgeons contre un Dieu qui n'assiste pas, sans comprendre qu'il sauve malgré les apparences. L'homme mérite mieux qu'une assistance. Il mérite un salut. Aussi légitime soit-elle, la révolte contre la souffrance et la mort ne doit pas empêcher de le dire. Aussi pour le dire tâchons de le penser.

1

Les limites de la sagesse

L'inacceptable

Il y a des réalités inacceptables. Il ne faut pas avoir peur que le souvenir de leurs images vienne hanter nos mémoires en nous donnant envie de crier. Il ne fait pas avoir peur de se révolter à leur contact.

Varsovie, 1943. L'armée allemande vient de s'emparer du ghetto juif. Celui-ci est tombé après une résistance héroïque au milieu de la famine, des épidémies, du cauchemar. Il fait nuit. C'est la cohue. Des SS séparent les familles. Ils trient les hommes, les femmes, les vieillards, les enfants, afin de les envoyer dans des camps où la mort les attend. Un petit garçon a les bras levés en l'air. Il est vêtu d'un pantalon court, d'un paletot de laine et d'une grande casquette. Un soldat allemand le tient en respect au bout de son fusil mitrailleur. Il est caparaçonné dans un lourd manteau bardé de ceintures et de sacoches. Le soldat n'a pas de regard. Il est sans visage derrière son casque d'acier. Le petit garçon a un beau regard grave où se lit toute l'incompréhension du monde devant le déchaînement de la barbarie.

Nord Vietnam, 1972. Des civils nord-vietnamiens fuient sur une route leur village en flammes qui vient d'être bombardé par les B 52 américains. Il pleut. Ils ont peur. Ils ont tout perdu. Au milieu des camions, des voitures, des charrettes et des bicyclettes, une petite fille pleure. Elle est nue. Surprise dans son sommeil par le déluge de feu qui s'est abattu sur son village, elle n'a eu que le temps de fuir en toute hâte sans pouvoir s'habiller. Son visage ruisselle de pluie et de larmes. Son maigre petit corps grelotte de froid, de terreur et de honte. Elle n'est pas nue. Elle est plus que nue.

Algérie, 1997. Une mère de famille vient d'apprendre que ses trois enfants ont été égorgés par un groupe islamique qui terrorise la région. Son voile qui s'est défait laisse apparaître un visage d'une grande beauté, que le cri d'horreur qui déchire ses entrailles a transformé en icône de la douleur. On est dans l'indicible. En cet instant, toutes les mères du monde sont dans cette mère terrassée par le chagrin, qui est devenue toutes les mères du monde.

Villejuif, 24 décembre 2004. Une équipe de télévision est venue filmer le Noël des petits leucémiques. Dans une chambre, sur son lit, un petit garçon très pâle et tout chauve rit en battant des mains. Devant lui, un clown frisé avec un gros nez rouge joue de la trompette. Ce soir, on va chanter dans les églises afin de célébrer la naissance du Christ venu sauver le monde. Il y aura des familles joyeuses et des enfants poussant des cris en ouvrant leurs cadeaux sous le sapin. Ce soir peut-être, à moins que ce ne soit demain, ce petit garçon va mourir.

Sri Lanka, 26 décembre 2004. Le tsunami a dévasté les côtes de Ceylan. Dans les décombres de ce qui fut sa maison, une petite fille cherche ses parents en pleurant. On ne lui a pas dit qu'elle ne les reverra jamais plus. Ou si on le lui a dit, elle ne l'a pas compris. Qui viendra sécher ses larmes ? Qu'est-ce qui pourra combler le gouffre creusé par ce raz de marée qui s'est abattu sur sa vie si frêle ?

La belle sagesse des sages

Il y a de l'inacceptable. L'accepter est inacceptable. Seul ne pas l'accepter est acceptable. On ne peut donc être mesuré en tout. Une telle mesure est une démesure. La vraie mesure est ailleurs. Elle est dans l'homme mesurant la mesure et non dans la mesure mesurant l'homme. Cela invite à mettre la sagesse à sa place. On est sage quand on se comporte en homme et qu'on laisse parler celui-ci. On ne l'est pas quand la sagesse devient un but en soi, en oubliant l'homme. D'où les limites de la sagesse. Face à la souffrance, c'est être homme et non sage qui est sage. L'être étant mis à nu par l'épreuve, c'est en étant qu'on le soulage. Et l'on est au sens fort quand on est homme, sans penser à rien d'autre, penser à être sage étant encore trop penser.

Certes, il est une sagesse utile dans le malheur. Ainsi, il est des révoltes vaines. On se fait souffrir à vouloir l'impossible, à considérer ce qui devrait être ou ce qui pourrait être, à se comparer aux autres ou à ce que l'on fut. Il faut cesser d'imaginer, quand on souffre, et se concentrer sur le présent, sinon la souffrance s'emballe et l'on n'a pas simplement mal. On devient fou de douleur. Une telle sagesse est d'ailleurs souvent vite récompensée. Qui se concentre sur le présent sans se révolter ne se crispe pas. Qui ne se crispe pas n'augmente pas la douleur. Il souffre donc moins. Cela permet de découvrir un possible souvent inaperçu.

On peut quelque chose contre la douleur. Du fait que l'on est soi. Qui est soi et sait le rester découvre une force insoupçonnée. Celle qui consiste à être soi et à savoir le rester. Quand un malheur survient, celui-ci ne peut rien retrancher, puisque l'on est soi. Et quand un bonheur survient, il ne peut rien ajouter, puisque l'on est soi également. Quand, autrement dit, on est soi, rien ne peut venir retrancher ou ajouter quoi que ce soit à ce que l'on est. Ce qui est logique. Il importe de distinguer ce que l'on est de ce que l'on a. Ce n'est pas parce que l'on a que l'on est. On est parce que l'on est. C'est là le privilège du fait d'être. L'être ne dépend pas de l'avoir. On ne cesse pas d'être parce que l'on n'a plus de voiture ou que l'on s'est fait une entorse. Et l'on ne se met pas à être parce qu'on en a une et que l'on court le cent mètres en dix secondes. On vit moins bien dans un cas, mieux dans un autre. Mais, sur le fond, cela ne change rien. On est ce que l'on est, par-delà ce que l'on peut perdre ou gagner dans la vie. Toute la richesse de l'être humain se trouve là, dans le fait de ne pas dépendre de la richesse de l'avoir. De ce point de vue, la sagesse en général et le stoïcisme en particulier sont d'indispensables médecines contre les aléas du sort et leur sagesse est précieuse, à condition de demeurer dans les limites du raisonnable. Ce qui n'est pas toujours le cas.

Il est sage de ne pas demander l'impossible en réclamant que le gouvernement supprime la mort ainsi que l'ensemble des maladies humaines. Est-ce toutefois trop demander que de souhaiter un monde dans lequel l'homme ne vole pas son voisin, ne viole pas sa voisine, ne torture pas les enfants et n'exploite pas son semblable ? On suit volontiers Épictète quand, dans son *Manuel*, il écrit : « Ton enfant est mort. Dis "Je l'ai rendu". Ta femme est morte. Elle est rendue. » Il n'y a là rien à redire. Rien n'est éternel en ce monde. La vie est passagère. Rien ne nous appartient également. Ni personne. Il est donc judicieux d'apprendre à se détacher de tout sentiment d'appropriation. Il est, en revanche, problématique d'entendre dire : « Ne dis jamais de quoi que ce soit "Je l'ai perdu", mais "Je l'ai rendu".

Ton bien t'a été ravi. Eh bien, tu l'as rendu. "Mais celui qui me l'a ravi est un scélérat !" Que t'importe par qui celui qui te l'a donné te le réclame[1]. » Avec de tels raisonnements, on cesse d'être dans la sagesse.

Le vol, s'il est fréquent, n'est pas naturel. Alors qu'on ne peut éviter la mort, on peut fort bien l'éviter. Il n'est donc pas irréaliste de lutter contre lui et de s'insurger quand il se produit. C'est là se protéger ainsi que protéger autrui. Il est, en revanche, inquiétant de voir cette insurrection considérée comme du délire. Une chose est de refuser ce qui pourrait ne pas être et qui est. Une autre de refuser ce qui est au nom de ce qui devrait être. Celui qui refuse le vol ne demande pas le paradis sur terre, mais la normalité. Une grande partie de l'humanité ne vole pas et s'en porte plutôt bien. La justice veille à ce que les hommes ne s'agressent pas les uns les autres. À vouloir ne se révolter contre rien, on n'aboutit qu'à une chose : empêcher la justice, nuire aux hommes et se nuire à soi-même. Sans compter qu'il est fort contradictoire de ne pas vouloir se révolter, mais de critiquer celui qui se plaint de ce qu'on l'a volé. Tout comme il est étrange de voir celui qui réclame d'accepter la réalité telle qu'elle est se récrier contre le refus d'être volé, qui est somme toute aussi réel que l'existence du vol lui-même. Enfin, puisque de délire

1. Épictète, *Le Manuel*, trad. Meunier, Garnier-Flammarion, 1987, p. 211.

il s'agit, n'est-il pas délirant de voir dans un voleur un envoyé de la Providence venant contribuer au progrès de la sagesse et du détachement en ce monde en délestant les honnêtes gens de leur portefeuille et de leurs bijoux. Il convient certes d'avoir de l'humour, et Gilles Deleuze a eu raison de rappeler, dans son analyse des Stoïciens, qu'il y en a beaucoup chez ceux-ci[1]. Mais peut-on rire de tout ? Et voir la Providence à l'œuvre partout ? Si le vol est une providence pour la sagesse, pourquoi être honnête ? Pourquoi ne pas voler, puisque cela sert la Providence ?

Un vol n'est pas un délestage providentiel. Une mort non plus. Tout ne sert pas la sagesse et la sagesse qui se sert de tout pour se délester et être plus légère n'est pas drôle ni sage, mais sinistre. Il faut bien peu croire en l'amour, en la justice, en la sagesse elle-même pour rire ainsi de tout en se délestant de tout, comme le fait Épictète. Il faut également avoir bien peu d'égard pour autrui. On peut rire de tout, quand il s'agit de soi. Mais, quand il s'agit des autres, a-t-on le droit de le faire ? Peut-on, alors que l'on ne souffre pas, aller dire à quelqu'un qui souffre que sa souffrance va lui être profitable ? Quel est le sage qui aura le courage d'aller dire à la mère algérienne dont on vient d'égorger les enfants qu'elle ne fait que les rendre à l'univers et que telle est la voie que la Providence utilise afin de l'aider à se

1. Gilles Deleuze, *Logique du sens*, Minuit, 1971.

détacher d'elle-même et du monde ? À ce compte-là, le terrorisme islamique a de solides raisons d'avoir bonne conscience et de se réclamer de Dieu comme il le fait. La sagesse des sages qui acceptent tout est leur meilleure alliée. Elle les justifie en ne trouvant rien de plus pressé que de reprendre vertement les victimes qui se révoltent face à l'injustice, tout en ne pipant mot face aux bourreaux qu'ils sont.

On comprend dès lors la prévention de Rousseau envers les jeux de la raison. Que de sagesse quand il écrit : « C'est la raison qui engendre l'amour-propre, et c'est la réflexion qui le fortifie ; c'est elle qui replie l'homme sur lui-même ; c'est elle qui le sépare de tout ce qui le gêne et qui l'afflige : c'est la philosophie qui l'isole ; c'est par elle qu'il se dit, à l'aspect d'un homme souffrant : péris si tu veux, je suis en sûreté. Ce ne sont pas les dangers de la société entière qui troublent le sommeil du philosophe et qui l'arrachent de son lit. On peut impunément égorger son semblable sous ses fenêtres, il n'a qu'à se mettre les mains sur les oreilles et s'argumenter un peu pour empêcher la nature qui se réveille en lui de s'identifier avec celui que l'on assassine… Dans les querelles de rue, la populace s'assemble, l'homme prudent s'éloigne, ce sont les femmes des halles qui séparent les combattants et qui empêchent les honnêtes gens de s'égorger[1]. »

1. Jean-Jacques Rousseau, *Discours sur l'origine et les fondements de l'inégalité parmi les hommes*, Garnier-Flammarion, 1996, p. 214.

Il ne faut pas vouloir être plus sage qu'on ne peut l'être. Mathieu Ricard, pourtant adepte du bouddhisme tibétain, est le premier à reconnaître qu'il peut y avoir de bonnes émotions et que, même s'il est difficile de ne pas se laisser emporter par la colère, celle-ci est parfois nécessaire. « La colère pour être légitime doit faire plus de bien que de mal. Elle peut briser le *statu quo* d'une situation inacceptable et faire comprendre à l'autre qu'il agit d'une façon néfaste[1] », écrit-il.

Le Christ lui-même s'est fâché. Il a chassé les marchands du Temple. Sa colère a été sage. L'échange monétaire n'implique pas que l'on aime. L'échange avec Dieu implique que l'on se donne. On n'a pas le droit de mélanger les ordres et faire ainsi passer pour de l'amour ce qui n'en est pas. Il y a des moments où ne pas aimer ce qui n'aime pas revient à aimer. C'est le cas de cette colère. Il est des colères pleines d'amour. Il est des sérénités pleines de froideur et d'indifférence. Tout n'est donc pas une providence. C'est cela qui est providentiel. Le Christ en n'étant pas Épictète a signifié que Dieu n'est pas partout en acceptant tout. Il est là où on aime et non pas là où on accepte tout. La nuance est grande. Abyssale même.

1. Mathieu Ricard, *Plaidoyer pour le bonheur*, Pocket, 2003, p. 145.

La bonne conscience des théologiens

On fait des dégâts en désirant conserver sa sagesse à tout prix. On en fait également en voulant conserver sa foi sans faillir. C'est le problème que pose saint Augustin. Si celui-ci est le génial théologien de l'homme intérieur dans *Confessions*, il est aussi le défenseur d'une Église forte damnant les enfants non baptisés et pourfendant l'hérésie par le glaive. Afin d'affermir une telle Église, il n'hésite donc pas à vouloir avoir raison sur tout. S'agissant de la souffrance des enfants, il est ainsi très clair : ceux-ci méritent de souffrir en vertu du péché originel. « Le petit enfant est mauvais », écrit-il dans *Confessions*. « Si petit et déjà si grand pécheur », « j'ai été conçu dans l'iniquité. […] C'est dans le péché que ma mère m'a porté. […] Où, Seigneur, où et quand ai-je été innocent ? […] N'était-ce pas un péché de convoiter le sein en pleurant ? Si maintenant je convoitais avec pareille ardeur un aliment convenable à mon âge, on me raillerait et on me reprendrait à bon droit. […] Qui ne sait avec quelle ignorance de la vérité manifeste dès le berceau et avec quelles variétés d'instincts trompeurs, visibles déjà chez l'enfant, l'homme vient en cette vie. Si on le laissait faire à sa guise, il commettrait tous les crimes et tous les forfaits. » Bossuet, disciple de saint Augustin, ne démentira pas une telle analyse. « Ô Seigneur, pourquoi répandez-

vous votre colère sur cet enfant qui vient de naître ?
À qui a-t-il fait tort ? […] Il est enfant d'Adam. Voilà
son crime. C'est ce qui le fait naître dans l'ignorance
et dans la faiblesse, ce qui lui a mis dans le cœur la
source de toutes sortes de mauvais désirs[1]. »

Pour ne pas embrasser le manichéisme qui fait
du mal une fatalité, Augustin a placé la source de
celui-ci dans la volonté humaine. L'homme a voulu
le mal. Il y a donc en lui quelque chose de vicié, de
vicieux, de diabolique même. Il paye sa désobéis-
sance à l'égard de Dieu, avec toutes les fautes qui
s'en sont suivies pour tous les hommes.

Discours terrible. Totalement accusateur. Discours
partial gommant la complexité du récit de la chute
dans la Genèse, qui n'est pas un récit historique
mais ontologique. Il est question d'un homme de
l'Éden à l'origine et non d'un homme coupable ; du
féminin intérieur et non d'une jeune femme appelée
Ève ; de la profondeur de soi séduite par l'esprit de
ruse et non de la volonté acharnée et diabolique
d'un homme de faire du mal. Le rationalisme de
saint Augustin n'en a cure. L'idée d'un homme
originellement coupable occupe son esprit. Elle sert
le nouveau type d'homme qu'il rêve de faire advenir : un homme soumis à Dieu et à l'Église, Dieu
étant une sorte de général en chef et l'Église une

---

1. Saint Augustin, *Confessions*, cité par Jean Delumeau, *Le Péché
et la Peur, La Culpabilisation de l'Occident*, Fayard, 1984, p. 300.

armée. Ce qui permet de comprendre pourquoi les non-baptisés seront damnés. Quand il s'agit de construire une armée, tous les soldats comptent. Il importe de recruter dès le berceau. L'Église a recruté des combattants de la foi dès le berceau. Cela a été efficace. Ravageur également. Témoin, par exemple, le crime commis par le curé d'Uruffe en Meurthe-et-Moselle en 1956. Celui-ci avait une maîtresse. Lorsqu'un jour elle est tombée enceinte, terrorisé à l'idée de révéler sa situation à sa hiérarchie, il a assassiné sa compagne, ouvert son ventre, sorti le fœtus, baptisé celui-ci, avant de le tuer lui aussi. L'ordre de l'Église avant tout. Jusque dans le crime[1].

Saint Augustin a justifié la mort et la souffrance des enfants pour des raisons théologiques. En l'occurrence, l'idée du péché originel. Il a aussi justifié celles-ci pour des raisons morales et pratiques. Ainsi, dans *Le Libre Arbitre*, après avoir indiqué que tout est utile dans le monde, Dieu ayant parfaitement ordonné toutes choses, il avance que la souffrance des innocents est féconde. Elle permet de montrer aux adultes leurs péchés et donc de les inciter au repentir ou à la conversion. « Au regard de la structure de l'univers et de l'organisation parfaitement ordonnée de la création tout entière à travers l'espace et le temps, aucun homme n'a été créé

1. Jean-François Colosimo, *Le Jour de la colère de Dieu*, Lattès, 2000.

inutilement, pas plus qu'aucune feuille d'arbre »,
écrit-il. Donc, si un enfant meurt en bas âge, Dieu
qui ne l'a pas créé pour rien ne le fait pas mourir
pour rien. La preuve : « Dieu n'accomplit-il pas
quelque chose de bon pour la correction des grandes
personnes, lorsque celles-ci sont frappées par la souffrance et par la mort des petits enfants qui leur
sont chers ? Pourquoi celles-ci ne surviendraient-
elles pas ? D'autant qu'une fois passées elles sont
comme n'ayant pas eu lieu pour ceux en qui elles
sont survenues[1]. »

Épictète, pour se détacher du monde et de lui-
même, utilise la notion de Providence. Celle-ci lui
permet de devenir sage en lui permettant de prendre
des distances à l'égard de lui-même. Saint Augustin
a un usage différent de la Providence. Elle permet
de se rapprocher de Dieu, qui envoie des épreuves
aux hommes afin de les amener au repentir, de les
convertir et de les sauver. Ce qui laisse songeur.

Si Dieu se sert du mal, de la souffrance et de la
mort, le mal existe-t-il encore ? N'est-il pas un bien,
puisque Dieu l'utilise ? Et Dieu, qui utilise ainsi le
mal à des fins pédagogiques, est-il encore Dieu ?
N'est-il pas l'instigateur du mal plutôt que Dieu ?
À force de vouloir trouver une utilité pédagogique
au mal, constatons-le, on fait disparaître le mal ainsi

---

1. Saint Augustin, « Le Libre Arbitre », *Œuvres de saint Augustin*,
vol. 6, trad. G. Madec, Desclée de Brouwer, 1976, pp. 507-511.

que Dieu. Comme quoi, il importe de se méfier de la raison et, derrière elle, de la façon que l'on peut avoir de prêter à Dieu des intentions rationnelles. Qu'est-ce qui permet de penser que Dieu utilise le mal pour éduquer l'homme ? À proprement parler, rien. Ce n'est là qu'une projection humaine sur Dieu que rien ne vient étayer. Si Dieu utilisait vraiment le mal, la souffrance et la mort à des fins pédagogiques, tous ceux qui souffrent, qui meurent et qui subissent des injustices devraient se convertir. Tel n'est pas le cas. Bien des hommes et des femmes perdent la foi en de telles occasions. Notamment, quand il s'agit de la souffrance ou de la mort d'un enfant. D'autant que ces épreuves ne sont pas envoyées à des pécheurs, mais parfois à d'excellents croyants, qui se demandent ce qu'ils ont bien pu faire au ciel pour que de tels malheurs leur arrivent.

Si la sagesse a des limites, la théologie aussi en a. Et, osons le dire, Dieu en a. Un Dieu qui a réponse à tout n'est plus Dieu. C'est une machine. Un parfait ordinateur. Et, de ce fait, un grand pervers. C'est celui qui manigance, qui prévoit tout. C'est le maniaque qui n'oublie aucun détail. C'est le fou qui organise tout. À l'évidence, face au mal, certains ressentent une telle angoisse devant le désordre qu'il induit que, pour surmonter la folie qui menace, ils font de Dieu un grand fou plus fou qu'eux. La chose est connue. On se console de ses malheurs en cherchant plus malheureux que soi. On calme son angoisse en rencontrant plus angoissé que soi. S'agissant de Dieu et du mal, manifestement, certains calment leur folie en faisant de Dieu un fou plus fou qu'eux tout en prenant soin de baptiser du nom de sagesse cette façon de se masquer leur folle angoisse. Affolé par les invasions barbares, saint Augustin n'a-t-il pas cédé à ce mécanisme de panique ? N'a-t-il pas inventé une prétendue sagesse de Dieu plus folle que tous les fous afin de conjurer sa peur panique ?

Le Christ dans les Évangiles n'a pas expliqué aux sœurs de Lazare, en larmes à la suite du décès de leur frère, que cette mort était un don du ciel afin qu'elles se convertissent. Il a simplement pleuré, puis il a ressuscité Lazare mort. Comment saint Augustin parle-t-il des Évangiles ? De quel Dieu parle-t-il ? Du Dieu révélé par le Christ ou du Dieu forgé par sa raison raisonnante ? On est en droit de penser que le Christ n'aurait pas eu le mauvais goût d'aller expliquer à la mère algérienne dont les enfants ont été égorgés que ce crime est un don du ciel afin qu'elle se repente. Mais avec saint Augustin, ne court-on pas ce risque ? Encore aujourd'hui, lors du tsunami, un prêtre catholique a cru bon de devoir expliquer sur Internet que Dieu avait envoyé ce cataclysme aux malheureux Sri Lankais afin de prévenir la planète entière que le bonheur n'est pas de ce monde. Hier comme aujourd'hui, le mécanisme demeure le même. Quand on sent poindre un déficit de raison en soi face aux maux du monde, on compense ce déficit par un Dieu follement rationnel que l'on pare aux couleurs de la sagesse.

Tous les chrétiens, heureusement, ne sont pas logés à la même enseigne. Il faut rappeler que les Pères grecs comme saint Grégoire de Nysse ou saint Maxime le Confesseur et des Pères latins comme saint Thomas d'Aquin ont défini le mal comme absence de bien. Ce qui est sage. Cela revenant à dire que le mal n'a pas d'être, il importe d'aller chercher celui-ci ailleurs. Heureuse façon de souligner que, s'il convient de ne pas masquer son existence, discuter à son sujet n'a qu'un temps. Il y a plus important. À lui donner trop d'importance, on le fait exister. D'où la réaction de Dostoïevski en écho à cette mise au point. On rapporte que, visitant un musée à Bâle et tombant en arrêt devant une peinture d'Holbein représentant un Christ dégoulinant de sang, il aurait dit qu'il y avait là de quoi perdre la foi. Dans *L'Idiot*, le prince Muichkine n'hésite pas à voir l'origine de l'athéisme moderne dans les peintures représentant un Christ mort. Réactions inspirées. On n'apprend pas Dieu dans la mort, mais par Dieu et donc par un Dieu vivant. Quand tel n'est pas le cas, la mort enseignant Dieu à la place de Dieu, celui-ci n'existe plus. La pédagogie par la mort l'a tué.

Pleurant son ami Lazare, le Christ a assumé l'angoisse de la mort. À Gethsémani, la nuit où il fut livré, aussi. Au lieu de la fuir, il a affronté la peur que le mal génère. Et, affrontant cette peur, au lieu de rationaliser le mal à l'aide de Dieu, il l'a vaincue. Le christianisme a fait beaucoup de mal en voulant expliquer le mal. Il s'est surtout beaucoup fait de mal. Il aurait gagné à se taire. On gagne toujours à se taire. Dieu se tait. Non pas parce qu'il est absent, mais parce qu'il n'utilise pas le mal pour parler. Il n'en a pas besoin. Il a d'autres voies.

Le philosophe et sa raison

Enfin, il y a le philosophe qui ne vise ni la sagesse ni la foi, mais la raison. Faculté des rapports, celle-ci permet de maîtriser le monde et ainsi de parvenir à faire des choses utiles. Appliquée au mal, cette faculté d'essence technique est aussi brillante que redoutable.

On a besoin du mal, dit le philosophe. Il nous enseigne nos limites. Grâce à lui, nous découvrons le bien. C'est en découvrant ce qu'il ne faut pas faire que l'on découvre ce qu'il faut faire. Ainsi, un enfant apprend à ne pas jouer avec le feu en s'amusant avec lui et en se brûlant. On touche là à la logique immanente de la réalité. Le mal cache en réalité un bien. Et ce, parce que la réalité est autosuffisante. Elle n'a besoin de rien d'autre que d'elle-même. La preuve. Le réel est bien réel. C'est donc qu'il ne lui manque rien pour exister. Cette autosuffisance fait sa faiblesse et sa force. Rien n'est idéal en lui, puisqu'il est réel.

Mais tout est rationnel en lui, puisque tout est réel. Tout se retourne donc. Tout est idéal parce que rien ne l'est. Tout est bon parce que tout est mauvais. Le rationalisme bien compris est fondamentalement optimiste, et cet optimisme est un optimisme du pessimisme. L'enfant qui apprend en se brûlant en est un signe. Il est mauvais, par définition, de se brûler. Sauf que c'est ainsi que l'on apprend à se méfier du feu. Pour ne pas se brûler, il faut donc se brûler. Le réel est bien autosuffisant. CQFD.

On se trouve là en présence d'une loi d'équilibre parfait, fort satisfaisante pour l'esprit humain. Quand tout est réglé ainsi, rien n'est fondamentalement bon, mais rien n'est fondamentalement mauvais non plus. Et c'est cela qui est bon en définitive. Rien n'est fondamental. Tout est relatif. Là se trouve le salut, la relativité des choses est bien plus importante que le bien absolu. Elle préserve l'ordre des choses, leur harmonie. Ce que le bien absolu ne fait pas. Un bien que rien ne compense ne peut être un bien. C'est un mal. Il est trop bien pour être bien. Relié à rien sinon à lui-même, il est inaccessible, inhumain, violent, monstrueux. Il nargue les dieux. Il transgresse. C'est un impie. Il mérite qu'on le tue, afin d'apprendre à vivre. On le tue en lui enseignant la loi fondamentale. Rien de trop. En bien comme en mal.

Certes, cela n'est pas joyeux au départ. Il est frustrant de renoncer au bien idéal. Il est humiliant de voir le bien mordre la poussière parce qu'il est trop bien. Ne nous le cachons pas, il y a là même quelque chose d'un peu sombre, macabre, morbide. Mais une telle ombre au tableau est vite compensée par un effet ô combien appréciable. Puisque rien n'est définitif, le mal ne l'est donc pas. Rien n'est fondamentalement mauvais. Ainsi, un mal peut cacher un grand bien. Voltaire, à cet égard, raconte dans *Candide* un conte fort édifiant. Une pauvre veuve n'avait qu'un fils pour soutien. Un jour, catastrophe. La pauvre femme perd ce fils secourable ; qui meurt emporté dans les flots d'une rivière, le pont qu'il traversait s'écroulant lors de son passage. Accablée de chagrin, cette mère se met à désespérer du ciel, quand un ange lui apparaît. Qu'elle sèche ses larmes au lieu de pleurer et qu'elle se console. Son fils, s'il avait vécu, serait devenu un bandit de grand chemin, avant d'assassiner sa mère. Sa mort est donc salvatrice. Pour les autres et pour elle.

Il y a un bien caché derrière le mal. Le relativisme permet de l'apercevoir. Et le permettant, il relativise du coup la relativisation du bien. Si l'on n'avait pas relativisé le bien, jamais on n'aurait pu relativiser le mal. La relativisation du bien a donc été utile. Elle a permis de retourner le mal en bien. Le bien qui en résulte apparaît, de ce fait, comme plus grand que le bien absolu, si celui-ci avait existé. On est bien plus absolu en relativisant le relativisme qu'en étant simplement et banalement absolu.

Il ne faut donc pas croire que rien n'est absolu en ce bas monde ; l'absolu existe bien. Il a seulement des traits que l'on ne devine pas. Loin d'être au-delà du relativisme, il est le relativisme même. Il suffit de relativiser les choses pour s'en apercevoir. En relativisant le bien, on commence par lui faire du mal. Puis, on fait encore plus de mal en relativisant le mal, avant que tout ne se retourne et que, relativisant le mal, on découvre le bien qui se cache derrière lui, puis, derrière ce bien, un bien encore plus grand que tout bien existant. Le mal est donc une ruse du bien. Il faut passer par lui pour pouvoir le retourner.

La démonstration est parfaite. On a envie d'applaudir. Sauf qu'il y a un bémol à apporter à un tel enthousiasme. La douleur enseigne ce qu'il ne faut pas faire, pour peu qu'elle ne soit pas trop forte et que l'on soit en mesure d'interpréter le signal qu'elle lance. Qu'elle devienne trop vive et qu'on n'en maîtrise pas le message, elle n'enseigne plus rien. Il faut donc qu'il y ait un individu vivant et sensé pour que la douleur ait un sens. Que celui-ci fasse défaut, la douleur par elle-même ne signifie rien. S'agissant d'un enfant confronté au feu, si sa mère n'analyse pas avec lui la brûlure et son sens, il se peut fort bien qu'il recommence à se brûler, piqué par le désir de défier le feu.

Cela invite à revoir la définition du réel. Il n'est pas réel de supposer que le réel est autosuffisant. Et il est bien idéal de soutenir que l'idéal réside dans l'absence d'idéal. L'exemple de la douleur comme de l'enfant qui se brûle le montre. Si rien ne vient au secours de celui qui souffre comme de l'enfant qui se brûle, si l'homme vivant n'est pas derrière la douleur et la mère derrière l'enfant, la douleur ne s'interprète pas toute seule. On nage donc en pleine abstraction et en plein mythe quand on imagine que le réel s'autorégule. On oublie que l'homme fait vivre le réel. On s'oublie soi-même.

Sans doute n'est-ce pas un hasard. Si le réel par lui-même sauve de tout, point n'est besoin de voler au secours de ceux qui souffrent. Le réel va s'en charger. Les choses vont se régler toutes seules, puisque d'un mal sort un bien, en vertu du fait que, relativité oblige, rien n'est fondamentalement mauvais. Point n'est besoin non plus d'avoir recours à la foi et encore moins en un Dieu. Le réel tient lieu de Dieu. Il est Dieu. On touche là à l'hallucination. Puisque tel est le cas, cela veut dire que ceux qui souffrent ont tort de souffrir. Ils sont déjà sauvés, mais ils l'ignorent ou feignent de ne pas le savoir.

Il importe dès lors de s'interroger : le bien cache-t-il un mal et le mal un bien ? Est-il vrai que trop de bien n'est pas un bien ? et que le mal n'est pas aussi mauvais qu'il en a l'air ? On peut tout relativiser ; quand on vit dans sa raison, cela n'est pas gênant ; dans la réalité, il en va autrement. Trop de bien ne nuit jamais et le mal est toujours plus mauvais qu'on ne le pense. Il n'y a jamais trop de bonnes choses à vivre, de belles qualités à admirer. On n'est jamais trop poli, trop délicat, trop honnête, trop droit, trop bon, trop généreux, trop libre et trop juste. Le penser revient à soutenir que l'on peut s'arrêter de cultiver ces vertus. Quand tel est le cas, il n'y a plus de vertu du tout. L'amour en est un exemple. Aimer consiste à aimer toujours plus et non à aimer un peu. Je t'aime un peu veut dire je ne t'aime pas. Et dire : j'ai décidé de ne pas trop t'aimer veut dire j'ai peur de t'aimer ou encore je ne t'aime pas assez pour t'aimer.

À force de relativiser le bien, il n'y a plus de bien du tout. Si bien que la vertu du relativisme n'est pas celle que l'on croit. Elle n'est pas de faire disparaître l'excès, mais le bien tout court. De même, la raison n'est pas là où on le pense. Elle n'est pas dans la moyenne, mais dans la grandeur. Il faut aimer grandement pour aimer et non aimer moyennement. N'en déplaise à la raison, il faut être transcendant pour aimer réellement. Le cœur a des raisons que la raison ne connaît pas.

Cela vaut pour le mal. Il y a toujours trop de mal et il est faux de croire que d'un mal puisse jaillir un bien. Il y a toujours trop de méchanceté, de vulgarité, de grossièreté, de mensonges, d'humiliations, d'injustices, d'avarice, de cruauté, de laideur, de médiocrité, de négligence. Ne pas le penser revient à croire que l'on peut se dispenser de lutter contre ces fléaux parce qu'on les juge bénéfiques ou en passe de le devenir. Il importe d'être ferme. Il n'y a rien à retirer du négatif. Celui-ci n'enseigne rien. Ce n'est pas le mensonge qui enseigne la vérité, ni l'injustice la justice, ni la laideur la beauté, ni la cruauté la bonté. Quand on le pense, c'est que l'on attend tout de ce qui fait sombrer l'homme et rien de ce qui l'élève. N'en déplaise là encore à la raison, tout n'est pas utile. Il y a des limites à l'usage que l'on peut faire des choses. Il faut accepter d'en perdre certaines.

De ce fait, le mal ne fait rien rejaillir du tout. Il ne rend pas le bien encore meilleur qu'il n'est. La grandeur du bien lui vient du bien et avec lui du fait qu'il ne doit rien au mal. Elle vient du fait que le bien réside tout entier dans un amour qui est un oui large, immense à l'amour du bien et un non ferme, intransigeant à tout compromis avec le mal.

On comprend qu'une telle façon de penser le bien et le mal dérange. Quand on est sans amour et sans fermeté, on se sent quelque peu gêné et coupable devant l'amour et la fermeté. On préfère alors relativiser. Et l'on se donne bonne conscience de le faire en traitant l'amour et la fermeté de dangereux fanatisme ainsi que d'insupportable intolérance.

En ce sens, la vraie philosophie comme la vraie morale se trouvent dans l'amour et non dans la raison. L'amour qui aime sans relativiser sait ce qu'il aime. La raison qui relativise tout sans aimer ne sait plus ce qu'elle pense. Elle croit relativiser le mal. Elle le légitime en lui trouvant des qualités.

Elle croit penser ce qu'elle pense. Elle s'interdit de le penser, en ne pensant jamais jusqu'au bout, le relativisme l'en empêchant. On comprend de ce fait saint Paul. La sagesse des hommes est vraiment folie aux yeux de Dieu. C'est être fou que de vouloir une raison sans amour, étant donné que l'amour est la raison même, l'inverse n'étant pas vrai. La raison n'est pas l'amour même. Le Christ a beaucoup parlé d'amour en s'insurgeant beaucoup contre ceux qui n'aiment pas. Les scribes et les docteurs de la loi notamment. C'est pour cela que Hamann, le mage du Nord, l'une des grandes consciences du romantisme allemand, a désigné le Christ sous le nom de « prince des philosophes ».

De la vertu du silence

À la lecture de ce que disent les sages, les théologiens, les philosophes et des contradictions qu'il en résulte, on comprend l'insurrection d'Ivan Karamazov, celle de Camus, celle de notre monde. Comment voir une providence à l'œuvre dans le mal se servant de celui-ci pour nous enseigner le détachement et le repentir avant de se révéler par des voies insoupçonnées ? On rêve donc, quand on appelle le mal par son nom et qu'on en souffre sans éprouver à son contact aucun des plaisirs que peuvent offrir le détachement, le repentir et la révélation de la profondeur des choses ?

Rousseau n'a pas tort. Qui ne veut pas agir face au mal se bouche les oreilles, se voile la face et se tient des raisonnements, afin d'apaiser sa culpabilité. Il étouffe sa sensibilité plutôt que de vaincre la souffrance. Il déréalise ce qui existe et qui dérange plutôt que de se déranger et d'exister. En ce sens, il y a tricherie dans le raisonnement qui donne de bonnes raisons au mal, à la souffrance comme à la mort d'exister. Ils servent davantage ceux qui ne souffrent pas et qui n'ont pas l'intention de souffrir, que ceux qui souffrent. Il y a donc tricherie à les tenir. Tricherie à l'égard de soi. Tricherie à l'égard de l'autre.

Celui qui ne veut pas affronter les limites de la condition humaine se divertit, constate Pascal. Au lieu d'admettre que quelque chose le transcende et d'en tirer les conséquences, il transcende illusoirement le monde en jouant avec tout, y compris avec lui-même. Il est toujours question de transcendance, mais sur un mode fictif. Il y a deux façons de parvenir à la sagesse, note Roland Jaccard dans un article consacré au nihilisme : se détacher de tout comme l'ascète ou s'attacher à tout comme Don Juan. Le dernier qui s'attache à tout n'est attaché à rien. Il s'agit là d'un sophisme. Don Juan qui est attaché à tout n'est pas attaché à rien. Il est attaché au fait de s'attacher. Le véritable ascète, s'il est détaché, est détaché de tout y compris du détachement. Il est homme et non ascète. Là se trouve son détachement. C'est ce qui le sépare de Don Juan, qui veut tout pour échapper à l'homme qu'il est. Mélangeant ascèse et séduction en faisant de la séduction une ascèse, il veut être à la fois un saint et un séducteur afin d'avoir tous les avantages des deux. On est là en pleine fiction. En plein divertissement. En plein théâtre et en pleine tricherie. La sainteté s'obtient d'une façon sainte, et sa première forme consiste à ne pas se l'octroyer soi-même.

Qui veut pouvoir s'enorgueillir de soi-même se raconte des histoires comme Don Juan, qui croit et fait croire qu'il va parvenir au paradis en cultivant l'enfer. Les sophismes pour dissoudre l'existence du mal font penser aux sophismes de Don Juan. Ce sont des histoires que l'on se raconte pour croire et faire croire que l'on ne fait pas de mal au monde, quand on ne lui fait pas de bien ou qu'on ne fait rien. Ce qui est bien évidemment une grossière erreur. Rien n'étant neutre dans une réalité où tout est vivant, tout obéit à la loi des chocs en retour, qui ne fait rien ne fait pas rien. Il fait du rien. Il participe au néant. De même, qui ne fait pas de bien ne fait pas aucun mal. Il ne fait aucun bien, ce qui est déjà du mal.

On fait du mal en pensant que le monde est neutre. Cela revient à penser qu'il est mort. En le traitant ainsi, on y introduit la mort. Aussi convient-il de se méfier. La réalité n'est pas ce que l'on croit. Elle ne se réduit pas à un raisonnement. Tout est agissant. On s'en rend compte en vivant au plus près de soi, des autres, des situations de l'existence. Tout est tellement agissant que l'on ne peut même pas s'en rendre compte. Il n'y a donc qu'un rapport juste à l'égard de la réalité. Se souvenir de l'hyper réalité du réel. On s'en souvient en se souvenant de ses propres limites. On a le sens de ses limites en écoutant et en faisant silence pour écouter. Alors, bien des choses se mettent à parler en nous interpellant.

Que savons-nous ? Qu'est-ce qui nous permet de dire qu'en ne faisant rien on ne fait pas de mal ? Qu'est-ce qui nous permet de dire qu'autrui qui souffre n'appelle pas dans le silence ? Si l'on faisait silence sur la raison, peut-être se verrait-on au lieu de passer à côté de soi. Peut-être verrait-on l'autre, au lieu de passer à côté de lui. Peut-être verrait-on la véritable Providence divine œuvrer. Quand on vit dans un monde où le voleur est vu comme une providence, où Dieu enseigne par la douleur, où tout mal est censé cacher un bien, n'est-ce pas le silence sur la Providence qui devient providentiel ? Ne doit-on pas la consolation qui reste à une poignée d'esprits suffisamment courageux pour oser s'insurger en rappelant que le mal n'est pas une providence pour quoi que ce soit et pour quiconque ? On s'interroge sur le silence de Dieu, sur son absence. Ce silence ne dit-il pas que le mal n'est pas une providence et que celle-ci ne passe pas par là ? En abandonnant le mal au mal et donc en osant l'abandon absolu que cela suppose, ne permet-il pas aux force de vie de se lever ailleurs et de réagir ? Souvenons-nous. Qu'est-ce qui a fait réagir contre l'horreur nazie ? N'est-ce pas d'avoir compris qu'il n'y avait rien de bon à en retirer ?

Il n'y a pas de providence dans le mal. On ne le dira jamais assez. On ne fera donc jamais assez taire la raison raisonnante qui tente de tout optimiser et qui, pour cela, rationalise tout en voyant une utilité à tout. Un médecin parvient à soigner efficacement, parce qu'il n'a pas d'*a priori* concernant la réalité de ses patients. Il les écoute. Il les observe et donne pour chacun ce qui lui convient. La médecine, en ce sens, n'existe pas. Il n'existe que des médecines. La médecine doit être refaite au niveau de chaque individu, en fonction de lui. C'est la raison pour laquelle elle est un art. Chaque cas est unique, comme chaque tableau en peinture est unique.

La raison vivante jaillit du silence de la raison sur la vie. La Providence face au mal jaillit du silence de la raison sur la Providence. On voit alors son visage. C'est celui de l'homme, quand celui-ci ne glorifie pas le mal.

Appeler le mal le mal

Il ne va pas de soi de ne pas glorifier le mal. Cela rend d'autant plus courageux le fait de le faire.

Quand on le fait, on bouscule l'humanité dans ses profondeurs. On touche à ses structures archaïques.

Quand on vit sans foi dans la vie, c'est-à-dire sans croire qu'une autre vie est possible que la vie dans la violence, sans croire donc en les possibilités que l'esprit ouvre grâce à une intériorisation de soi-même, on pense nécessairement d'une façon pessimiste que la violence est fatale. On passe donc de la loi novatrice de l'humanité, qui est une loi d'esprit, à la loi archaïque de celle-ci qui est une loi de violence.

Loi terrible que René Girard a bien décrite, quand il a montré comment les sociétés archaïques, qu'elles soient modernes ou anciennes, font leur unité contre un innocent érigé en bouc émissaire qu'elles lynchent en commun. Ce lynchage défoule l'énergie chaotique des membres de la société. Il résout un problème important : faire cohabiter le plaisir de la violence avec la nécessité de vivre en société. Don Juan, en ce sens, n'est pas neuf. Avec son désir de conjuguer les plaisirs du séducteur et la béatitude des saints, il parle la même langue que les sociétés archaïques, qui veulent la société sans pour autant renoncer à la violence.

Nous fonctionnons ainsi. D'où nos sophismes à propos du mal, faisant de celui-ci un bien. Témoin la fameuse *Fable des abeilles* de Mandeville, dans laquelle il nous est conté comment les vices privés se transforment en vertus publiques[1]. L'égoïsme motivant les hommes, la vertu les démotive. Mettons l'égoïsme au pouvoir, créant de l'activité économique par le désir de profit, il va socialiser les hommes et se transformer en son contraire. Mettons à l'inverse la vertu au pouvoir, dissuadant le profit, elle va ruiner l'activité économique et la société par la même occasion. On comprend pourquoi le profit est un mythe si puissant et la loi du marché une loi sacrée. Elle permet de cumuler tous les avantages. Ceux de la violence et ceux de la société, en les faisant se rencontrer. La violence de l'égoïsme a tout intérêt à la société, laquelle a tout intérêt à ce que l'égoïsme et sa violence se développent.

On est là en plein mythe, celui-ci consistant à nous faire croire qu'il y a une saine violence, des guerres justes, des meurtres nécessaires, des crimes pardonnables, des bienheureuses fautes, des vols honnêtes, des mensonges salvateurs, etc. La réalité est moins idéale. Ainsi que le souligne Girard, la violence est idéale, tant qu'on oublie qu'elle fait des victimes et que l'on n'est pas une victime soi-même. Quand tel n'est pas le cas, quand les victimes ont le mauvais goût de se rappeler à nous et que soi-même subitement on devient une victime, on voit les choses sous un autre angle. On idéalise beaucoup

1. Bernard de Mandeville, *Fable des abeilles*, Vrin, 1991 (vol. 2) et 1998 (vol. 1).

moins la violence. On apprend à déranger les autres et à se déranger.

Déranger les autres veut dire cesser d'être aimable et social, pour devenir désagréable et antisocial en rappelant quelques vérités désagréables à entendre. Ainsi, l'anthropophagie n'est pas une coutume aussi respectable que de manger avec une fourchette et un couteau et l'excision ainsi que l'infibulation des petites filles au Sahel n'est pas un rite séculaire aussi indispensable à l'éducation des jeunes filles que de leur apprendre à lire et à écrire. Ce sont des coutumes barbares, contraires à la dignité de l'homme, qu'il convient de combattre, sans égard pour ceux qui les pratiquent et pour ceux qui les justifient en traitant ceux qui les dénoncent d'affreux colonialistes. Et puisqu'il s'agit de critiquer l'anthropophagie comme les mutilations sexuelles pratiquées sur de jeunes enfants, qu'il soit permis de rappeler que nous qui nous disons civilisés nous ne valons pas plus cher que ceux que nous traitons de barbares. Nous avons nos manières de dévorer nos morts en nous appropriant leurs richesses et en les dépouillant. Et il conviendrait de s'interroger sur le désir qu'ont les jeunes de se percer et de se tatouer. Quelle chape de plomb pèse donc sur eux, pour qu'ils aient ainsi envie de percer leur peau ou de la masquer ? Du lien social dévorant et mutilant, il y en a partout. Ce n'est pas parce qu'il existe qu'il est normal, ni parce qu'il est pratiqué chez les autres qu'il n'existe pas chez nous.

Il faut, autrement dit, oser dire que la société qui prétend pouvoir faire coïncider violence et société ment et que le mal sur terre n'a pas d'autre origine. Il faut oser dire que la violence sociale qui se pratique en toute impunité est atroce. Atroce comme ces sacrifices humains chez les Aztèques décrits par Cortés en 1520, lors de la conquête espagnole du Mexique : « Chaque fois qu'ils veulent demander quelque chose à leurs idoles, écrit-il, pour qu'elles acceptent mieux leur demande, ils prennent beaucoup de garçonnets, de fillettes, d'hommes et de femmes plus âgés et, en présence de ces idoles, ils leur ouvrent tout vifs la poitrine, leur enlèvent le cœur et les entrailles et les brûlent devant les idoles en leur offrant cette fumée en sacrifice[1]. »

Atroce également comme cette scène récente racontée par une journaliste africaine, lors de la guerre civile au Liberia : « Un jour, des miliciens sont venus dans un village. Ils ont tué un petit garçon, ont obligé les femmes à le couper en morceaux et à le frire avec de l'huile de palme et le village entier l'a mangé avec du manioc[2].

Ces horreurs ne sont pas l'effet d'une simple

1. Michel Graulich, *Le Sacrifice humain chez les Aztèques*, Fayard, 2005, p. 8.
2. *Le Nouvel Observateur*, 1-7 septembre 2005, p. 89.

bestialité aveugle. Elles ont pour but de souder la société dans la terreur. Qui regarde un sacrifice est censé avoir du plaisir puisqu'il le regarde. Il est donc complice de la violence. Pire, c'est lui qui en est l'instigateur. S'il n'y avait pas un public se délectant lors du spectacle de la violence, il n'y aurait pas de violence. Logique médiatique bien connue. La télévision montre des bêtises, parce qu'il y a des gens qui les regardent. Les assassins ne sont pas des assassins, ce ne sont que les bras armés de ceux qui regardent leurs crimes. Raisonnement d'une rare perversité. D'une rare efficacité également. Les faits sont là. Qui a vu une horreur sans la fuir est désormais enchaîné. Il ne peut plus rien dire. Le monde aztèque en a usé et abusé[1]. Il n'est pas le seul. Toute société ne fonctionne-t-elle pas ainsi en usant sinon de violence, du moins d'obscénité ou, plus finement, de séduction ? Procédé efficace. Garanti même. Quand on s'est laissé prendre, la culpabilité agit toute seule. Analysant les horreurs qui se déroulent au Liberia, Léonora Miano constate. Plus l'Afrique culpabilise à cause de son archaïsme, plus elle s'enfonce dans l'archaïsme. Elle tente de conjurer le mal par le mal. Vieux réflexe. En devenant le mal, on cesse de le voir[2]. Le mal

---

1. Michel Graulich, *Le Sacrifice humain chez les Aztèques, op. cit.*, p. 409.
2. Léonora Miano, *L'Intérieur de la nuit*, Plon, 2005, p. 118.

le sait. C'est la raison pour laquelle il agit comme il le fait. D'une façon spectaculaire. L'inconscient de chacun le sait également. Le mimétisme est une technique avérée. Rien de mieux pour se déculpabiliser. Puisqu'une chose se fait, on a le droit de la faire. On la fait donc. Et, la faisant, on n'est plus dans le mal, mais dans le normal. Il y a une façon de tout se permettre : faire passer le fait de tout se permettre pour ce qui se fait. Le généraliser donc, en opérant une contagion du mal. Bâtir, autrement dit, une société du mal. Celle-ci est l'inconscient archaïque et régressif du social.

Il faut oser briser le consensus mou qu'il y a autour du mal. Il faut oser apercevoir et faire apercevoir qu'il existe un ordre qui est le désordre même et un désordre qui est l'ordre même. Quand on le fait, on rentre dans le temps. Faire du mal un bien, c'est être hors de ce dernier. Là où tout est positif, même le mal, rien n'est irréparable. Rien n'existe donc vraiment, exister consistant à être fragile, mortel et, de ce fait, vivant. La dégradation que l'on trouve dans le temps est absente. Tout est figé dans un éternel présent. Celui d'une loi de compensation universelle assurant une autoréparation pour toutes choses. On retrouve là la loi d'équilibre du bien et du mal si chère à la raison. Si le bien cache un mal, le mal cache un bien. Il n'y a donc pas de bien. Pas de mal non plus. Rien que l'éternelle répétition de la relativité de toutes choses.

Appliquons cette loi à la morale. L'horreur trouve sa justification. La non-souffrance des crapules qui échappent à la justice et qui narguent le monde trouve sa compensation dans la souffrance des justes et des innocents, qui rachète l'impunité des crapules. Certains le pensent, il faut bien que des innocents souffrent pour payer les fautes de ceux qui devraient souffrir et qui ne souffrent pas. Malebranche a pensé la mort du Christ ainsi[1]. Ce qui laisse songeur. Cela ne revient-il pas à cautionner grâce à lui l'existence de l'horreur sur la terre ? Comment condamner la souffrance du juste qui souffre injustement et soutenir par ailleurs que celle-ci est nécessaire pour sauver les pécheurs qui ne souffrent pas ?

Le Christ est-il vraiment venu souffrir pour ceux qui ne souffrent pas et, ainsi, conforter l'idée que le mal est en définitive un bien ? N'est-il pas plutôt venu rétablir le temps et la vie, avec l'idée que tout n'est pas compensable, qu'il y a de l'irréversible ? En vivant lui-même cet irréversible, en montrant l'image d'un Dieu mortel, n'a-t-il pas porté un coup fatal au mal ? N'est-ce pas le sens de ses paroles « Qui voudra conserver sa vie la perdra » ?

Le temps est une chance. Qui accepte son irréversibilité se garantit contre le mal en refusant de tout compenser. Tout cesse d'être réparable à ses yeux.

1. Jean Svagelski, *L'Idée de compensation en France, 1780-1850*, L'Hermès, 1981, p. 91.

Il existe un mal qui n'est pas un bien. Cela sauve. Paradoxe. Il faut accepter de se perdre pour être sauvé ainsi que sauver. Étrangement, c'est l'athéisme qui le comprend. C'est un certain christianisme qui interdit de le comprendre. L'athée qui refuse l'idée d'un salut venant compenser toutes les souffrances en ce monde fait plus contre le mal que le chrétien qui pense bien faire en nous assurant que toutes nos souffrances sont utiles, parce que, rachetant nos fautes, elles nous feront accéder à une éternité de bonheur. Étrangement, en ce qui concerne le mal, le désespoir, la révolte, le tragique sonnent plus vrai que la foi. Écoutons Ivan Karamazov, par exemple, et sa révolte.

« Je veux, s'écrie Ivan, le pardon, le baiser universel, la fin de la souffrance, mais si la souffrance des enfants doit servir à parfaire la somme des douleurs nécessaires à l'acquisition de la vérité, j'affirme d'ores et déjà que cette vérité ne vaut pas un tel prix. Je ne veux pas que la mère d'un enfant assassiné pardonne aux bourreaux. Elle n'en a pas le droit. Qu'elle leur pardonne sa souffrance de mère, mais non ce qu'a vécu l'enfant. C'est par amour de l'humanité que je ne veux pas d'une telle harmonie. L'entrée menant à celle-ci coûte trop cher. Je rends mon billet[1]. »

Il n'y a rien à redire. Ivan voit juste. Il frappe

1. Dostoïevski, *Les Frères Karamazov*, trad. H. Mangault, Gallimard, 1988, vol. 1, p. 313.

au centre de la cible. Il met en cause la loi de compensation universelle commandant que des innocents et des justes qui n'ont rien fait souffrent afin de réparer le mal commis par des monstres et des assassins qui ne souffrent pas.

Écoutons Camus. Dans *La Peste*, souvenons-nous du sermon du père Paneloux, alors que l'épidémie fait rage dans Alger la Blanche : « Il aurait été facile de dire au père Paneloux que l'éternité des délices qui attendaient l'enfant pourrait compenser sa souffrance, mais en vérité il n'en savait rien. Qui pouvait affirmer que l'éternité d'une joie pouvait compenser un instant de la douleur humaine[1] ? »

Comme Ivan Karamazov, Camus va à l'essentiel. La loi de compensation. Ce moyen de tout réparer, de tout justifier et finalement de déréaliser le mal en voyant en lui un bien. D'où ce cri de Camus adressé à des croyants lors d'une conférence : « Je partage avec vous la même horreur du mal. Mais je ne partage pas votre espérance et je continue de lutter contre cet univers où des enfants souffrent et meurent[2]. »

Écoutons enfin Elie Wiesel quand, à propos de son expérience dans les camps de la mort durant la Seconde Guerre mondiale, il écrit : « Jamais je n'oublierai cette nuit, la première nuit du camp,

1. Albert Camus, *La Peste*, Gallimard, 2000, p. 203.
2. Albert Camus, *Actuelles*, Gallimard, 1997, p. 173.

qui a fait de ma vie une longue nuit sept fois ver-
rouillée. Jamais je n'oublierai cette fumée. Jamais
je n'oublierai les petits visages des enfants dont j'ai
vu les corps se transformer en volutes sous un azur
muet. Jamais je n'oublierai ces flammes qui ont
consumé ma foi pour toujours. Jamais je n'oublierai
ces instants qui ont assassiné mon Dieu et mon
âme. Jamais je n'oublierai mes refus qui ont pris
le visage du désert[1]. »

Tout n'est pas réparable. Dostoïevski, Camus,
Elie Wiesel ont su le dire. Sauver veut dire ne pas
tout sauver. Il faut accepter de perdre l'enfer pour
gagner le ciel, de dire non pour découvrir le oui,
de limiter sa raison pour libérer sa parole, de ne pas
tout aimer pour découvrir l'amour ni tout croire
pour rencontrer la foi, d'accepter de mourir pour
accepter de vivre.

Sur fond de ce silence de la raison raisonnante,
nommer le mal comme mal devient alors possible.
Ce qui ne l'est pas toujours. Il existe des paroles
de diabolisation. Celles-ci ne nomment pas le mal.
Elles désignent un coupable à lyncher. Nommer le
mal veut dire lancer un signal, appeler quelqu'un
à agir mais aussi à penser. L'inacceptable doit être
l'occasion d'un sursaut, d'un réveil des profondeurs.
À l'occasion de ce qui ne doit pas être, il doit donner
l'être à entendre. Il engendre, de ce fait, non pas

1. Elie Wiesel, *La Nuit*, Seuil, 1958, p. 60.

un sentiment de haine, mais un sentiment ontologique. On avait oublié ce que signifie l'existence, son importance, sa force, sa gravité. L'inacceptable fait renouer avec le sens des êtres et de leur existence. Il en est la remémoration. Aussi Platon a-t-il raison de dire, comme il le fait dans le *Phédon*, que « savoir c'est se ressouvenir ». En matière d'expérience ontologique, c'est toujours le cas. On oublie toujours l'être de ce que l'on est comme de ce qui est.

On comprend encore mieux, dès lors, pourquoi le relativisme est nuisible. Qui accepte tout perd non seulement le sens de l'inacceptable – ce qui est le mal même – mais aussi le sens du fondamental qui va avec. On mesure une telle perte en rencontrant le travers qui consiste à tout dédramatiser. Certes, il y a un ridicule à tout vouloir prendre au tragique. En outre, les nécessités de l'action requièrent que l'on ne soit pas paralysé par le rejet du mal. Il importe cependant de souligner que dramatiser certaines choses, ce n'est pas tout dramatiser. Et qu'il s'agit là d'une condition pour mener un certain nombre d'actions. Égorger des enfants est un acte abominable. Ce n'est pas être dans l'excès que de le rappeler. Ni vouloir que cet acte soit toujours tenu pour abominable. C'est là une condition pour l'action de la justice.

Il n'y a donc pas de moindre mal en cette matière. Il n'y a que du mal. Et les raisonnements de Leibniz s'effondrent. Dire à une mère qui vient de perdre son enfant qu'il y a là un don caché de la Providence, le pire étant sûr si l'enfant avait vécu, relève du sophisme. Une chose est ce qui pourrait être, une autre ce qui est. Ce n'est pas parce que ce qui pourrait être n'est pas que ce qui est cesse d'être. Il ne faut pas confondre le réel avec un point de vue sur celui-ci. Se dire que le mal qui existe est un moindre mal est un point de vue sur le mal qui ne supprime pas la réalité de celui-ci. Rien n'interdit de le faire, à condition d'annoncer qu'il ne s'agit là que d'un point de vue profitable à celui qui y croit. D'où la limite du raisonnement consistant à faire du pire et non du bien le contraire du mal. Le mal étant meilleur que le pire, il donne l'impression d'être un bien. Ce n'est qu'une apparence. Un mieux n'est pas un bien ni un bien un mieux. Mieux aller ne veut pas dire que l'on va bien.

Il est tentant de tout ramener à une question de point de vue. C'est ainsi que l'on est euphorique. Le réel n'existe plus. Brillante en théorie, cette opération se heurte à un obstacle majeur. Quel penseur euphorique aura le courage d'aller expliquer à un innocent que l'on va exécuter pour un crime qu'il n'a pas commis que sa situation pourrait être pire ?

Appeler un mal un mal et non un bien ou un moindre mal n'est donc pas inutile. Il y a des moments où le mal que l'on nomme permet d'éviter le mal que l'on fait. Ivan Karamazov comme Camus l'ont compris. Ils se sont révoltés contre Dieu pour éviter le mal. Il y a tant de mal que l'on fait au nom de Dieu, en croyant faire du bien.

Ne pas tricher

Nommer le mal est une nécessité. Si, toutefois, on n'a pas nommé le mal qui se trouve en soi, il n'est pas possible de nommer le mal hors de soi. La tricherie extérieure consistant à appeler le mal un bien n'existe que parce qu'il existe une tricherie intérieure consistant à se voiler la face dès lors qu'il pointe le nez. Ivan Karamazov, Camus se sont aussi insurgés contre cela. Quand Dieu sert à justifier le mal, c'est que l'homme intérieur n'est pas né et refuse de naître.

Étrange. On fait souvent comme si on n'existait pas. On n'ose pas parler de soi. Pourtant, c'est la chose la plus importante qui soit. C'est même la chose la plus universelle. L'être humain n'est pas une réalité matérielle dépourvue de subjectivité. Il n'est pas non plus une subjectivité vide dépourvue de réalité. Il est une réalité pourvue de subjectivité, comme il est une subjectivité bien réelle. Réel et subjectif à la fois, il est un va-et-vient entre les deux. C'est ce qui fait qu'il est un être de langage. Quand il existe vraiment, en parlant de lui il ne parle pas que de lui. Il parle de la réalité. Quand il est réel, il ne parle pas simplement de chose réelles. Il parle à l'intime. Miracle de la personne. Parler de soi et être dans le réel. Être dans le réel et toucher l'intime. La relation entre la subjectivité et le réel porte un nom. Elle s'appelle Je Suis, rencontre du Je subjectif et de l'être réel. Miracle de la subjectivité. En tant qu'êtres humains, nous sommes tous des Je Suis. C'est ce qui nous lie. C'est ce qui nous distingue. Autre miracle. C'est ce qui nous lie à Dieu. C'est ce qui nous distingue de lui. Lorsque Moïse demande à Dieu quel est son nom, celui-ci répond : « Tu leur diras que mon nom est Je Suis. »

D'où l'importance d'être soi et de parler non pas de soi mais à partir de soi. On ne le fait pas assez. On ne va pas assez dans son Je Suis. Dommage. Quand on le fait, en parlant de soi on parle à la réalité de chacun, à l'intime de chacun, au Je Suis de chacun. On rentre, de ce fait, dans l'universalité. On passe aussi à un autre niveau. On évoque la dimension ontologique de Dieu. On fait résonner un autre réel, un autre intime. Tout le monde comprend ce qui résonne dans le réel, dans l'intime, dans un réel et dans un intime qui vont jusque dans le plus fondamental.

On ne parle pas assez à partir de soi. On n'ose pas le faire. Le faire suppose d'affronter une mort, celle qui consiste à ne plus être confirmé par le monde extérieur mais par le monde intérieur de l'universalité et de l'ontologique. La solitude fait peur. Qui dit affirmation singulière de soi dit le risque assumé de perdre l'autre. Il est plus rassurant de tricher en répétant ce qui est admis dans le groupe. On évite le vertige de l'isolement, de la perte, de l'irréversible, du mal sans compensation possible.

On est libre, quand on assume l'angoisse de l'engagement personnel et qu'on aperçoit en celui-ci une liberté et non un malheur. Qui sent le vertige qu'il y a à être soi et qui l'assume rencontre sa réalité, son intime et la possibilité de dire quelque chose allant dans l'universel comme dans l'ontologique. Quand il voit son ami Lazare mort, le Christ ne délire pas. Il ne raconte pas aux sœurs de Lazare que cette mort est une providence. C'est en assumant l'abîme de la mort qu'il trouve le Dieu de vie qui ressuscite les morts au lieu de les faire mourir pour leur bien. Qui cesse de délirer sur la société en voyant le sacrifice à la vie sociale comme un bien, qui donc assume le vertige que peut représenter la mort sociale trouve en lui la force de résurrection de lui-même.

On triche avec la société, comme on triche avec soi-même. C'est la raison pour laquelle il y a tant de souffrance psychique, tant de souffrance sociale. On n'a pas accepté sa solitude. On a peur de la mort sociale et de la vie sans autrui. On ne dit pas : « Je pense donc Je Suis », ainsi que l'a fait Descartes, en découvrant ainsi les sources d'une libération inouïe. On dit : « Les autres plutôt que moi-même, donc je suis. » Ce qui est l'essence de la servitude. Rien ne fait autant de mal aux hommes que de leur faire honte d'être eux-mêmes au nom de l'amour du genre humain. Quand on le fait, les interdisant de leur Je Suis, on l'interdit à tous. La pression sociale est très forte. Il est de bon ton de stigmatiser la solitude. C'est ainsi que l'on contraint les individus à parler une langue qui n'est pas la leur. Le fondamentaliste religieux en est le vivant exemple. S'interdisant de parler de lui, il parle en revanche volontiers au nom de Dieu. Il se cache derrière Dieu pour ne pas être lui-même. Il utilise le Je Suis de Dieu pour ne pas rencontrer le sien. Il est fatal qu'il veuille tuer toute l'humanité et qu'il tue effectivement. Tout Je Suis effectif est de trop et le remet en question. On sort d'une telle logique meurtrière en demandant de quel droit on peut parler pour l'autre et de quel droit on peut parler pour Dieu.

On peut faire résonner quelque chose de soi qui parle à l'universel comme à l'ontologique. On ne saura pourtant jamais ce que veut autrui comme ce que veut Dieu. Avoir conscience d'un tel écart permet d'éviter de tricher. Ce que l'on fait souvent. On s'installe dans une position de savoir. On parle pour les autres et pour Dieu. C'est la peur du silence et de la solitude qui parle ainsi. Dommage. Quand on se tait, on écoute. Quand on écoute, on entend. Renvoyé à notre Je Suis, on entend dans ce renvoi un envoi. Nous sommes appelés à l'intime.

Il faut avoir le courage d'être soi. C'est ainsi que

l'on rencontre ses richesses intimes. Mais il faut aussi avoir l'humilité d'être comme les autres et avec eux. Là aussi, on triche. On fait comme si on n'était pas comme eux et avec eux. Ainsi que le rappelle Rousseau, nous sommes par essence des êtres sensibles, c'est-à-dire des êtres qui sont des hommes vivants avant d'être des hommes de raison[1]. À ce titre, nous sommes sensibles non seulement à notre vie mais à la vie d'autrui. La vie nous est agréable. Nous la trouvons précieuse. Nous y croyons. Nous avons foi en elle et dans ce qui vient du fond d'elle-même, à savoir ce qui fait vivre cette vie, Dieu en l'occurrence, que saint Augustin a si justement nommé « la vie de la vie ». De même, la vie d'autrui ne nous est pas indifférente. Nous éprouvons un sentiment de répulsion spontanée dans le fait de voir souffrir. Nous croyons, de ce fait, non seulement en Dieu, mais en l'homme. Nous pensons qu'une vie est possible au-delà de la violence et qu'il n'y a d'ailleurs que cette vie qui est possible. Être homme, autrement dit, c'est avoir, inscrites en soi, les relations à Dieu comme à l'homme, relations que l'on exprime dans le plaisir que l'on a à vivre et l'horreur que l'on peut ressentir à voir souffrir.

Certes, bien des hommes ne croient pas en Dieu et encore moins en l'homme. De telles réactions

1. Jean-Jacques Rousseau, *Discours sur l'origine et les fondements de l'inégalité parmi les hommes*, op. cit., p. 162.

sont non pas premières mais secondes. La preuve, bien qu'il n'ait foi ni en Dieu ni en l'homme, celui qui n'a pas une telle foi vit quand même, en éprouvant quelque plaisir à vivre ainsi qu'à côtoyer ses semblables.

Sagesse de Rousseau que d'oser rappeler de telles évidences. Le doute sur la vie et sur cette vie de la vie qu'est Dieu vient toujours après. Il est une attitude intellectuelle et non vivante. De même, le cynisme à l'égard d'autrui vient toujours après lui aussi. L'homme est d'abord un être qui vit et qui aime. L'être qui doute et qui ferme son cœur vient après, quand, déçu par les églises et la vie sociale, il se retranche sur lui-même, en justifiant un tel retrait à l'aide de sa raison.

Bergson a fait une remarque semblable en mettant la foi dans la vie comme dans autrui que les hommes peuvent avoir au compte de la fonction fabulatrice de ceux-ci et non de leur cœur[1]. Ce qui revient au même ou quasiment. Qu'est-ce qui pousse les hommes à fabuler afin de vivre, sinon leur élan vital convaincu dans son intime de l'existence d'une énergie spirituelle traversant la vie et justifiant le fait de vivre ?

Nous pensons spontanément comme Rousseau et comme Bergson. Ne trouvons-nous pas naturel

---

1. Bergson, *Les Deux Sources de la morale et de la religion*, PUF, 1984 ; 2003.

d'aimer vivre et de ne pas aimer souffrir ni voir souffrir ? Ne disons-nous pas de quelqu'un qui a des sentiments suicidaires ou meurtriers qu'il a été brisé pour en arriver là, preuve qu'il y avait quelque chose de vivant et d'aimant avant cette brisure ? La psychanalyse ne va-t-elle pas dans ce sens, quand elle montre que nombre d'êtres humains ont envie de vivre et d'aimer sans oser le faire, en raison de traumatismes à la suite desquels ils ont refoulé leur sentiment vital ?

Si on ne laisse pas parler l'universel et l'ontologique, on ne laisse pas non plus parler le sensible. On joue à être dur, sans foi, cynique. Il y a là une forme de tricherie. C'est cette tricherie qui conduit à trouver une utilité au mal. Elle explique les raisonnements des sages, des théologiens, des philosophes. Ils n'osent pas vivre ce qu'il y a dans le fond de leur cœur.

On sous-estime l'importance du cœur et le rôle que peut jouer le fait de le refouler. Voir les choses par son entremise est avant tout généreux. Cela donne une chance à ceux qui font du mal. Cela signifie qu'ils sont non pas mauvais par essence mais perdus. Si tel est le cas, ils peuvent donc se retrouver. En outre, il y a là quelque chose de subtil qui permet tout simplement de penser le mal qu'il peut y avoir en l'homme et que celui-ci fait. Quand celui-ci est considéré comme mauvais par essence, il n'y a rien à penser. Pourquoi penser ?

Un tel homme est irrécupérable. Quand un homme mauvais est pensé comme errant, il en va autrement. Le mal n'est ni sa nature ni une fatalité, mais un signe. Un tel homme qui n'est pas ce qu'il devrait être ne fait pas ce qu'il veut et ne veut pas ce qu'il fait. Il importe de s'en souvenir. Un tel homme est récupérable, pour peu qu'on lui en donne la chance.

Quand on étouffe son cœur, on ne fait pas que tricher vis-à-vis de soi-même en laissant s'installer une personnalité fausse. On produit à la longue un monde faux du fait de cette dureté. Laissons celle-ci se répandre, il devient courant d'entendre des propos pessimistes et désespérés disant que l'homme est irrécupérable. C'est avec de tels jugements que le mal se normalise.

On comprend que Vladimir Jankélévitch ait pu faire l'éloge de la mauvaise conscience, ce tiraillement intime qui fait mal quand on fait mal. C'est la voix du cœur qui s'exprime à travers lui. Quand on ne l'a plus on n'a plus rien. C'est lui qui nous sauve du néant en étant la conscience de notre conscience. Les bourreaux et les assassins en sont dépourvus, souligne Jankélévitch. Ils dorment en général très bien et ont fort bonne conscience, au point de plaider non coupables[1]. On aimerait qu'ils soient moins à l'aise. Ce serait le signe qu'ils n'ont pas tout perdu de leur cœur.

1. Vladimir Jankélévitch, *La Mauvaise Conscience*, Aubier-Montaigne, 1967, p. 7.

Catherine Chalier a dès lors raison de faire l'éloge de l'inquiétude plutôt que de la quiétude. L'impassibilité du sage tant vantée par les stoïciens ne prépare-t-elle pas la dureté du cœur et ne la justifie-t-elle pas au nom de la sagesse ? Les assassins sans cœur qui tuent sans ressentir aucune honte ne sont-ils pas à l'image de la sagesse du monde qui en est également dépourvue ? Quand les sages étouffent leurs cœurs, quand les théologiens justifient le mal régnant sur terre au nom de la pédagogie divine, quand les philosophes démontrent que tout est rationnel, commet s'étonner que ceux qui n'ont ni leur sagesse, ni leur foi, ni leur intelligence étouffent à leur tour leur cœur[1] ? Il y a des sagesses qui font désespérer et des cris de révolte qui remplissent d'espoir. Ivan Karamazov, Camus qui se révoltent nous remplissent d'espoir. L'homme est donc possible, puisque certains n'ont pas honte de le vivre.

On s'interroge sur le mal qui ronge le monde. Ce mal est lié au mensonge. Il faut donner de soi-même, payer de sa personne, aimer et non s'abriter derrière des attitudes de composition, des raisonnements, des techniques, des règlements. Le sage qui se veut impassible en toute circonstance triche. Il joue à ne rien ressentir. Il étouffe son être profond. Il masque sa peur d'avoir mal, d'aimer, de donner derrière des raisonnements qui font frémir. C'est

1. Catherine Chalier, *De l'intranquillité de l'âme*, Payot, 1999.

le pire qui peut arriver à la philosophie. La raison doit servir à aimer et non l'amour à raisonner. Cela donne donc raison à Pascal et à sa critique tant de la médecine, de la justice, que de la théologie.

On ne peut pas s'abriter derrière des remèdes et des techniques pour soigner. Les maladies des hommes ne sont pas simplement des maladies du corps mais des maladies de la vie. Il importe pour les soigner de s'y impliquer. On triche, quand on ne le fait pas. On fait semblant de soigner. On ne soigne pas. On laisse les hommes à l'abandon. Même chose pour la justice. On ne peut pas s'abriter derrière des lois et des jugements pour régler les désordres des sociétés humaines. Les injustices sont à l'image des maladies. Ce sont des désordres de la vie tout entière. Les hommes ne sont pas justes, parce qu'ils ne savent pas se régler par rapport à eux-mêmes, par rapport à la vie, dont ils n'ont souvent aucune conscience. Ne pas s'attaquer à ce dérèglement fondamental revient à tricher, à faire semblant. Enfin, la théologie. On ne peut pas s'abriter derrière les dogmes, la tradition, l'érudition pour sauver les hommes. Il importe non pas simplement de donner une partie de soi-même, mais de se donner entièrement, à l'image des saints qui ont tout donné. L'absolu se rencontre en étant absolu et la transcendance en étant transcendant. L'humanité souffre parce qu'elle ne donne pas tout d'elle-même. On triche en n'étant pas le premier à tout donner de soi afin d'attaquer la souffrance humaine à sa racine.

Ivan Karamazov comme Camus ont fort bien perçu la fausseté de certains raisonnements théologiques. C'est la raison pour laquelle ils se sont insurgés contre Dieu. Ils ont préféré le désespoir à la foi pour ne pas se cacher derrière une foi, comme certains théologiens se cachent derrière des dogmes et une règle. Quand croire conduit à justifier le mal en se donnant ainsi de bonnes raisons de ne pas le combattre, ne pas croire est la seule façon de faire resurgir le don absent et la révolte introuvable. Face au oui qui rime avec démission, seul le non fait résonner le courage et la dignité. Belle façon de rappeler que, face au mal, à la souffrance, à la mort, il n'y a pas de raisonnements, pas de remèdes, pas de règles, pas de dogmes qui tiennent. Seul le don de soi, synonyme d'amour de l'homme et de vie, est en mesure de faire échec au refus de donner, synonyme de mépris de l'homme et de mort. C'est lui qui est la vraie sagesse, la vraie médecine, la vraie justice, la vraie théologie. Tout le reste n'est que tricherie.

Appeler le bien le bien

Ne pas appeler le mal le mal. Tricher. La source est la même. Ne pas oser appeler le bien le bien. Avoir peur de la vérité. Ce qui, il est vrai, ne va pas de soi.

On n'a pas coutume de parler du bien pour lui-même. On se moque souvent de celui qui défend l'idée d'un bien en soi. On le traite d'idéaliste. En quoi on a tort. Il n'est pas idéaliste de parler d'un bien en soi. C'est même plutôt très réaliste. Rien ne respecte mieux la signification d'un tel concept. Il suffit d'analyser d'un peu près les notions de bien et de mal.

Il est dangereux de dire que le bien est le contraire du mal. Si tel est le cas, cela signifie que le mal est premier et le bien second. Ce qui est logique. Pour que le bien s'oppose au mal, il faut que le mal existe déjà et qu'il précède le bien. Le mal revêt, de ce fait, une dimension originaire. En outre, que reste-t-il du bien si le propre de celui-ci consiste à être le contraire du mal ? À proprement parler rien. Le bien n'est qu'une autre forme du mal, un avatar de celui-ci, s'opposer au mal se faisant dans l'opposition, dans la contrariété. Ce sont là des qualités négatives témoignant d'un objectif : faire mal au mal afin de le vaincre. En conséquence de quoi, une conclusion s'impose. Faire du bien le contraire du mal revient à dire que seul le mal existe. Le bien et le mal sont donc des illusions. Il y a le mal et ce mal opposé au mal que l'on appelle bien. D'où l'importance d'appeler le bien le bien, sans faire de lui le contraire du mal. C'est là l'unique façon de ne pas faire le jeu du mal en nourrissant celui-ci sans le savoir. Ce qui est la ruse suprême du mal et donc du malin, ce mal dans le mal. Faire croire aux hommes qu'ils font le bien, quand ils font le mal. Illusion dans laquelle tout le monde tombe. Le conformiste le premier. Désireux de combattre le mal, il croit bien faire en défendant le bien contre le mal et en faisant la chasse à celui-ci au nom du bien. Il tue ainsi le bien qu'il veut servir et le Dieu qu'il prétend aimer. Quand l'essence du bien consiste à être contre le mal, le bien devient d'essence policière. Quand tel est le cas, la police est au-dessus du bien, au-dessus de Dieu. On est là en présence de la première mort de Dieu. Ce qu'a fort bien vu Nietzsche. Rien ne tue mieux Dieu que la morale. Saint Paul, Spinoza, Goethe l'avaient annoncé avant. « Je vois le bien et je fais le mal », disent en chœur l'apôtre, le philosophe et le dramaturge, par l'entremise de Méphistophélès, l'un des héros de *Faust*. C'est ce qui se passe, quand on fait du bien le contraire du mal. On voit le bien et on fait le mal. Ce dernier se joue du moralisateur. Il le démasque. Ce dernier est un violent qui se dissimule. Un mégalomane se prenant pour Dieu. Un homme imbu de lui-même s'imaginant sans erreurs. Ce n'est pas un homme, mais une caricature.

Nietzsche a compris les racines du moralisme. Spinoza également. Le moralisateur qui part en croisade contre le mal est fondamentalement un individu apeuré, doté d'un fort sentiment d'impuissance et désirant se venger de la vie, qu'il n'aime pas. S'il aimait la vie, s'il s'aimait, il ne songerait pas au mal. Il songerait à vivre. Il serait dans son corps en faisant corps avec lui, corps avec le monde, corps avec autrui. Développant sa puissance d'agir, il n'aurait d'autre souci que de l'augmenter davantage. C'est ce que veut dire appeler le bien le bien. Cela renvoie au fait d'affirmer la vie. Il est frappant de constater que Spinoza évoque le fait de « voir le bien mais de faire le mal » dans la même proposition de l'*Éthique*, partie III, proposition II, Scolie, dans laquelle il est dit que « nul ne sait ce que peut le corps ». Le moralisateur qui fait la chasse au mal est à l'opposé d'une telle éthique. Pour affirmer la vie, pour appeler le bien le bien, il faudrait qu'il se sente fort en lui-même, qu'il aime la vie. Il faudrait qu'il aime suffisamment Dieu pour voir du bien dans les biens que celui-ci dispense. Ce qu'il ne fait pas, la police et la répression de la vie passant pour lui avant tout. On comprend dès lors le récit de la Genèse, ainsi que la mort du Christ.

Ainsi que le souligne Annick de Souzenelle, il importe avant tout de remettre le récit de la Genèse dans son contexte véritable, qui est ontologique et non historique. Seuls des esprits particulièrement naïfs et non avertis, ainsi que des savants épris d'un scientisme rétrograde, croient qu'Adam désigne le premier homme, Ève une jeune femme et que Dieu leur a fait payer le fait d'avoir désobéi à son interdiction de consommer du fruit défendu, en les chassant du paradis[1]. Le texte lu à la lumière de l'hébreu dans une perspective intérieure et symbolique montre tout autre chose. Adam désigne la terre et avec elle l'homme intérieur non encore accompli que nous sommes tous. Cet Adam a deux faces. L'une est masculine et s'appelle la lumière (*Ish* en hébreu), l'autre est féminine et s'appelle l'ombre (*isha* en hébreu). Pour que l'Adam s'accomplisse, il faut que la lumière qui est l'accompli non encore accompli aille dans l'ombre, qui est l'inaccompli. Quand tel est le cas, la lumière devient profondeur et l'ombre grandeur. L'homme intérieur devient du feu. Un feu matriciel[2]. Il connaît pleinement ce que veut dire la vie divine, qui est le but de la vie humaine, vie dont nul n'a imagination.

Dans ce contexte, on comprend pourquoi Dieu recommande à l'Adam de ne pas consommer du « fruit de l'arbre de la connaissance du bien et du mal ». Il s'agit pour l'homme de s'accomplir, d'aller dans la vie divine. De vivre donc, sans penser à mal. En s'affirmant ontologiquement, comme le sage spinoziste s'affirme dans la vie. Consommer du fruit de l'arbre de la connaissance du bien et du mal revient à régresser, à ne pas s'accomplir. C'est ce qui se passe quand l'homme intérieur ne se développe pas. Il stagne au niveau d'une vie banale, vulgaire. Il voit du mal de

---

1. Annick de Souzenelle, *L'Alliance oubliée*, Albin Michel, 2005, p. 152.
2. Annick de Souzenelle, *Le Féminin de l'Être*, Albin Michel, 1997, p. 32.

ce fait. Il pense à mal. Son *isha*, son féminin intérieur (et non Ève) se laisse séduire par le rusé (et non le serpent). Il se détourne de son inaccompli, de son ombre, de sa profondeur, en s'imaginant s'accomplir par là. Ce que saint Jean exprime fort bien dans son Prologue, quand il écrit : « La lumière a été envoyée dans les ténèbres et les ténèbres ne l'ont point reçue. » Le récit de la Genèse établit donc d'une façon très ferme ce que doit être l'*ethos* de l'être humain. Celui-ci doit se tenir dans la gloire de Dieu sans se laisser captiver par autre chose. Sa vie doit être une affirmation ontologique de son être profond. Dans une telle vie, aucun mal n'est utile. La positivité ne procède pas dans le fait de trouver une utilité à tout y compris au mal, mais dans celui de déborder de bien.

Le Christ, dans les Évangiles, fait écho au récit de la Genèse. Il enseigne à ne pas juger, afin de se tenir dans la vie, comme le récit de la Genèse invite à le faire. Il reprend les pharisiens qui jugent, en ce sens. Il est crucifié pour cette raison, entre autres. Qui affirme le bien pour lui-même apparaît comme dangereux, insupportable même, aux yeux des moralisateurs qui mettent la répression du mal au-dessus de tout. À croire que Dieu a été inventé pour faire échec au mal ! Dostoïevski, dans *L'Idiot*, a mis en scène un être doux et innocent que la bonne société méprise, afin d'exprimer la réalité de ce drame. Nietzsche, dans sa philosophie, a vu l'existence comme une tragédie mettant aux prises ceux qu'il a appelés les prêtres et les innocents. Les prêtres qui détestent la vie font honte aux innocents de l'aimer et de ne pas penser à mal. La psychanalyse en soulevant la question de la culpabilité a mis le doigt sur la violence que provoque l'innocent. Enfin, quand René Girard explique que les sociétés font leur unité en sacrifiant un innocent en commun, quand il ajoute que celui-ci incarne les vœux secrets de celles-ci, on voit se rejouer la même scène. À l'évidence, l'humanité a du mal à appeler le bien le bien. Elle répugne à s'accomplir dans son « ethos » profond. Cette difficulté à vivre le bien pour le bien, difficulté qui va déboucher sur le mal, s'explique. L'homme véritablement moral ne sait pas qu'il l'est, ainsi que le rappelle Vladimir Jankélévitch. Cela déroute. L'orgueil, notamment. Il est tentant de se dire qu'on est moral. Cela rassure. Il y a un mystère du bien. On chute, quand on veut passer au savoir du bien. On perd son innocence. Le véritable bien ne se sait pas. Il est. D'où la sagesse de Berdiaev disant à propos du bien et du mal que le mal est le contraire du bien qui n'est le contraire de rien[1]. Et ce, en écho à cette phrase de Gogol mise en exergue de son livre *De la destination de l'homme* : « C'est une grande tristesse que de ne pas voir le bien dans le bien. » On a fait de la vie un savoir alors qu'elle est un mystère. Et le tout sous couvert de morale.

1. Nicolas Berdiaev, *De la destination de l'homme*, trad. I. P. et H. M., L'Âge d'Homme, 1979, pp. 115-118.

La chasse au mal s'est substituée à la quête du bien. Tout a été dévalué et nous ne nous en apercevons pas. La chute est là. L'homme est fils de roi. Il est devenu gardien de porcs comme le fils prodigue. Il est né roi, prêtre et prophète pour devenir roi, prêtre et prophète. « Reconnais ta noblesse, reconnais que tu es de dignité royale[1] », dit saint Macaire. Appeler le bien le bien va de pair avec le fait de reconnaître la royauté de l'homme. Tant il est vrai que c'est être un roi que de ne conférer que du bien au bien. C'est là le traiter royalement.

Nietzsche a recherché la part aristocratique de l'existence que l'homme possède, mais qu'il refoule. Il a vu dans un tel refoulement la source de tous nos maux. N'est-ce pas en définitive là ce qui éclaire la condition humaine ? Les hommes ne souffrent-ils pas parce qu'ils sont des rois déchus ayant peur de leur couronne ? On est un aristocrate, on est un roi, quand on honore l'existence. On l'honore, quand on lui donne le meilleur. En l'occurrence, rien que du bien. N'est-ce pas cela qui dérange ? N'a-t-on pas peur de l'ascèse que la royauté suppose ?

Il semble que l'humanité recule devant sa grandeur et que, du coup, elle ne recule devant rien. Il semble qu'elle préfère vivre médiocrement que grandement, par peur de mourir à la médiocrité. D'où la

---

1. Christos Yannaras, *La Liberté de la morale*, trad. J. Touraille, Labor et Fides, 1983, p. 186.

profondeur de la révolte d'Ivan Karamazov comme de Camus. Qui dit révolte dit volte-face. Qui dit volte-face dit le fait de revenir sur un choix que l'on a fait. Signe qu'il ne s'agit pas là que d'un simple retour en arrière, mais d'un retour sur soi. On faisait fausse route, parce que l'on était prisonnier d'une idée, d'un système mental. On dit non. On refuse de se laisser ainsi enfermer et aliéner. On écoute en soi la voix qui dit non. On s'insurge. C'est la liberté qui parle et qui dit : Debout ! C'est la royauté qui fait retentir sa voix et qui dit : Redresse-toi. C'est cette royauté qui s'adresse à Dieu, mais qui, derrière Dieu, s'adresse à toute l'humanité. Que fait-on de la royauté de l'homme ? Que faisons-nous nous-mêmes d'une telle royauté ? Les croyants qui avancent qu'ils croient, ont-ils une foi qui les pousse jusqu'à penser que l'homme est un roi ? Ou ont-ils une foi frileuse, une foi coupable qui s'excuse d'avoir la foi, une foi haineuse qui fait honte à l'homme d'avoir une couronne ? Question superbe. Décisive. Essentielle. Question qui en appelle une autre : et ceux qui ne croient pas, et ceux qui se révoltent, ont-ils une révolte qui les pousse à se révolter afin de rendre sa couronne à l'homme, en pensant qu'il peut en avoir une ?

2

Les limites de la révolte

Les deux faces de la révolte

La révolte est à double face. Elle est positive, nécessaire, indispensable, quand elle incarne le mouvement de l'esclave pour se libérer en secouant ses chaînes. Nul n'a le droit de s'approprier l'existence d'autrui, en en faisant son instrument, sa chose, un objet dont il peut user à sa guise. La révolte est le cri de la dignité s'indignant face à l'indigne que représente le ravalement de l'être humain au rang d'objet ou d'instrument. Il y a bien sûr en elle l'élémentaire logique qui s'exprime. On n'aime pas être maltraité. Il faut être cohérent. On ne peut pas vouloir être bien traité et maltraiter les autres. Quand on maltraite quelqu'un, ne nous étonnons pas d'être maltraité en retour. Mais, il y a plus. Ce n'est pas simplement la cohérence qui s'exprime dans l'indignation. C'est aussi le caractère fondamental de la personne humaine. On ne maltraite pas simplement la personne humaine afin de ne pas être maltraité en retour. Il s'agit là d'une vision égocentrique de l'homme, fort critiquable. Elle suppose que, lorsque l'on a quelque intérêt à être maltraité, on peut maltraiter les autres en retour. La réciprocité ne permet pas tout. C'est ce que rappelle le sens de la dignité. Il convient de ne pas maltraiter autrui, même si celui-ci le demande ou si on entretient avec lui une relation de contrat où chacun maltraite l'autre. Le respect de l'homme ne relève pas d'une affaire d'intérêt, mais de conscience. Il y a, dans le fait que l'homme existe, un fait proprement extraordinaire. Si l'on n'a pas compris cela, on n'a rien compris. Le respect de l'homme prend sa source dans la conscience de l'extraordinaire qui traverse la présence de l'homme dans l'univers. « L'homme n'a pas un prix mais une dignité consistant dans le fait qu'il est sans prix » rappelle Kant dans *Fondements de la métaphysique des mœurs*. C'est cette dignité qui parle lors de certains mouvements d'indignation. C'est elle qui leur confère ce caractère si authentique, si salutaire, si revigorant. En rappelant au monde que l'on n'a pas le droit de traiter l'homme en esclave, on redonne une dignité à celui-ci. On lui rappelle ses racines. Celles-ci vont dans les profondeurs de l'ontologique. Elles sont au ciel. Il y a eu bien des mouvements de révolte au cours de l'Histoire, à l'image du mouvement lancé par Spartacus au Ier siècle avant Jésus-Christ à Rome. L'erreur serait de n'assigner que des causes sociales à de telles révoltes. Ainsi que le montre la Bible, l'esclavage a des sources ontologiques transcendantes. Le peuple juif qui a le sens du Dieu intérieur est emmené en captivité par l'Égypte qui demeure prisonnière du Dieu extérieur. Le Dieu des Égyptiens est le Dieu de la magie, du fantastique religieux, de l'au-delà fascinant. Israël subit un tel Dieu avant de s'en délivrer, grâce à Moïse. Profondeur d'une telle révolte. Israël révèle au monde le vrai sens de la révolte. Il ne faut pas se laisser séduire par les religions extérieures que l'homme se crée. En particulier par la religion du pouvoir, à savoir la magie. Il y a néanmoins une question qui se pose, jusqu'où peut aller la révolte ?

C'est la question que pose Camus dans *L'Homme révolté*. La culture humaine n'a pas simplement découvert la révolte contre le tyran visible. Elle a découvert également la révolte contre le tyran invisible. Il n'y a pas que les hommes qui asservissent les hommes. La pensée les asservit également. Celle-ci est même le plus sûr des tyrans. Grâce à des mots, des idées, il est possible de captiver à distance. Les tyrans le savent. C'est la raison pour laquelle ils s'entourent de sophistes. Ceux-ci leur procurent les moyens de tyranniser les âmes. On capture toujours les esprits en les séduisant. On les caresse dans le sens du poil en leur disant ce qu'ils ont envie d'entendre et en leur montrant ce qu'ils ont envie de voir. On peut les captiver en faisant mieux encore. Quand on leur fait croire qu'il existe une réponse absolue pour toutes leurs questions, on est sûr de les envoûter. D'où la religion, qui a su en tirer profit. Les idéologies également, qui prétendent détenir la clef du salut de l'humanité et qui se font passer pour des messies. Il n'est dès lors pas étonnant de voir des esprits lucides, épris de liberté, s'insurger contre une telle façon de détourner les esprits afin de les dominer et de les utiliser. Une telle rébellion est même salutaire. Et l'on comprend le refus de « croire ». Seul un tel refus est en mesure de combattre le mal à sa racine. Ne plus croire à ce qui utilise l'espérance du genre humain pour aliéner celui-ci sauve et fait comprendre qu'il puisse y avoir un salut dans l'absence de salut. N'est-on pas cependant en pleine confusion quand, sous prétexte de dénoncer ceux qui utilisent le salut comme un mirage afin de captiver les hommes et d'abuser d'eux, on s'en prend directement à Dieu ? Est-il responsable du détournement qui se fait en son nom ? On admet bien que Nietzsche n'est pas responsable des détournements qui se sont faits en se réclamant de lui. Il faudra un jour faire la différence entre Dieu et l'usage qu'on en fait.

C'est ce que fait Camus. Tout en refusant de croire en Dieu, il refuse l'athéisme des intellectuels de son temps. Il fallait oser le faire. Ceux-ci, à ses yeux, ne se contentent pas de lutter contre la manipulation de l'humanité par des illusions de salut. Ils vont au-delà. Ils veulent prendre la place de Dieu.

Lucrèce, dans son poème *De la Nature*, se lance dans une tirade enflammée afin de célébrer Épicure, le premier penseur libre à l'égard des dieux : « Aux temps où, spectacle honteux, la vie humaine traînait à terre les chaînes d'une religion qui, des régions du ciel, montrait sa tête aux mortels et les effrayait de son horrible aspect, le premier, un homme de la Grèce, un mortel, osa lever contre le monstre ses regards, le premier il engagea la lutte[1]. » Ainsi que l'écrit Camus : « On sent ici une différence. Les héros grecs pouvaient aspirer à devenir des dieux. C'était en même temps que les dieux déjà existants. On avait là affaire à une promotion. L'homme de Lucrèce procède à une révolution. En niant les dieux indignes et criminels, il prend lui-même leur place[2]. »

Camus a conscience que, s'il existe une révolte nécessaire, il existe une révolte dangereuse. Il arrive que l'on se révolte non pas pour libérer l'homme, mais pour prendre la place de Dieu. On passe alors d'un délire à un autre. On passe de la servitude à la tyrannie de l'homme. Ce qui est une profonde erreur. Ce n'est pas en faisant de l'homme un tyran métaphysique qu'on le libère de sa servitude spirituelle. Dans la tragédie que représente l'oppression de l'esprit dans l'humanité, on inverse les rôles.

  1. Lucrèce, *De la Nature*, trad. H. Clouard, Flammarion, 1984, p. 20.
  2. Albert Camus, *L'Homme révolté*, Gallimard, 1988, p. 51.

Dieu a beau ne plus opprimer l'homme parce que l'homme opprime Dieu, on opprime toujours. Marx n'a pas fait cette erreur. Quand il critique la religion, il lui reconnaît une valeur. « La religion », écrit-il, est le soupir de la créature accablée par le malheur, l'âme d'un monde sans âme, la conscience d'un monde sans conscience. Elle est *l'opium* du peuple. En son temps, seule la religion offre une espérance au peuple. En lui parlant d'une vie après la mort, elle lui ouvre un avenir. Ce que les élites aristocratiques ou bourgeoises ne font pas. Celles-ci méprisent les illusions du peuple. Il est facile de ne pas avoir d'illusions quand on a tout. On peut ne pas attendre d'être puisque l'on est déjà. Quand, n'ayant rien on n'a rien, on ne peut se permettre ce luxe. Il faut bien avoir une espérance dans l'autre monde, puisque dans celui-ci on n'en a aucune.

La vie passe par une adhésion à la vie. On le comprend bien, quand on est dans la difficulté. On tient grâce à la foi. On ne le comprend pas, quand on est un nanti. Celui-ci n'a pas besoin d'avoir une foi, puisqu'il n'est pas placé en position de devoir « tenir » afin de vivre. On touche là aux limites de la révolte métaphysique. Dieu et le lien avec la vie sont liés. Quand on tue Dieu, c'est ce lien que l'on attaque. Aussi est-il faux de penser que Dieu aliène l'homme. On l'aliène quand, touchant à la foi, on attaque le lien même qui unit l'homme à la vie. Non content de le désespérer, on le rend rageur.

Accusé Dieu, levez-vous !
Quand la révolte tourne au ridicule.

Quand on ne reproche pas à Dieu de défaire l'homme, on lui reproche de ne rien faire pour lui. Comment peut-il se tenir tranquille là-haut, assis sur son trône, alors que le monde souffre. Une telle révolte apparaît aujourd'hui comme le fin du fin de la critique de la religion. A-t-on réfléchi aux questions qu'elle pose ?

Il existe d'abord un problème de cohérence élémentaire avec soi-même. Il est courant d'être athée à cause du mal régnant sur terre. Ce qui est singulier. Si Dieu n'existe pas, pourquoi lui en vouloir du mal existant sur terre ? Et si on lui en veut, pourquoi ne pas reconnaître qu'il existe ? Il faut choisir. On ne choisit pas. On aspire à pouvoir en vouloir à Dieu tout en lui déniant toute existence. Mieux, on aspire à lui refuser toute existence au nom de son attitude jugée scandaleuse. D'où cet étrange syllogisme : « Dieu est scandaleusement indifférent au monde, donc Dieu, ne méritant pas d'exister, il n'existe pas. » Jusqu'à peu, on ne croyait pas en Dieu pour des raisons rationnelles, logiques, scientifiques. Il était impossible de prouver l'existence de Dieu, donc on n'y croyait pas. Désormais, les choses ont changé. Dieu n'existe pas parce qu'il ne mérite pas d'exister. Les critères de son existence sont devenus moraux et non plus scientifiques. On veut un Dieu politiquement correct, démocratiquement acceptable, humanitairement irréprochable. Celui-ci étant nettement défaillant, on le chasse. On l'exclut. On l'éjecte. Il est humainement infréquentable. Il est coupable de non-assistance à humanité en danger, de silence complice devant la souffrance, d'absence inadmissible alors que l'on avait besoin de lui, de démission irresponsable devant sa propre création.

On devrait normalement rire face à un tel réquisitoire. On devrait se rendre compte qu'il est grotesque d'appliquer notre grille de jugement démocratique à tout bout de champ. Il y a là quelque chose de dangereux. En faisant ainsi de la métaphysique à coups d'arguments moraux, on ouvre la voie à une terreur démocratique digne de la terreur stalinienne ou maoïste. Il fallait hier, quand on était soviétique ou chinois, prouver que l'on était un bon communiste. Il faut aujourd'hui que Dieu prouve qu'il est humain. Résultat : on condamne Dieu à mort aujourd'hui, comme hier on condamnait à mort des citoyens lambda coupables d'être des « sociaux traîtres ». Concrètement parlant, cela donne des procès stupéfiants. Ainsi, aux États-Unis, une jeune femme affligée d'un bec-de-lièvre a décidé de faire un procès à Dieu. En France, il y a peu, un jeune handicapé assisté par ses avocats a intenté un procès à ses parents en leur reprochant de l'avoir fait naître sachant les handicaps qu'il encourait. Cela revient à dire que des parents d'enfants trisomiques ne sont plus des parents remarquables assumant un handicapé malgré ses handicaps en le considérant comme une personne à part entière. Ce sont des criminels condamnant leur enfant à vivre avec un acharnement intolérable. À ce compte-là, toute mère qui met un enfant au monde est, elle aussi, une criminelle, puisqu'elle envoie celui-ci à une mort certaine.

Il importe de faire attention. Dieu et l'homme sont liés. Quand Dieu meurt, l'homme meurt également. Ainsi, quand Dieu meurt pour non-assistance à humanité en danger, l'homme est assez vite accusé. À travers ses parents. À travers son silence. On lui reproche ce que l'on reproche à Dieu. Ne rien faire. Laisser faire. Sans être vraiment rigoureux dans ce procès. Les voitures font chaque année des milliers de morts. Pourquoi ne pas traduire les fabricants en justice ? Ils savent les risques qu'ils font courir aux êtres humains. Ils s'acharnent à produire des voitures. Ce sont des criminels. On devrait les traduire en justice. On ne le fait pas. Comme on est heureux de pouvoir user d'une voiture, on oublie les morts que son existence occasionne. Hypocrisie donc. On s'indigne, quand cela ne coûte rien. Ainsi, on se révolte contre Dieu parce qu'il n'intervient pas face au mal. On ne se révolte pas du fait qu'il ait créé le monde. On devrait pourtant. On ne le fait pas. Accepter de supprimer le monde pour supprimer le mal impliquerait que l'on cesse de vivre. On n'aime pas assez les autres pour cela. On veut bien être contre le mal. À condition que cela ne coûte rien. Hypocrisie là encore. On ne pense pas jusqu'au bout. On n'est pas vraiment prêt à refuser le mal comme à accepter le monde. On ne veut rien donner. Rien supporter non plus. On choisit donc de se révolter contre Dieu.

Il faut donc s'interroger. D'où vient le procès que l'on intente à Dieu ? D'un amour sincère de l'humanité ? Ou bien d'une mode des temps démocratiques ? Il existe aujourd'hui une furieuse tendance procédurière. On fait des procès pour tout. Pascal Brückner dans *La Tentation de l'innocence* en a montré les raisons. Comme les démocraties occidentales sont riches et prospères, elles sont solvables. On intente donc des procès pour en retirer quelques bénéfices. D'où une dérive. Chacun ou presque se dit victime. Cela marche. Aux États-Unis. Une vieille dame qui avait mis son chat à sécher dans son four à micro-ondes a bien gagné son procès contre le fabricant de fours pour défaut d'information. Il aurait fallu spécifier que le four à micro-ondes n'est pas fait pour sécher les chats mouillés. Aux États-Unis toujours, des fumeurs atteints d'un cancer intentent des procès contre les compagnies de cigarettes pour manque d'information et gagnent des dommages colossaux. En France, un homme est mort il y a quelque temps à la suite d'une troisième récidive de son cancer du fumeur. Deux fois guéri, il s'était quand même remis à fumer. Qu'à cela ne tienne, la famille a fait un procès aux fabricants de cigarettes pour défaut d'information. Il n'y a pas que Dieu, autrement dit, qui subit les affres de la fureur démocratique. La société entière en subit les conséquences. Ce qui invite à se questionner. Quand on applique à Dieu les indignations que l'on réserve en général à tel ou tel fabricant pour vice de fabrication, n'est-on pas en train de se laisser gagner par la vulgarité d'âme ? N'est-on pas en train d'ériger la rancœur en principe métaphysique en confondant la colère d'un consommateur irrité avec la pensée d'un penseur ? Nietzsche a critiqué le christianisme en lui reprochant sa haine de la vie, son ressentiment à l'égard de l'existence s'exprimant dans le fait de glorifier l'au-delà au détriment de l'ici-bas. Le ressentiment n'a-t-il pas aujourd'hui changé de sens ? N'est-ce pas le matérialisme qui est devenu haineux et plein de ressentiment en faisant honte au ciel comme il le fait ? Racine dans *Les Plaideurs* avait pressenti les travers de la société démocratique montante. Il serait surpris, s'il revenait, d'apercevoir que la justice s'occupe même de théologie. On ne se contente plus de s'adresser à elle afin de régler un différend avec un voisin. On a recours à elle pour régler ses problèmes avec Dieu. Heureusement que celui-ci se tait. S'il s'avisait de répondre à ceux qui lui intentent un procès, il reconnaîtrait la validité de ceux-ci. On serait alors perdu pour de bon. La loi des hommes et du ressentiment serait la règle de toute règle. La méchanceté pourrait s'en donner à cœur joie. Plus rien ne viendrait la contrer, le mal faisant vraiment son entrée dans le monde quand, à l'occasion d'un mal, on voit poindre le droit d'être méchant. Il n'est alors plus « un » mal, « le » mal. D'où l'interdit divin de se venger. La vengeance qui pense avoir le droit d'être méchante parce qu'elle a mal est « le » mal et non un mal. Il y a des moments où le silence sauve. Dieu qui ne répond pas au mal par le mal, en ne se vengeant pas et en interdisant que l'on se venge, sauve le monde.

Comme quoi, il importe de faire attention avant de parler. On pense être original en se révoltant contre Dieu au nom des innocents qui souffrent. On finit par être ridicule et nourrir ce qui fait souffrir les innocents : la rancœur, la rancune, la vengeance, le besoin de trouver un responsable, de faire payer quelqu'un.

Alceste, dans *Le Misanthrope* de Molière, ne décolère pas contre l'hypocrisie du monde. Dans les salons qu'il fréquente, on se sourit quand on se rencontre. On s'assassine dès que l'on a le dos tourné. Hypocrisie. Tout n'est que mensonge, fausseté, l'esprit du mal souffle par le biais de la méchanceté et du mensonge. Alceste a raison de dénoncer une telle duplicité. Là où il a tort, c'est de réclamer l'authenticité comme il le fait. Si les mensonges du monde le dérangent, qu'il n'y aille pas. Quand il y va, même pour les dénoncer, il dévoile qu'il aime le monde malgré tout. Ce qui n'est pas faux. Il ne lui déplaît pas de faire un esclandre.

On le regarde, on l'écoute, il est le centre de toute l'attention. Le comédien qu'il est en jouit. Il a son public. Aussi met-il ses colères en scène. Ce qui marche. Le monde qu'Alceste critique l'invite à se moquer de lui. Cela change de la routine des soirées ennuyeuses. Avec lui, au moins, on ne s'ennuie pas.

Si un acteur a besoin de son public, un public a besoin d'un acteur. Tout le monde, au bout du compte, y trouve son compte. Si bien qu'il ne faut pas être dupe. Dans la comédie du monde, tout le monde manipule tout le monde. Alceste manipule le monde pour satisfaire son désir de se faire admirer. Le monde manipule Alceste afin de se distraire. L'un est un exhibitionniste, l'autre un voyeur. Ils ont besoin l'un de l'autre. Aussi forment-ils un couple, bien qu'ils se méprisent réciproquement. Alceste court vers le monde, bien qu'il le déteste. Le monde accueille Alceste tout en se moquant de lui. On nage en plein mensonge, personne n'ayant le courage de renoncer à la comédie.

Molière a bien vu qu'il existe un théâtre de la colère dans le monde bourgeois. Le roi avait son fou pour lui dire ses quatre vérités. Le monde bourgeois n'a-t-il pas le sien pour lui dire les siennes ? Il existe aujourd'hui des révoltés institutionnels sous la forme d'artistes branchés pratiquant la provocation et la révolte à tout bout de champ. La révolte contre Dieu au nom de motifs humanitaires n'en fait-elle pas partie ? N'est-elle pas l'un des artifices nécessaires du monde démocratique ? Celui-ci aime bien désacraliser les choses. Cette désacralisation va de pair avec le désir d'un monde où l'homme est tout-puissant et se permet tout. Il va également de pair avec un monde où tout s'achète et se vend. La révolte contre Dieu ne va-t-elle pas dans le sens d'un monde où l'homme se permet tout, achète tout, vend tout, sans plus aucun respect de rien ?

Michel Onfray écrit un *Traité du rebelle*. Tous les Bobos, les Bohemians Bourgeois se disent rebelles. Cela ne les empêche pas d'être par ailleurs les principaux promoteurs du régime néolibéral le plus cynique qui ait jamais existé sur la planète. Il n'y a pas là de contradiction. La phraséologie du rebelle permet de faire passer l'ambition sans scrupule pour un acte subversif. En outre, en se disant rebelle, on est sûr d'attirer les foules, en particulier les jeunes. On est sûr également d'avoir une justification en or afin de faire admettre la brutalité la plus crasse pour un coup de génie. Une seule ombre au tableau tout de même. Le rebelle qui utilise la révolte est utilisé par elle. Il lui arrive, de ce fait, ce qui arrive à Alceste. Il se retrouve en train de faire le jeu d'intérêts qu'il réprouve. À force de s'indigner métaphysiquement contre Dieu, il légitime ceux qui, physiquement, font des procès à tout bout de champ. Loin d'être des aristocrates nietzschéens drapés dans la cape de Zarathoustra ainsi que du surhumain, ils ne sont que des petits bourgeois aigris cédant à ce que Philippe

Muray appelle « la psychose maniaco-législative[1] ». La société procédurière a ses rebelles comme la société bourgeoise a ses Alceste. Il faut savoir que la révolte contre Dieu aboutit là. Dans le ridicule et la justification de l'aigreur la plus laide qui soit. Pauvre Nietzsche. Il se retournerait dans sa tombe s'il voyait ce que l'on a fait de son esprit de révolte. Lui qui rêvait d'un monde délivré du ressentiment grâce à la rébellion. C'est exactement le contraire qui se produit. Jamais le ressentiment n'a été aussi fort que depuis qu'il a la caution de nos rebelles professionnels prônant comme Onfray un « nietzschéisme de gauche ». Quand on transforme le penseur du *Gai Savoir* en militant indigné, il ne faut pas s'en étonner. Vous avez voulu la révolte ? Vous aurez le monde des droits qui va avec. Bienvenue dans un tel monde.

Quand la révolte devient tragique.
Les enfants de Satan

Il y a quelque chose de grotesque dans la révolte contre Dieu. Il n'y a malheureusement pas que cela. Il y a aussi en elle quelque chose de grave, qui n'invite plus à sourire ou à se moquer. « Si Dieu n'existe pas, écrit Dostoïevski dans *Les Frères Karamazov*, tout est permis. » Sartre a contesté une

---

1. Philippe Muray, *Après l'Histoire*, vol. 1, Les Belles Lettres, 1999, p. 197.

telle phrase en opposant cette autre formule : « C'est lorsque Dieu n'existe pas que l'homme est enfin responsable. » Sartre a tort et Dostoïevski raison. C'est vraiment lorsque Dieu n'existe pas que tout est permis. L'histoire de la philosophie, de la métaphysique et de la culture le montre bien.

Qui dit bien et mal dit une norme transcendante afin de fonder la vie morale. Le bien étant la conformité à une source d'être appelée Dieu et le mal la non-conformité face à une telle source, le bien et le mal renvoient par définition à une source ontologique d'être. C'est au nom d'une telle source que l'on reconnaît à l'être humain un caractère sacré. Il est considéré comme inviolable, parce qu'on le réfère à une source, transcendance d'existence, dont il est l'expression.

Peut-on se passer de Dieu pour fonder la morale ainsi que le respect de l'homme ? C'est le problème majeur qui se pose aujourd'hui à un monde laïque. Face à une telle question, il n'y a que trois réponses possibles. La première consiste à le nier, ainsi que le fait Dostoïevski. Quand, à ses yeux, on perd le sens divin et sacré de l'existence, on perd le sens du caractère sacré et divin qu'il y a dans la personne humaine. Ce qui est cohérent. Impossible d'affirmer le sacré de l'homme sans affirmer le sacré de Dieu, sacré de tout sacré. La deuxième position est celle du positivisme d'Auguste Comte et, d'une façon générale, des partisans soit de la république, soit de la religion sociale. Il est possible de fonder la morale en dehors de Dieu et ainsi de considérer que la mort de Dieu n'est pas une catastrophe, mais un événement positif permettant à l'humanité de devenir adulte. Il suffit de fonder la morale sur l'Homme avec un H. Pensé comme valeur sacrée en soi, il est cohérent de s'appuyer sur lui. On n'est pas sans fondement sacré, puisque l'on dispose de ce sacré qu'est l'Homme. En même temps, on est dans un sacré humain, l'Homme étant le sacré de l'Homme. Position rationnelle en apparence. Moins qu'il y paraît, en réalité. C'est en faisant une religion de l'Homme que l'on parvient à se délivrer de la religion et de Dieu. Ce qui est contradictoire. Il faut choisir. Ou se débarrasser de toute religion et, de ce fait, se débarrasser de la religion de l'Homme, ou reconnaître que l'on a besoin de sacré pour fonder le respect de l'Homme et en tirer les conséquences. On ne peut faire l'économie de Dieu pour fonder le respect de l'Homme. Le monde contemporain vivant encore à l'heure de la République n'a pas réussi à surmonter cette contradiction. Tout en récusant toute religion et tout sacré, il se réfère à l'Homme pensé comme valeur sacrée. Il est, à cet égard, à l'image d'Auguste Comte, qui congédie la religion parce que celle-ci renvoie à un besoin magique d'explication du monde, contraire à l'esprit positif, mais qui, par ailleurs, crée la religion de l'Humanité afin d'établir l'Homme sur des bases fermes et solides. Ce qui laisse songeur. Comment la religion qui ne peut fonder le raisonnement peut-elle bien fonder l'Homme ?

Comment ce qui n'est pas rationnel dans la science le devient tout d'un coup, quand il s'agit de pratique sociale et humaine ? Cela ne vient-il pas du fait que la religion est plus rationnelle qu'on ne le pense et qu'on ne peut pas s'en passer ? Rien ne pouvant se faire sans foi, on ne peut fonder l'Homme sans une foi en celui-ci. Quand donc on supprime Dieu, si l'on ne se donne pas immédiatement une religion de l'Homme, celui-ci s'écroule. Les différentes révolutions qui se sont succédé depuis la Révolution française en ont fait l'expérience. Elles n'ont dû leur salut qu'au fait de bâtir une religion de l'Homme. Témoins, la Révolution française avec Robespierre établissant le culte de l'Être suprême, Auguste Comte inventant la religion de l'humanité, le marxisme instituant le culte de la personnalité. Autant de dénis du fait religieux de la part de tous les mouvements d'émancipation de l'homme, qu'ils soient athées ou laïques, avec une constante : tous n'ont pu supprimer Dieu que parce qu'ils se sont érigés en religions de substitution. Avec tous les inconvénients de la religion sans en avoir les avantages. Lorsqu'on est en présence de Dieu, on a affaire à un sacré au sens fort du terme. Signifiant le Tout Autre, il est vraiment inviolable. Ce qui n'est pas le cas de l'Homme. Très proche de chaque homme, il n'est pas au fond si sacré que cela. Ce qui explique que l'on ait tant bousculé les hommes au nom de l'Homme et qu'on continue à le faire.

Il existe enfin une troisième façon de vouloir fonder la morale. Celle-ci consiste à se passer de tout sens du sacré, tant divin qu'humain. On y parvient en supprimant tout sens du bien et du mal. Si cela a le mérite d'éviter les ambiguïtés de la religion de l'Homme, ce sacré qui n'en est pas un présente des inconvénients majeurs.

Le premier concerne le fondement de cette morale radicale elle-même, morale purement individualiste laissée à la discrétion de chacun. Nous avons besoin du bien et du mal pour juger des choses, discriminer, comparer, conférer une valeur. S'il n'y a plus ni bien ni mal, impossible pour l'individualisme de savoir s'il est un bien ou pas. Il ne demeure alors qu'une issue : se taire ou bien, si l'on veut parler, reconnaître que l'on ne peut se passer d'un recours au bien et au mal et d'un minimum de référent transcendant, qu'il soit humain ou divin.

Le héros de la morale individualiste est, de ce fait, condamné au tragique, ainsi que l'a bien compris Camus. Dans une existence où il n'y a ni bien ni mal, rien n'est mal. Ce qui est libérateur. Mais, rien n'est bien non plus. Ce qui est le tragique même. Donc, tout est mal si rien n'est bien. Ce qui montre qu'il est faux de croire qu'en l'absence de bien et de mal on se délivre de telles notions. On se condamne au mal. Quand tel est le cas, il n'y a plus qu'un pas à franchir que l'on franchit en général aisément. Celui-ci consiste à revendiquer le mal comme un bien. Le dépassement du bien et du mal devient ainsi la confusion du mal avec le bien. C'est ce qui est arrivé aux *dandys* comme aux poètes romantiques. « Puisque Dieu revendique le bien, il faut tourner le bien en dérision et choisir le mal. […] Ainsi, le révolté qui renonce au bien enfante le mal… » « Adieu espérance crie le poète. […] Adieu crainte, adieu remords. […] Mal, sois mon bien[1] », souligne Camus.

Cette analyse est incisive et décisive. Elle va au cœur du problème que pose la morale affranchie du bien et du mal. Celle-ci ne survit qu'en devenant une apologie du mal. Nietzsche en est l'exemple. Parti pour célébrer l'innocence située au-delà du bien et du mal, il finit par faire purement et simplement l'apologie du mal. « Je ne sais qu'une chose au monde, écrit-il dans *Ainsi parlait Zarathoustra*, c'est que l'homme a besoin de ce qu'il a de pire en lui pour parvenir à ce qu'il a de meilleur »… « Nous savons que chez les hommes les plus mauvais, les plus méchants, les plus durs, se cache une pépite d'or inestimable », écrit-il encore dans *La Volonté de puissance*.

Il faut, selon Nietzsche, être cruel, maltraiter son semblable, l'humilier, le faire souffrir, afin d'affirmer la vie sans honte. Alors, au fond du mal, dans la brutalité, la férocité, la sauvagerie instinctive, on a dépassé le bien et le mal[2].

1. Albert Camus, *L'Homme révolté, op. cit.*, p. 71.
2. Cité par Jean Granier dans sa présentation de Nietzsche, *Vie et vérité*, PUF, 1990, p. 190.

Camus s'en est rendu compte. Et *L'Homme révolté* en témoigne. Métaphysiquement parlant, c'est lorsque Dieu n'existe plus que l'innocent souffre. Ce n'est donc pas Dieu qui abandonne l'homme à sa douleur, mais l'absence totale de foi. Dostoïevski a tenté de le montrer dans ses romans. Ne pas croire en Dieu, quand on y croit vraiment, veut dire aller jusqu'au bout de la non-croyance en ne croyant vraiment en rien, en ne conférant aucune espèce de sens à l'existence, aucune valeur à l'être humain, en étant prêt pour cela à tuer et à se tuer sans l'ombre d'un remords. C'est ce qu'entreprennent de faire Raskolnikov dans *Crime et châtiment* et Kirilov dans *Les Possédés*. D'une façon très nietzschéenne, Raskolnikov entend libérer l'humanité de la peur du gendarme qui la paralyse. Il aspire à être le Calliclès des temps modernes, ce sophiste mis en scène par Platon dans le *Gorgias*, qui prône la tyrannie libératrice afin d'asseoir la grandeur de l'homme. Raskolnikov veut, lui aussi, devenir grand. Il pense pouvoir y parvenir par un crime. Il tue donc une vieille usurière qui opprime le peuple par l'usure qu'elle pratique, mais aussi une jeune innocente qui se trouve là par hasard en spectatrice. La métaphore est belle de la part de Dostoïevski. Quand on tue au nom du bien en voulant faire du mal un bien, on tue toujours le bien. On ne peut pas faire le mal au nom du bien. Il n'y a pas de bon crime. Un crime tue l'idée même de bonté, du fait qu'il est un crime. Raskolnikov se tue donc en tuant l'innocente. Il tue son innocence intérieure. Tout ce qui fait du mal un bien tue l'innocence, le bien devenant un mal, quand le mal est un bien. Ce raisonnement vaut pour le suicide métaphysique.

Kirilov, le héros des *Possédés*, veut se suicider pour délivrer à son tour l'humanité. Si Raskolnikov veut démontrer que les lois ne sont rien, lui veut prouver que la vie et la mort ne sont rien non plus. Ce qui est logique. Puisqu'il n'y a fondamentalement rien, la vie et la mort ne valent rien. On doit donc pouvoir se tuer sans frémir. Ce que va tenter de faire Kirilov. Sans y parvenir. Si rien ne vaut quelque chose, si tout ne vaut rien, le suicide ne vaut rien. Et le fait de se délivrer de la peur pour devenir une humanité libre non plus. Le suicide de Kirilov ne sert donc à rien. Il s'en rend compte trop tard, lorsqu'il presse sur la détente du revolver qu'il a braqué sur sa tempe. L'absence totale de foi rend absurde l'athéisme lui-même. Il faut encore croire dans l'athéisme pour être athée. Quand on est athée, on n'est même pas athée. On n'est rien. On se tait ou bien on se tire une balle dans la tête en silence. On ne cherche pas à libérer le genre humain par la non-croyance ou par le suicide. On ne cherche pas à faire quelque chose avec rien. Ou bien, il faut en tirer les conséquences. On a la foi, mais on n'ose pas le dire. On pense que l'humanité peut être sauvée puisqu'on veut la sauver, mais on n'ose pas l'avouer. On est, en un mot, comme tout le monde. On pense que la vie vaut la peine d'être vécue, parce que sourdement, dans les profondeurs du cœur, on sait, on sent, qu'il y a « quelque chose et non pas rien ».

Il existe deux Dieu. Celui auquel on peut ne pas croire. Celui auquel il est impossible de ne pas croire. On peut ne pas croire au Dieu extérieur, au Dieu politique. Cela ne prête pas à conséquence. Cela est même plutôt positif, quand cet anticléricalisme débouche sur une approche intérieure de l'existence. En revanche, il y a un Dieu auquel il est dangereux de ne pas croire. Il s'agit du Dieu de la vie. Celle-ci vaut la peine d'être vécue. C'est ainsi. Nous l'éprouvons dans le bonheur que nous pouvons avoir à vivre. Nous le voyons dans l'extraordinaire qui traverse le regard d'un enfant. Nous nous en rendons compte, quand nous contemplons la beauté inouïe de l'univers. Le fait de la vie renvoie à un fait ontologique. C'est la vie qui s'affirme glorieusement à travers lui. Ne pas croire en un tel fait veut dire ne pas croire en sa propre vie. Ne pas se rendre compte que toutes les religions du monde n'ont pas cessé d'enseigner un tel Dieu à travers leurs textes mystiques, c'est être inculte ou de mauvaise foi. Dostoïevski en a été convaincu. Il existe un Dieu auquel il n'est pas possible de ne pas croire, sous peine de porter gravement atteinte à sa propre existence. Les exemples de Raskolnikov et de Kirilov sont là pour le prouver. Ils montrent ce qui se passe, quand vraiment on ne croit pas en Dieu. C'est soi-même que l'on maltraite. Aussi faut-il oser avoir cette conclusion qui ne va pas faire plaisir, mais qui est la suite logique de ce que Dostoïevski a tenté de dire. L'athéisme nihiliste et pas simplement anticlérical est une inconséquence de l'esprit. Ceux qui le prônent l'affichent parce qu'ils ne vont pas jusqu'au bout des propos qu'ils tiennent. Ils ne savent pas ce qu'ils disent, quand ils avancent que Dieu n'existe pas. Au cas où l'on en douterait encore, une lecture attentive de Sade, de Nietzsche comme de Sartre s'impose.

Athéisme et meurtre des enfants

Il peut sembler odieusement conservateur de dire que le mal se déchaîne sur terre, quand on ne croit plus en Dieu. On tue au nom de Dieu, rétorque-t-on. Si la foi était une garantie de non-meurtre des enfants, de tels crimes ne devraient pas avoir lieu. En outre, n'est-il pas insultant pour un non-croyant de s'entendre dire qu'il est un assassin potentiel parce qu'il ne croit pas en Dieu ? Ne devient-on pas un inquisiteur en le disant ? La liberté de ne pas croire en Dieu n'est-elle pas la condition de pouvoir croire librement ?

De telles objections sont superficielles. Le fanatique qui tue au nom de Dieu est aveuglé par son orgueil, tout comme l'inquisiteur qui oblige à croire. Le Dieu de la vie est bien loin de leurs préoccupations. S'ils y croyaient, ils ne pourraient être ni fanatique ni inquisiteur. Ce n'est donc pas l'absence de Dieu qui est la solution au Dieu des fanatiques et des inquisiteurs, mais le Dieu de la vie. Il faudrait le dire. On ne le dit pas. On avance la tolérance face aux fanatiques et aux inquisiteurs. Ce n'est pas une solution. Une tolérance qui tolère les fanatiques et les inquisiteurs fait le jeu de l'intolérance et n'est pas une tolérance. Une tolérance qui ne les tolère pas n'est pas une tolérance non plus. La tolérance est une notion trop vague pour faire échec au fanatisme et à l'inquisition. Il lui manque l'essentiel. Il faut croire en la tolérance pour être tolérant. Il faut donc avoir une foi et pas simplement une tolérance. Il faut en outre avoir plus qu'une foi pour avoir une simple foi. Il faut avoir une foi dans la vie. On touche alors au cœur du problème de l'orgueil. Celui-ci n'existe que parce que la foi dans la vie n'existe pas. Les fanatiques et les inquisiteurs n'ont aucun amour de la vie. Ils ne l'ont jamais aimée. D'où leur orgueil. Ils sont pleins de mort, parce qu'ils sont pauvres de vie et de foi. C'est donc bien la foi dans la vie qu'il importe de penser. La penser veut dire apercevoir les obstacles qui empêchent son passage.

Quand on a la foi dans la vie, tout commence et tout commence toujours. On est comme un enfant. Cet enfant, Vladimir Jankélévitch le décrit fort bien, quand il écrit : « L'innocence de l'enfant rend grâce à la nouveauté de chaque aurore, elle dit merci pour toutes les heures qu'un Dieu bienveillant amène qui sonnent aux clochers de la ville, et qui toutes lui sont également bienvenues ; à chaque aujourd'hui elle fait accueil comme à un jour de fête, son régime normal étant celui de l'ouverture hospitalière et de l'intime gratitude[1]. » L'enfant qui se réjouit d'exister est à l'image du fait ontologique. La vie qui existe se réjouit d'exister et, pour cela, rayonne de vie. Aussi n'y a-t-il rien de meilleur que de faire naître des enfants en pensant qu'il est beau que l'humanité naisse et renaisse à travers eux, en témoignant ainsi de la lumière de la vie.

Le IIIe Reich ne s'est pas réjoui de l'existence de l'humanité en général et de la naissance de tout enfant en particulier. Pensant que l'humanité était viciée à la base et que le peuple juif en était la cause, il a programmé la mort de celui-ci, afin de régénérer l'espèce humaine. On comprend donc que Hannah Arendt, terminant son essai sur le totalitarisme, ait conclu que la seule réponse à lui opposer résidait dans la vie d'un enfant et donc dans sa naissance. « Chaque fin dans l'Histoire contient un nouveau commencement », écrit-elle, « Et ce commencement est la seule promesse, le seul message que la fin puisse jamais donner. Le commencement, avant de devenir un événement historique, est la suprême capacité de l'homme ; politiquement il se confond avec sa liberté. *Initium ut esset homo creatus est.* « L'homme a été créé pour qu'il y ait un commen-

1. Vladimir Jankélévitch, *L'Innocence et la méchanceté*, Flammarion, 1986, p. 426.

cement », écrit saint Augustin dans *La Cité de Dieu*. Ce commencement est garanti par chaque nouvelle naissance. Il est en vérité chaque homme[1]. »

Quand Dieu existe, donc, sous la forme d'une foi dans la vie, d'un émerveillement devant le fait qu'elle soit, on ne tue pas et, en particulier, on ne tue pas d'enfant. Lisons Sade, notamment *La Philosophie dans le boudoir*. Nous voyons ses héros s'employer à démontrer le contraire. Dieu n'existe pas, soutiennent-ils avec vigueur. Et il convient de le démontrer toujours plus activement en tuant les enfants. On a très faussement lié Dieu et le respect de la vie. Dieu comme l'amour de la vie sont antinaturels. La nature qui n'est que destruction hait Dieu comme elle hait le fait de donner la vie. Si l'on veut pouvoir être conforme à l'ordre des choses et ainsi faire preuve de quelque raison, il importe de haïr Dieu en tuant les enfants, qui sont les germes mêmes de la vie. En étant ainsi destructeur, on sera dans l'être même de la réalité, qui est destruction. On sera cet homme souverain, dont Georges Bataille rappelle dans *L'Érotisme* qu'il est l'essence même de l'homme chez Sade. Cela donne ce singulier roman qu'est *La Philosophie dans le boudoir*, où l'on voit une mère initier sa fille aux choses de l'amour en couchant avec elle,

1. Hannah Arendt, *Le Système totalitaire*, trad. J.-L. Bourget, R. Davreu, P. Levy, Seuil, 1972, p. 232.

puis en la faisant sodomiser par l'un de ses amis, avant que la fille ne se retourne contre sa mère en faisant coudre la vulve maternelle.

Tout au long du roman, l'insurrection contre l'enfantement et la révolte contre Dieu sont indissociables, donnant ainsi raison à Dostoïevski, lorsque celui-ci indique que c'est lorsque Dieu n'existe plus que l'on tue les enfants. Ce n'est pas un hasard. La jouissance sexuelle totale étant la domination totale de la vie, celle-ci ne peut exister ontologiquement avec Dieu et pratiquement avec les enfants. Dieu est gênant, parce qu'il est une autre source d'être que l'être de l'homme qui domine. Il faut donc l'assassiner en proclamant que l'être de l'homme dominateur et souverain est supérieur à tout être et avant tout à l'être de Dieu. Quant aux enfants, ils gênent parce qu'ils entravent la sexualité. Celle-ci doit être entièrement dévolue au plaisir libertin et donc entièrement désolidarisée de toute reproduction. Ainsi, dominant Dieu autant que la nature en faisant ce qui lui plaît sans égard pour Dieu comme pour la vie, le libertin parvient à la liberté suprême : tout dominer. D'une façon sauvage, féroce, impitoyable. Il n'y a, pour s'en convaincre, qu'à relire Sade.

Si la libération de la sexualité est la condition de toute libération, cela vient de ce que celle-ci est un gaspillage total de la vie. Jouir sexuellement, c'est installer la pratique d'une vie pour rien, d'une vie en pure perte, d'une vie niant Dieu et la vie. Le conseil donné à Eugénie, jeune fille que Madame de Saint-Ange initie à la sexualité, est là-dessus très clair : « Une jeune fille ne doit s'occuper que de foutre et jamais d'engendrer. » De ce fait, pour être sûre de ne pas être embarrassée par le risque de grossesse, la sodomie s'impose comme la plus sûre garantie du plaisir. Avec elle, aucun risque d'enfantement. « L'espèce entière viendrait à disparaître, s'écrie Dolmancé, le comparse de Madame de Saint-Ange requis pour initier la jeune Eugénie, l'air n'en serait pas moins pur ni l'astre moins brillant. Cessons de penser que celui qui ne propage pas l'espèce est un dangereux criminel et que l'exemple des peuples plus raisonnables nous serve de leçon. Il n'y a pas un seul coin sur terre où ce prétendu crime de sodomie n'ait eu des temples et des sectateurs[1]. »

Quand, par inadvertance ou par précipitation, on s'est laissé aller à employer les voies dites naturelles afin de goûter aux plaisirs de la volupté, n'ayons aucun scrupule, une seule solution : l'avortement. « Ne crains point l'infanticide, dit Madame de Saint-Ange à Eugénie. Ce crime est imaginaire. Nous sommes toujours les maîtresses de ce que nous portons dans notre sein et nous ne faisons pas plus de mal à détruire cette espèce qu'à purger l'autre par des médicaments, quand nous en éprouvons le besoin[2]. »

1. Sade, *La Philosophie dans le boudoir*, Gallimard, 2004, p. 57.
2. *Ibid.*, p. 122.

On a bien lu. Point de honte à avorter. Cela revient à se purger. L'avortement est un laxatif et le fœtus que l'on expulse la même chose qu'un excrément embarrassant l'intestin. Il importe d'autant plus de ne point en avoir honte que l'infanticide est un plaisir. Écraser la vie dans son germe et en concevoir quelque volupté est une cruauté quotidienne, dont il ne faut pas s'étonner qu'elle se soit propagée à travers les âges. « L'enfant brise son hochet, mord le sein de sa nourrice et étrangle son oiseau[1]. » Dès son jeune âge, l'enfant ressent une jouissance à écraser le faible et la vie qui ne lui ont rien fait. Il y a là un signe. La vie aime spontanément la destruction de ses germes. Les bourreaux d'enfants qui ont choqué l'Histoire ne sont donc pas des anomalies. Ils disent la vérité de la condition humaine. « Néron, Tibère, Héliogabale immolaient des enfants pour se faire bander. Le maréchal de Retz, Charolais, l'oncle de Condé commirent aussi des meurtres de débauche. Le premier avoua, lors de son interrogatoire, qu'il ne connaissait pas de volupté plus puissante que celle qu'il retirait du supplice infligé par son aumônier et lui sur de jeunes enfants des deux sexes. On en trouva sept à huit cents immolés dans un de ses châteaux de Bretagne[2]. »

Du soulagement purgatif au plaisir érectile, le

1. *Ibid.*, p. 129.
2. *Ibid.*, p. 130.

meurtre des enfants flatte le corps en lui assurant confort et plaisir. Mais son avantage ne s'arrête pas là. Il a aussi une portée ontologique. La Nature étant gaspillage et destruction, tuer les germes de la vie que représentent les enfants revient à plaire à cette même Nature en s'inscrivant dans sa logique. « La destruction est une des lois de la Nature, comme la création », rappelle Dolmancé[1], toujours dans *La Philosophie dans le boudoir*. « Parcourons les nations qui ne se satisfirent qu'en immolant des enfants, ces actions universellement adoptées ont même fait partie des lois[2]. » Il n'est dès lors guère difficile de devenir un adepte de la vraie religion, celle du crime. Ainsi que le dit Justine dans *Les Prospérités du vice* : « Vous ne pouvez plaire à la Nature par une atrocité entière ? Plaisez-lui par une atrocité locale… L'infanticide reste, à cet égard, ce qui s'accorde le mieux à ses vues. En rompant la chaîne de la progéniture, l'infanticide ensevelit un plus grand nombre de germes… Ce meurtre ainsi que le meurtre des jeunes mères, voilà les deux meurtres qui remplissent le mieux les vues de la Nature[3]. »

Sade a le mérite d'être clair. Il n'explique pas que l'athéisme est propre. Il dit clairement que celui-ci est sale et il le revendique. Être athée ne consiste pas

---

1. *Ibid.*, p. 158.
2. *Ibid.*, p. 245.
3. Sade, « Histoire de Juliette ou les prospérités du vice », *Œuvres complètes*, vol. 5, Pauvert, 1987, p. 179.

à dire que l'on ne croit pas en Dieu afin d'être plus humain, plus chrétien que les chrétiens, plus salvateur que le Christ. Sade, en ce sens, n'est pas un athée angélique. Il ne le nie pas. Être athée veut dire aller au bout de ses pulsions. La Nature a doté l'humanité d'une pulsion de plaisir. L'athée est celui qui obéit à celle-ci en allant jusqu'au bout. Il n'hésite donc pas. Rien ne devant entraver le libertinage pour que le plaisir se réalise, il tue Dieu ainsi que les enfants. Qu'on ne dise donc pas que l'athéisme est neutre. Le désir d'être un Homme purement immanent jouissant de son corps et de sa sexualité n'est pas neutre, ainsi que le pense naïvement l'hédonisme, qui voue au plaisir un culte candide de premier communiant. Il y a là une dose de violence qu'il faut pouvoir assumer. Alors que Nature et Surnature sont liées, la Nature ouvrant sur la Surnature révélant la Nature à son tour, quand on coupe la Nature de la Surnature, on enferme la Nature en elle-même d'une façon violente. On conduit celle-ci à se prendre pour la Surnature. D'où la violence effarante du plaisir livré à lui-même. Le sexe n'est pas Dieu. Quand il l'est, divinisé, il ne peut que tuer Dieu, mais aussi l'Homme prétendant à vivre autre chose que le sexe. On n'est plus dans le sexe, mais dans le totalitarisme du sexe. Ce qui invite à s'interroger. Qu'en est-il de la libération sexuelle ? S'il y a une déculpabilisation libératrice du sexe, il y a aussi une manipulation de celui-ci prenant prétexte de la misère affective des hommes et des femmes pour les dominer et les exploiter. Si le plaisir est une nécessité de l'existence, il est aussi le masque qu'utilise un égoïsme sans bornes pour imposer et justifier sa tyrannie. Enfin, s'il y a eu et s'il existe encore une répression de l'individu et de sa liberté par différents pouvoirs, il existe aussi une répression de la vie par un individualisme effréné avide pour se satisfaire sans limites de contrôler celle-ci de la naissance à la mort. Ce qui fait réfléchir. Qui réprime qui ? Le plaisir a-t-il tous les droits ? L'homme sans Dieu ne vivant que pour son plaisir est-il vraiment la définition de la liberté ? N'est-ce pas plutôt l'enfer sur la terre, ainsi qu'en témoigne Sade ?

Athéisme et persécution

L'athéisme n'est pas une idée. C'est une erreur. Une profonde erreur. Même si la vie n'est guère évidente, tous les hommes veulent d'abord vivre. Signe d'un ancrage ontologique profond. Preuve manifeste de l'existence de Dieu. Je vis, donc Dieu existe. Imaginons que l'athéisme reconnaisse qu'au fond ce n'est pas à la vie qu'il en a, mais au Dieu tel que les religions le présentent. La critique athée prendrait une tout autre tournure. Elle ferait réfléchir au lieu de bloquer les esprits. Elle obligerait les religions à se remettre en cause. Celles-ci se mettraient à réfléchir. Tout le monde grandirait. Tel n'est pas le cas. Remettant en question le sens et la valeur même de l'existence en ne le rattachant plus à une source originaire de vie, sous prétexte de contrer les religions historiques et politiques, l'athéisme interdit la réflexion et s'interdit de lui-même. On peut, par défi, nier le sens de la vie, jouer aux héros qui vivent pour rien. Mais, une fois le public parti et le spectacle terminé, qui le pense vraiment en son for intérieur ? On vit. On aime. On transmet la vie. Quelle preuve veut-on encore ? Quand la raison refuse Dieu, la vie ne l'accepte-t-elle pas ? Le problème concernant Dieu ne vient-il pas du fait qu'il existe un divorce entre le Dieu que l'on vit et le Dieu qui se vit ? L'athéisme n'est-il pas la conséquence de cette fracture ? N'est-il pas l'expression d'un désir utopique qu'il n'y ait plus d'oppositions entre le Dieu que l'on vit et celui qui se vit ? Ah ! Si la terre pouvait être Dieu, comme on aimerait Dieu ! En attendant, le Dieu qui se fait trompant le Dieu qui se vit, mieux vaut aimer la terre que le mensonge.

Nietzsche a critiqué le christianisme et la foi avec acharnement. Curieusement, il a aussi critiqué l'athéisme. Et ce, afin de régénérer celui-ci. Le fameux texte du *Gai Savoir* sur la mort de Dieu n'est pas compréhensible autrement.

« N'avez-vous pas entendu parler de ce fou qui a allumé une lampe en plein jour et qui s'est mis à courir sur la place publique en criant : "Je cherche Dieu ! Je cherche Dieu !" ? » Comme il y avait là beaucoup de ceux qui ne croient pas en Dieu, son cri provoqua un grand rire. S'est-il perdu comme un enfant, demanda l'un ? Se cache-t-il ? A-t-il peur de nous ? S'est-il embarqué ? A-t-il émigré ? Ainsi criaient-ils et riaient-ils pêle-mêle. Le fou bondit au milieu d'eux et les transperça du regard. « Où est allé Dieu ? » demanda-t-il. « Je vais vous le dire. "Nous l'avons tous tué… Vous et moi… Nous sommes tous ses assassins[1]". »

L'insensé, mis en scène par Nietzsche, ne s'en prend pas aux croyants, mais aux athées. Il ne dit pas que Dieu est mort, mais que les hommes sont ses assassins. Il s'agit là d'un athéisme singulier. Il faut en comprendre les raisons. Au XIXe siècle, l'athéisme triomphe. Ce n'est pas celui dont rêvait Nietzsche. L'athéisme qui triomphe est celui de ceux qui rêvent de libérer l'humanité par la science, la technique, la révolution sociale. Derrière l'athéisme, il s'agit d'une religion. On a remplacé la religion de Dieu par celle de l'Homme. Cela veut dire un nouveau dogme, un nouveau clergé, une nouvelle répression au nom de l'Homme. Nietzsche ne veut pas d'un tel culte, qui ne fait que reproduire les comportements qu'il exècre. Besoin de se sécuriser en utilisant un certain nombre de croyances, de mythes, d'images. Il rêve d'un homme souverain, sans aucune croyance, inventant au fur et à mesure de la vie, les sens qui

1. Nietzsche, *Le Gai Savoir*, trad. A. Vialatte, Gallimard, 1975, p. 169.

conviennent à celle-ci. D'où la référence qu'il fait au meurtre de Dieu. L'athéisme est fondamentalement un meurtre. L'homme devient vraiment un homme, quand il tue ses dieux afin de s'approprier leur force. La tragédie grecque a tenté de mettre en forme cet acte inouï. Elle n'y est pas parvenue. Très vite la morale a pris le dessus en culpabilisant le héros osant s'élever contre l'ordre des dieux. Si bien qu'au meurtre des dieux s'est substitué le meurtre du divin en l'homme. Le héros capturant les dieux a été tué. La métaphysique et ses idéaux, la religion et sa morale, l'humanisme et ses bons sentiments ont orchestré ce crime. La religion de l'Homme avec son athéisme est le dernier avatar de ce meurtre du divin qui sévit dans la culture depuis des siècles. Il importe d'en finir et d'effectuer une fois pour toutes ce qui n'a jamais été fait. L'heure est venue de tuer Dieu et non plus l'homme divin, afin de délivrer ce dernier en installant son règne sur la terre. Nietzsche est venu accomplir cette tâche dans le monde en utilisant la voix de Zarathoustra.

Il y a là une forme de cohérence incontestable. Mais aussi une régression à l'archaïque. Pour libérer l'homme divin, Nietzsche n'hésite pas à revendiquer le meurtre originaire du Père et des dieux, dont parle Freud dans *Totem et tabou*. Un tel meurtre débouche sur la folie. Sur un plan personnel d'abord. On peut dresser un parallèle entre la libération d'un adolescent et la libération d'un homme. Il est juste de dire qu'un adolescent doit se libérer de l'emprise paternelle. Il y parvient, non pas en tuant réellement son père, mais en le tuant symboliquement, par le fait de devenir père à son tour en faisant preuve de qualités dont son père n'a pas fait preuve. C'est, autrement dit, par un acte intérieur symbolique que l'adolescent dépasse son père et le « tue ». Le père, quand il est un vrai père, se laisse « tuer » afin de permettre à son fils de devenir père à son tour. Grâce à ce meurtre symbolique, une passation s'opère. Le père transmet à son fils l'énergie du père. Dans la tradition chrétienne, il est frappant de constater combien cet ordre psychique est respecté. Dans le cadre de la relation que le Père entretient avec son Fils au sein de la Trinité, le Père s'efface devant son Fils, pour que celui-ci témoigne de lui dans le monde. Le Fils le fait en rendant sans cesse hommage au Père. Il accomplit particulièrement ce passage en allant mourir sur la Croix. En mourant de la sorte, il devient Père pour l'humanité. Cette dernière qui tue Dieu ressemble à l'adolescent qui tuerait réellement son père pour s'en délivrer. En se laissant tuer, le Christ lui fait comprendre l'inutilité de son geste et lui révèle que les voies de la libération sont ailleurs, dans l'intériorité. Ce qui s'est passé. À la suite de la mort du Christ, la religion chrétienne a abandonné les sacrifices humains ainsi que les sacrifices d'animaux afin de ne conserver que le seul sacrifice intérieur, le sacrifice de louange. Ainsi que l'a fort bien vu René Girard, c'est le Christ qui fait passer la religion humaine du sacrifice extérieur au sacrifice intérieur. C'est lui qui fait pour l'humanité ce que tout vrai Père fait : accepter de se laisser tuer pour que l'autre grandisse. D'où son cri de reconnaissance à l'égard du Père : « Père, Père, pourquoi m'as-tu abandonné ? » Père, Père comment as-tu pu me déléguer tous tes pouvoirs, pour que j'accomplisse ce que tu as pour habitude d'accomplir ?

Nietzsche n'a rien compris au symbole de la Croix. Il n'a pas su voir en elle le geste libérateur par excellence de l'humanité au niveau religieux. Il n'a pas aperçu la façon dont le Christ permet à l'humanité de « tuer » vraiment le Père en conquérant une intériorité capable de l'amener à son être divin pleinement accompli. S'il a ressenti la nécessité pour l'homme d'accéder à un état divin, il en est resté à une vision primaire de celui-ci. La vision de l'adolescent tuant réellement son Père pour s'en délivrer. Ce qui, bien évidemment, ne débouche sur aucune délivrance, l'intériorité ne s'étant pas libérée. D'où le terrible psychodrame, dans lequel il s'est enfermé et dans lequel il a enfermé la culture avec lui.

Quand on sait que l'on a échoué et qu'on ne veut pas le reconnaître, en général on s'entête. Et pour justifier cet entêtement, on se met à persécuter la vérité. De ce fait, si l'on se trompe, ce n'est pas parce que l'on a fait une erreur, mais parce que la vérité existe. Ce qui est en un sens logique, bien que ce soit fou. Il est effectif qu'il n'y a d'erreur que parce que la vérité existe. Si la vérité n'existait pas, il n'y aurait pas d'erreur. C'est ce que l'on trouve chez Nietzsche. Celui-ci n'a cessé d'en vouloir au Christ, aux chrétiens, à la vérité, à l'ascèse. Ce n'est pas un hasard. Voulant réellement tuer Dieu d'une façon archaïque sans reconnaître l'erreur d'un tel geste, il a rencontré sur son chemin le Christ, proposant un meurtre du Père symbolique réussi grâce à l'ascèse intérieure. Rencontre insupportable. D'où la haine de Nietzsche envers lui. Une haine fort compréhensible. L'archaïque ne peut vivre qu'en tuant l'intériorité et le symbolique, tout comme l'intériorité et le symbolique ne peuvent vivre qu'en tuant l'archaïque. Il y a entre eux deux une incompatibilité fondamentale. Lorsque le Christ a parlé et enseigné, c'est l'archaïque qui s'est dressé contre lui pour le mettre à mort. C'est l'archaïque qui continue de s'élever contre toutes les formes d'intériorité et de symbolisation de la vie, afin de les mettre à mort. Il a sévi au sein du christianisme lui-même lors de l'Inquisition. Il a sévi lors de toutes les révolutions au moment des terreurs qu'elles ont pratiquées. Il sévit actuellement sous la forme du terrorisme ou des logiques barbares qui président au développement de la civilisation. Les hommes ont visiblement du mal à accepter un meurtre du

Père réussi, sous la forme d'une naissance à leur père intérieur. Ils préfèrent stagner dans le chaos de leurs pulsions archaïques en procédant à des meurtres réels, qu'ils croient libérateurs. Cette régression à l'archaïque est, sans doute, l'une des explications de la folie de Nietzsche et de son mutisme durant les dix dernières années de sa vie. On fait exploser son intériorité, quand on régresse au meurtre du père sous une forme archaïque, en étouffant le symbolique derrière la réalité. On se fait un mal infini, quand on fait l'éloge de la violence la plus extrême en haïssant toute pitié, ainsi qu'il est arrivé à Nietzsche de le faire.

Il existe une forme de pitié détestable. C'est celle qui consiste à plaindre quelqu'un, à lui faire l'aumône, sans vraiment s'investir, sans souffrir avec lui. On comprend alors la révolte contre une telle pitié. Celle-ci relève d'une hypocrisie. On plaint quelqu'un, on lui fait l'aumône, pour ne pas se pencher réellement sur lui, pour se donner bonne conscience. Il y a, toutefois, une pitié qui n'est pas feinte. Il s'agit de la compassion. Consistant à « souffrir avec », celle-ci n'est pas une pitié hautaine. Elle est un réel engagement de soi avec l'autre. Rousseau a fort bien qualifié celle-ci, quand il a parlé de la répulsion à voir souffrir, que l'on trouve au cœur de toute compassion réelle. On peut aller plus loin en disant que la compassion consiste à ressentir dans sa chair le drame de l'humanité souffrante. Il y a toujours quelque chose qui émeut aux larmes, quand on voit une vie accablée par le malheur, impuissante devant lui. On a envie de prendre une telle vie dans ses bras et de la consoler. Une telle compassion n'est pas de la faiblesse ni de la mièvrerie. Elle est, au contraire, l'expression de la conscience de la vie la plus élevée qui soit.

On devient adulte, quand on accède au sens de la compassion. On se rend compte du drame que l'humanité traverse. On cesse de lui en vouloir, si jamais on lui en veut. On porte sur elle un regard qui est celui des thérapeutes. Les hommes se battent contre leur propre faiblesse. C'est la raison pour laquelle ils agressent leurs semblables. Ils jouent aux forts en poussant en réalité des cris d'impuissance et de frayeur. Le comprendre permet de ne plus se sentir agressé par ce qui, d'ordinaire, fait mal. On accède ainsi au stade adulte de l'humanité. Si la découverte du Dieu intérieur permet de délivrer du désir de tuer son père ainsi que Dieu, la découverte des sources de la violence permet de ne plus avoir envie de tuer son semblable, à cause de la violence qui règne dans le monde. Le Christ l'a enseigné avec une acuité incomparable. C'est ce qui apparaît, lorsqu'il rappelle quelle est la Loi. Aimer Dieu de toutes ses forces. Aimer son prochain comme soi-même. (*cf.* Matthieu 22, 36-40). On est là en présence de la grande loi de guérison de l'humanité. Qui aime Dieu de tout son être découvre le Dieu intérieur. Il guérit du religieux archaïque, où l'homme se divinise d'une façon tragique en tuant ses dieux, avant de se retourner contre lui-même. Qui aime son prochain comme lui-même sort des relations sociales archaïques, où l'homme croit triompher de son impuissance en dominant et en humiliant son semblable. Les deux choses vont de pair. L'axe vertical ontologique de Dieu et l'axe horizontal anthropologique de l'homme. Ces deux axes en forme de croix débouchent, quand ils sont liés, sur la sphère de la puissance véritable. Celle du thérapeute inspiré guérissant l'homme de sa relation violente et dévorante avec ses dieux comme avec ses semblables. Nietzsche a méconnu l'une comme l'autre loi. Non seulement il a régressé au meurtre de Dieu, mais il a prôné la fin de toute compassion envers ses semblables. Témoin ce texte de *Par-delà le bien et le mal* qui fait résonner d'une façon troublante au mot près les termes que Freud utilise dans *Malaise dans la civilisation* pour définir la pulsion de mort. « Il importe, écrit Nietzsche, de penser au fond des choses en se défendant de toute faiblesse sentimentale : vivre, c'est essentiellement dépouiller, blesser, dominer celui qui est étranger et plus faible, l'opprimer, lui imposer durement sa propre forme, l'englober et, au moins, au mieux, l'exploiter. […] Le corps veut croître, s'étendre, accaparer, dominer, parce qu'il vit et que la vie est volonté de puissance. […] De nos jours, on s'exalte sur l'état futur de la société "où l'exploitation n'existera plus". L'exploitation n'est pas le propre d'une société vicieuse, imparfaite ou primitive. Elle découle de la volonté de puissance qui est la volonté de vie[1]. »

Texte terrifiant faisant penser à ce que Freud dit de la pulsion de mort, lorsqu'il écrit : « L'homme n'est point cet être débonnaire, au cœur assoiffé d'amour, dont on dit qu'il se défend quand on l'attaque, mais un être qui, au contraire, doit porter au compte de ses données instinctives une bonne somme d'agressivité. Pour lui, le prochain n'est pas seulement un auxiliaire et un objet sexuel possibles. C'est aussi un objet de tentation. L'homme est tenté de satisfaire son besoin d'agression aux dépens de son prochain, d'exploiter son travail sans dédommagements, de l'utiliser sexuellement sans son consentement, de s'approprier ses biens, de l'humilier, de lui infliger des souffrances, de le martyriser et de le tuer[2]. » Ce que Nietzsche appelle « vie » est en réalité l'exaltation de la pulsion de mort. Ne disons pas dès lors que l'athéisme « c'est la vie ».

Michel Onfray explique dans son *Traité d'athéologie* que « la religion procède de la pulsion de mort. Cette étrange force noire au cœur de l'être travaille à la destruction de ce qui est... La reli-

1. Nietzsche, *Par-delà le bien et le mal*, trad. C. Heim, Gallimard, 1975, p. 212.
2. Freud, *Malaise dans la civilisation*, trad. Ch. et J. Odier, PUF, 1971, pp. 64-65.

gion du Dieu unique travaille à la haine de soi, au mépris de son corps, au discrédit de l'intelligence [...] projetée contre autrui, elle fomente le mépris, la méchanceté, l'intolérance, les racismes, le colonialisme, les guerres, l'injustice sociale[1] ». On devrait donc attendre de la part de l'athéisme amour de soi, de l'autre et des hommes. Comment expliquer, dans ces conditions, ce flot de violence de la part de Nietzsche ? « Je ne veux plus accuser, même les accusateurs » écrit-il dans *Le Gai Savoir* pour le Nouvel An. « En un mot, en grand, je ne veux plus être qu'un grand affirmateur[2]. » Avant de s'écrier à la fin de *L'Antéchrist* : « Guerre à mort contre le christianisme[3]. » Souvenons-nous du beau texte d'*Ainsi parlait Zarathoustra*, où il est dit : « L'enfance est innocence et oubli, un recommencement, un jeu, une roue roulant d'elle-même, un premier mouvement, un "oui" sacré[4]. » Et ce texte, que nous venons de citer où il n'est question que de battre, d'humilier et de faire souffrir son semblable pour « affirmer la vie ». Nietzsche a beau vouloir la vie, la pulsion de mort le hante. Contradiction que l'on retrouve dans l'Histoire. L'athéisme, parti

---

1. Michel Onfray, *Traité d'athéologie*, Grasset, 2005, pp. 94-95.
2. Nietzsche, *Le Gai Savoir*, *op. cit.*, p. 276 ; *Vie et Vérité*, *op. cit.*, p. 122.
3. *L'Antéchrist*, trad. D. Tassel, 10-18, 1967, p. 115.
4. Nietzsche, *Ainsi parlait Zarathoustra*, trad. G.A. Goldschmidt, Le Livre de Poche, 1983, p. 41.

pour délivrer le genre humain de l'oppression, a massacré les croyants par dizaines de millions lors des révolutions qui se sont déroulées en URSS, dans les pays communistes, en Extrême-Orient, en Chine. S'agissant de pulsion de mort, il a battu des records en la matière et ne s'est pas particulièrement distingué par son sens de la vie. Quant au sens de la vie sexuelle tant prônée par Nietzsche et Onfray, celle-ci s'avère être sinistre et mortifère, quand elle est pratiquée par Sade et Bataille. Il n'y est question que de tortures, de supplices, de crimes et de mort. Enfin, quand l'athéisme devient la doctrine officielle de l'URSS, jamais l'intelligence n'est autant muselée dans l'Histoire. Et quand on voit celui-ci triompher dans la postmodernité, comme par hasard cela coïncide avec un monde perdu et déprimé, qui se raccroche à des anxiolytiques pour surnager. Aussi convient-il de s'interroger. Est-il vraiment intelligent d'opposer le système de la révolte au système dogmatique des religions ? Nietzsche, en voulant abattre la religion sans discernement, s'est privé des ressources que peuvent donner le Dieu intérieur ainsi que le Dieu de compassion. Il a produit pire que les religions existantes en achevant son existence dans des souffrances immenses. Aujourd'hui, ceux qui rêvent d'abattre les religions existantes sans discernement, également, commettent une erreur similaire. On parle beaucoup de sexe. On ne parle même que de cela. À journées faites. On parle peu de spiritualité, encore moins d'intériorité. Tout est fait pour l'extériorité. Rien, pour le Dieu intérieur. Vanter l'athéisme dans ces conditions, c'est renforcer encore davantage l'aliénation qui pèse sur les esprits. C'est contribuer à fabriquer des foules d'hommes et de femmes hébétées, quand elles ne sont pas désespérées, faute d'avoir jamais entendu parler de leur divin intérieur. L'intelligence aujourd'hui, autrement dit, ne réside pas dans le fait d'opposer l'athéisme au religieux ou le « retour du religieux » à l'athéisme, mais l'intériorité à l'extériorité. Nous sommes malades du fait de la persistance d'une religiosité extérieure, comme nous sommes malades du fait de l'invasion d'une irréligiosité tout autant extérieure. Gendarmer le monde au nom de Dieu ou le gendarmer au nom de l'athéisme, c'est toujours gendarmer le monde. L'Inquisition chrétienne a gendarmé le monde. L'islamisme radical gendarme le monde. Le fondamentalisme protestant gendarme le monde. L'athéisme de Marx, de Nietzsche, d'Onfray et d'autres encore gendarme le monde. Partout, c'est le même scénario. On désigne l'ennemi, le coupable, le responsable de tous les maux de la terre, le bouc émissaire, l'homme, la femme à abattre. On dresse des tribunaux, on juge de façon expéditive, on s'envoie des morts à la figure et, pour finir, des insultes pures et simples. Cela commence toujours d'une façon apparemment intellectuelle. Cela se termine en bagarre de rue. Nous en apercevrons-nous un jour ? la mort de Dieu, c'est le dieu de la mort que l'on brandit contre Dieu pour abattre Dieu. C'est une philosophie de mort. Et la « *revanche de Dieu* » comme remède à la mort de Dieu, pour reprendre le titre d'un livre de Gilles Kepel résumant sous ce titre le climat de l'époque, c'est encore un dieu de mort que l'on brandit en s'imaginant par là faire échec à la mort de Dieu[1]. Dans tous les cas, une seule chose finit par triompher : l'extériorité. Cette extériorité qui a fait dire à Rousseau qu'à force de nous laisser envahir par elle nous n'avons plus « qu'un honneur sans vertu, une raison sans sagesse et du plaisir sans bonheur[2] ».

Athéisme et terreur

À la lumière dès lors de Sade et de Nietzsche, il convient de réviser l'athéisme dit moral, source de tout athéisme. Celui-ci se fonde sur une attitude héroïque. Il naît un jour où Épicure s'indigne en voyant des hommes et des femmes implorer le ciel pour obtenir un miracle. Il comprend alors une chose essentielle, que Spinoza mettra à son tour en lumière. Il existe un cercle vicieux du miracle. Plus on attend celui-ci, moins on agit. Moins on

1. Gilles Kepel, *La Revanche de Dieu*, Grasset, 1998.
2. Jean-Jacques Rousseau, *Discours sur l'origine et les fondements de l'inégalité parmi les hommes*, *op. cit.*, p. 256.

agit, plus il devient nécessaire qu'un miracle se produise afin de remédier aux désordres produits par l'inaction. Le miracle est une création de l'attente. Il se nourrit d'elle. Si l'on veut pouvoir se délivrer de ce mécanisme de mort, il importe de se mettre à agir. On y parvient en ne comptant que sur soi. En désespérant donc de tout dieu, de tout miracle et de tout salut. Il n'y a qu'un salut. Il réside dans celui que l'on se donne. Il n'y a donc pas de salut à attendre et c'est cela qui sauve. D'Épicure à Sartre en passant par Spinoza, l'athéisme n'a cessé de le redire. Il le dit encore aujourd'hui. D'où ces lignes de Sartre, quand il s'agit de définir l'existentialisme : « Dostoïevski a écrit : "Si Dieu n'existait pas, tout serait permis." C'est là le point de départ de l'existentialisme. Si Dieu n'existe pas, l'homme ne trouve rien hors de lui ni en lui sur quoi s'accrocher. Il n'y a, ni derrière lui ni devant lui, des justifications ou des excuses. Il est condamné à être libre, à inventer l'homme à chaque instant[1]. »

On comprend à travers de tels propos que Sartre cherche à fonder une responsabilité radicale de l'homme vis-à-vis de lui-même. Il ne veut pas de tricherie. L'homme doit se prendre en charge. Il doit, pour ce faire, comprendre que le sens de l'existence est à inventer à chaque instant. Celui-ci n'est pas

1. Jean-Paul Sartre, *L'existentialisme est un humanisme*, Gallimard, 1996, p. 39-40.

donné par un Dieu, ni par une quelconque nature humaine. Toute autre démarche est un mensonge. L'homme ne peut fondamentalement pas échapper à sa destinée, qui consiste à devoir choisir son existence, s'engager en elle, assumer celle-ci dans son intégralité.

Vision noble, généreuse, héroïque, a-t-on envie de dire. On triche tant. L'idéologie religieuse, notamment, avec ses discours tout préparés, ses réponses à tout. Il convient cependant de réfléchir. Un tel discours est-il aussi libérateur qu'il le semble ? Revenons à Dostoïevski. Quand celui-ci fait dire à l'un de ses héros que tout est permis, quand Dieu n'existe plus, il ne s'agit pas pour lui de se raccrocher à un ordre de valeurs dicté par l'extérieur, afin de ne pas avoir à assumer son existence. Au contraire. Il s'agit d'être pleinement responsable. Aux yeux de Dostoïevski, l'homme le devient quand il écoute la voix de la vie qui parle en lui comme à travers autrui et non quand il en fait à sa tête. Sa définition de la responsabilité n'est pas la même que celle de Sartre. Avec Dostoïevski et Sartre, il y a donc deux définitions de la responsabilité renvoyant à deux univers radicalement opposés. D'un côté, avec Dostoïevski, la responsabilité est donnée par la vie et, à travers elle, par Dieu qui appelle l'homme à la vie. Être responsable, dans une telle perspective, consiste à répondre à un tel appel. D'un autre côté, avec Sartre, la responsabilité est donnée par l'homme lui-même s'assumant seul, dans une solitude radicale. Si Sartre définit une responsabilité de type adulte, il n'embrasse pas pour autant la responsabilité universelle avec sa définition. Tout le monde peut comprendre la responsabilité comme appel de la vie. Très peu de gens peuvent accéder à la responsabilité radicale décrite par Sartre. Et, pour tout dire, profondément élitiste, celle-ci est inapplicable et inhumaine.

Interrogeons-nous. Qui a jamais été responsable d'une façon sartrienne ? Qui a jamais été sans excuse ? Personne. Ce type de responsabilité n'existe que dans les romans, où les personnages sont des héros capables de ne rien demander à personne et de cheminer dans l'existence tel le « lonesome cow-boy » des westerns. On est d'autant moins responsable d'une telle façon que celle-ci n'est pas simplement fictive. Elle est d'une particulière dureté. Qui réclame d'être sans excuse ? En général le violent, qui a décidé de narguer le monde. Il sait qu'il a tort, qu'il transgresse les lois, qu'il va faire du mal. Qu'importe, il assume. Il va payer les conséquences. Il va être responsable. Il sera violent, quel qu'en soit le prix.

Sartre a pensé que le fait d'être responsable fonde la morale. Erreur. On peut fort bien être responsable dans la plus profonde transgression morale. Le terroriste qui décide de se faire sauter avec une bombe dans un café pour défendre sa cause est

« responsable » au sens sartrien. C'est un homme généreux. Il se sacrifie pour les siens en militant modèle. En outre, il est prêt à mourir pour son idéal. Il assume au sens fort. D'un point de vue sartrien, rien à redire. Sauf deux choses, cependant. Tuer des innocents pour sa cause ne le dérange pas. Quand on est nazi et que la vie humaine ne compte guère, cela n'a rien d'étonnant. Quand on se veut de gauche, luttant pour le respect de la dignité humaine, on est là en pleine contradiction. Comment peut-on s'insurger utter contre l'injustice en pratiquant par ailleurs la pire des injustices, à savoir sacrifier des innocents à sa cause ? Relisons l'introduction de *L'Homme révolté*. Camus dénonce cette contradiction insupportable. « Aux temps naïfs où le tyran rasait les villes pour sa plus grande gloire, où l'esclave enchaîné au char du vainqueur défilait dans les villes en fête, où l'ennemi était jeté aux bêtes devant le peuple assemblé, devant des crimes si candides, la conscience pouvait être ferme et le jugement clair. Mais les camps d'esclaves sous la bannière de la liberté, les massacres justifiés par l'amour de l'homme ou le goût de la surhumanité désemparent le jugement. L'ambition de cet essai est d'examiner cet étrange défi[1]. »

Une chose est de tuer, une autre de tuer au nom de l'homme. Un certain nombre de massacres durant

---

1. Albert Camus, *L'Homme révolté*, *op. cit.*, p. 16.

la modernité se sont faits au nom de l'homme, de sa libération, de son émancipation. Notamment des massacres de croyants. Ceux qui les ont faits ont « assumé ». Pensant libérer l'homme, ils n'ont pas hésité. Camus, pourtant non croyant, a fait du nihilisme la cause de tels crimes. Quand Dieu existe, tout n'est pas social ni humain. On ne place donc pas tous ses espoirs dans un bonheur social et humain. Si bien que, si celui-ci ne vient pas à exister, on ne s'estime pas pour autant perdu. Quand Dieu n'existe pas, tel n'est pas le cas. On perd tout si l'on perd le bonheur de ce monde. Aussi convient-il de le réaliser coûte que coûte, le plus vite possible. D'où la rage, la violence contre tout ce qui fait obstacle à un tel bonheur, la haine de la foi pleine de patience et d'humilité. L'athéisme ne s'accommode pas de telles vertus. Quand il n'y a plus de paradis, si le monde n'est pas un paradis, un tel monde devient intolérable. Il ne reste alors que la révolte pour survivre et, avec elle, la montée progressive de la haine. Ce qui débouche sur un cercle vicieux. Plus il y a de révolte, moins le monde se révèle être un paradis. Moins le monde se révèle être un paradis, plus on trouve de révolte. Les révoltés le sont avant tout contre eux-mêmes. Mais ils ne le savent pas.

La mort de Dieu crée un climat de frustration. Elle crée aussi un climat de culpabilité, avec ce que cela peut avoir de violent. Quand on vit dans un monde qui n'est pas le paradis, qu'on le veuille ou non, on bascule dans la culpabilité. Se dire que l'on est coupable permet de s'expliquer pourquoi le monde n'est pas heureux : en s'accusant, on a une prise sur le malheur. Cela est frappant dans le récit de la *Genèse* relatant la chute. Adam chassé du paradis se met à se cacher. Il se sent coupable. L'homme sans Dieu est ainsi. Il se sent coupable du malheur résidant dans le monde. Sa culpabilité est l'envers de sa révolte. Elle lui est intimement associée. Comme on se sent coupable, on se révolte. Comme on se révolte, on se sent coupable. Dieu brise une telle spirale. Avoir la foi ne consiste pas tant à croire en un autre monde qu'en un au-delà de la violence. C'est la raison pour laquelle la foi ne ramène pas tout au monde. Le monde n'est pas tout, comme la violence n'est pas tout. Le monde devient tout, quand la violence devient tout. On est alors prisonnier d'un processus sans fin. Comme le monde est tout, la violence devient nécessaire. Comme la violence est nécessaire, le monde devient tout. Sartre en est l'illustration. N'ayant pas la foi, il n'a pas cru en une vie plus forte que la violence. Il s'est senti coupable d'une telle violence et dans l'obligation de changer le monde afin de bâtir une existence tolérable. Ce qui explique son langage. « Nous sommes sans excuse » : « L'homme est condamné à inventer l'homme. » Tous ces termes sont ceux d'une vision du monde sans foi, pleine de culpabilité, pleine également du besoin pressant de bâtir un paradis sur terre. D'où son soutien au terrorisme. Engagement que l'on voit poindre dans *Les Mains sales* en 1948, à travers les propos de l'un des héros de la pièce, Hoederer, qui s'écrie : « Comme tu tiens à ta pureté, mon petit gars ! Comme tu as peur de te salir les mains. Eh bien, reste pur ! La pureté, c'est une idée de fakir et de moine. Vous autres, les intellectuels, les anarchistes bourgeois, vous en tirez prétexte pour ne rien faire… Moi, j'ai les mains sales, jusqu'aux coudes. Je les ai plongées dans la merde et dans le sang[1]. »

On ne fait pas d'omelette sans casser des œufs, aimait à dire Lénine. Sartre ne va pas manquer de le rappeler. Lors de la prise d'otages des athlètes israéliens aux jeux Olympiques de Munich en 1972, peu avant leur exécution, il n'hésite pas à défendre les preneurs d'otages. « Le terrorisme est une arme terrible, mais les opprimés n'en ont pas d'autre[2] ».

La terreur est inscrite dans la logique de l'athéisme. Camus s'en rend compte. C'est la raison pour laquelle il écrit *L'Homme révolté*. Quand Dieu n'existe pas, nous sommes tous coupables de ne pas faire de ce monde un paradis immédiat. Nous sommes tous coupables de ne pas nous révolter. Quand tel est le cas, la question de savoir comment

1. Jean-Paul Sartre, *Les Mains sales*, Gallimard, 2003, p. 198.
2. Bernard-Henri Lévy, *Le Siècle de Sartre*, Grasset, 2000, p. 454.

Dieu peut tolérer le mal régnant sur terre trouve sa réponse. On sauve le monde, quand on le supporte, malgré le mal qui s'y déroule. On le précipite dans la terreur, quand on ne le supporte plus. Le mal est toujours venu de ce que l'on ne supporte pas le monde. Le fanatisme religieux ne supporte pas le monde. Résultat, il fait régner la terreur. Le terrorisme révolutionnaire ne supporte pas le monde non plus. Lui aussi fait régner la terreur. En ce sens, la patience de Dieu, supportant le monde malgré les logiques de terreur athées et religieuses qui s'y déroulent, sauve le monde. Heureusement qu'il ne se révolte pas, comme le souhaitent les fanatiques ainsi que l'athéisme militant. Il y aurait encore davantage de terreur sur terre. Le silence de Dieu est l'expression de la grande patience de Dieu.

La face cachée de la révolte

La révolte a donc ses limites. Hier, il était bien vu de croire et d'obéir. Aujourd'hui, il est bien vu de ne pas croire et de se révolter. On est passé d'un conformisme à un autre. Sans réflexion. Il n'est pas bon de croire en tout. Ce n'est pas croire, mais démissionner. Il n'est pas bon de se révolter contre tout. Ce n'est pas se révolter, mais démissionner également. Croire systématiquement est aussi négatif que ne pas croire systématiquement. On touche là aux racines du mal : le refus de juger, le remplacement d'une logique personnelle par une logique impersonnelle, la peur d'être homme.

Il faut croire et douter et non croire ou douter. Il faut croire que la vie vaut la peine d'être vécue, comme il faut être attentif à une telle vie en ne croyant pas tout ce qui se passe en elle. Ces deux actes sont inséparables. Quand on a foi dans la vie, on est attentif à celle-ci. Quand on est attentif à celle-ci, on a foi en elle. Quand on est ainsi dans la foi et dans l'attention, on devient une personne. La vie peut alors commencer et prendre tout son sens, à savoir celui de vérifier la foi comme l'attention. On croit dans la vie, quand on croit en celle-ci à chaque instant. Tout comme on est attentif à la vie, quand cette attention est une attention de tous les instants. On donne sens, autrement dit, à la foi fondamentale comme à l'attention fondamentale, en faisant vivre cette foi et cette attention fondamentales dans le temps, à chaque instant de celui-ci. C'est ainsi que l'on devient une personne, à savoir un être habité, une vie pleine de sens, un sens plein de vie. Et, devenant tel, on donne sens à la foi comme au doute. La foi qui n'a pas fait l'épreuve du temps est crédulité. Le doute qui n'a pas fait l'épreuve du temps est incrédulité. La crédulité est une peur de croire. L'incrédulité, une peur de ne pas croire. Cela éclaire la révolte systématique. Celle-ci est une peur de vivre un vrai non, d'avoir une vraie révolte. Le révolté par principe prononce un non hors du temps, pour ne pas avoir à prononcer un non dans le temps. D'où la violence de la révolte. Comme celle-ci ne vit pas, elle trouve la vie non vivante et se révolte contre une telle vie. Si bien qu'elle devient une façon sans vie de réagir à une vie sans vie. Ne produisant aucune vie, il est fatal qu'une telle révolte soit inconsciemment furieuse contre elle-même et qu'elle redouble de révolte, augmentant ainsi davantage son inconscience. Il n'y a alors qu'une solution : « Laisser les morts enterrer les morts », ainsi que le recommande l'Évangile (Matthieu 8, 22). Qui n'aime pas un monde sans amour est mort. La mort, à force de vivre dans la mort, finit par se retourner contre elle-même. Le non-amour finit par ne pas aimer le fait de ne pas aimer et, ainsi, par aimer. On comprend, de ce fait, les limites de la violence et les raisons pour lesquelles celle-ci n'est pas une solution à la question qu'elle pose. Qui est violent contre la violence pour faire cesser celle-ci se contredit. Il utilise comme remède le poison qu'il condamne. Il aboutit dès lors à devenir l'agent inconscient du mal. D'où la nécessité de reconsidérer la violence et son concept. On analyse toujours celle-ci à partir de ses effets et non à partir de ses causes. Ainsi, la violence apparaît toujours comme étant la violence de l'autre qui brise, qui vole, qui viole, qui tue, qui transgresse. On ne la pense jamais comme venant de soi. Du coup, quand on devient violent contre le violent, on ne s'en aperçoit pas. On peut ainsi commettre les pires crimes qui soient. On n'en a pas conscience. On se croit pur. Le mal est malignité, rappellent les Pères de l'Église. Profonde constatation. La violence a sa source dans la violence inconsciente qui consiste à s'aveugler à propos de sa propre violence. C'est la raison pour laquelle la révolte et l'indignation sont une erreur. Celui qui s'indigne a, au départ, raison. À la fin, il devient pire que ceux qu'il condamne. C'est le cas d'Alceste dans *Le Misanthrope*. Il a raison de se révolter contre la comédie et les mensonges du monde. À force de révolte systématique cependant, il finit par être pire que ceux qu'il pourfend de sa révolte. Il fait trop de scandales pour ne pas aimer en faire. Il ne hait donc pas le mal, comme il le prétend. Il l'aime, au contraire, le mal étant une occasion de pouvoir faire des scandales. Il est comique de tout prendre au tragique, disait Aristote. Il est tragique de tout prendre au comique. Alceste qui prend tout au tragique est comique. Le révolté lui ressemble. À force de se révolter par principe, il en devient dérisoire. Il n'est pas moral, mais grotesque. Ce qui est, en définitive, la pire des choses qui pouvait lui arriver. Lui qui se croit le sérieux même, n'être plus que la marionnette que la violence inconsciente de l'humanité manipule. Triste fin pour celui qui pensait changer le monde. Conclusion calamiteuse pour celui qui rêvait d'être le grand pourfendeur des vices du genre humain et son rénovateur prophétique. Personne ne croit faire du mal en voulant supprimer le mal régnant dans le monde. Et c'est ainsi que celui-ci fait une entrée triomphale. Aussi Paul Ricœur a-t-il eu raison d'écrire, en guise de commentaire d'un tel paradoxe, que « le mal est ce que personne n'a commencé, mais que tout le monde continue[1] ». Il y a une raison à cette cruelle contradiction. On s'occupe trop du mal et pas assez du bien. Nous l'avons dit. Il importe de le redire. En leur temps, les Pères de l'Église ont résumé ce défaut source de tout mal, en disant que « le mal est l'absence de bien[2] ». Dans son temps, Descartes l'a résumé, en indiquant pudiquement « ne pas approuver ces humeurs brouillonnes et inquiètes, qui, n'étant appelées ni par leur naissance, ni par leur fortune au maniement des affaires publiques, ne laissent pas d'y faire toujours, en idée, quelque nouvelle réformation[3] ». Ah, si l'on cessait de vouloir réformer le monde, on cesserait de faire des procès au monde et à Dieu, de les traîner en justice puis de les exécuter en place publique, comme on lynche un bouc émissaire. Le monde se porterait bien mieux ! On cesserait de faire vivre l'absurde.

1. Paul Ricœur, *Le Conflit des interprétations*, Seuil, 1969, pp. 263 et suiv.

2. Saint Maxime le Confesseur, *Questions à Thalassios*, trad. E. Ponsoye, Les Éditions de l'Ancre, 1992, p. 58.

3. Descartes, *Discours de la méthode*, IIe partie, Nathan, 1982, p. 43.

Se révolter contre le monde parce que le mal existe conduit à condamner tous ceux qui font un effort pour faire vivre le monde et l'améliorer. On est là dans l'injustice, dans le mépris le plus complet d'autrui et de ce qui se fait. C'est ainsi qu'on légitime le mal. Quand, par ailleurs, on s'indigne du fait que l'humanité ne s'indigne pas, il faut être conséquent. Si tel est le cas, toute l'humanité étant complice par son silence des crimes qui se font, il importe d'incarcérer toute l'humanité. En outre, quand tout le monde est coupable, plus personne ne l'est. Il faut donc libérer immédiatement ceux qui font des crimes. Ils ne sont pas si coupables que cela, puisque l'humanité l'est plus qu'eux ainsi que le monde. Enfin, puisque le monde est révoltant, révoltons-nous. Notamment contre le climat. Faisons des manifestations contre la pluie, contre le vent, contre le froid, contre le soleil et la chaleur, contre les tempêtes, contre les cyclones, en un mot contre l'univers entier. Traînons-le, lui aussi, en justice. Mettons-le en prison pour agression caractérisée envers le genre humain. Et ce, avant de s'attaquer à Dieu lui-même, qui est le responsable parmi les responsables. Puisqu'il est la cause de l'univers, il aurait dû prévoir. Il ne l'a pas fait. Il est coupable de grave négligence non seulement au niveau de la fabrication mais aussi au niveau de la maintenance. Cela mérite que lui aussi soit incarcéré. Et mieux encore, qu'il soit tué.

Si le mal est folie, l'indignation contre le mal est encore plus folle que lui. D'où la sagesse recommandant de ne pas s'indigner, de ne pas se révolter, de ne pas se venger. Indignation, révolte, vengeance conduisent au nihilisme. Il y a des logiques meurtrières tapies dans l'ombre de la révolte. Celles-ci commencent par faire le procès du monde et de Dieu, puis par les incarcérer avant de les tuer purement et simplement. Quand tel est le cas, on est confronté à la cruelle ironie des choses. On voulait lutter contre le mal. On est devenu celui par qui le mal triomphe. C'est ce qui est arrivé à Sartre. C'est ce qui arrive à bien des intellectuels. Sartre a voulu que l'homme invente l'homme en devenant radicalement responsable. Il a clamé haut et fort qu'il fallait vivre sans justification ni bonne conscience. Il n'a pas cessé cependant de justifier la révolte et de lui donner bonne conscience. D'où ces prises de position pour défendre l'indéfendable : le communisme stalinien, le terrorisme révolutionnaire. Cruel paradoxe. La révolte est devenue l'excuse pour justifier la pire des violences, l'oppression la plus délirante. Terrible excuse, faisant oublier les victimes innocentes. Quand on est cloué sur un lit d'hôpital pour le restant de ses jours, parce qu'un terroriste a fait sauter le café dans lequel on se trouvait, on voit la violence sous un autre angle. On ne signe pas un chèque en blanc à la révolte en vantant ses mérites. On en profite pour relire Dostoïevski.

Quand celui-ci écrit que tout est permis, quand Dieu n'existe plus, il ne s'exprime pas en tant que conservateur. Il n'explique pas, comme Maurras a pu le faire, qu'il est utile que les sociétés aient une religion et si possible une religion enseignant le jugement dernier et le châtiment éternel pour les désobéissants, afin de se conserver et de maintenir l'ordre public. Le propos de Dostoïevski est autrement plus profond. Platon l'a bien montré : le tyran n'a cure d'autrui. Il ne pense qu'à lui. Cette relation à l'homme vaut pour la relation à Dieu. Le tyran n'a cure de Dieu. Il le hait même. Il se veut Dieu. D'où l'importance de la foi. Quand on a le sens de Dieu, on a le sens de l'autre. On ne le tue pas. Les héros de Sade n'ont aucun sens de l'autre. Le fanatique qui tue au nom de Dieu également. Il suit son idée de Dieu, non l'existence de Dieu. Il agit pour le nom de Dieu, non pour la réalité de Dieu. La perte du sens de Dieu va de pair avec la perte d'un sens de l'altérité. Qui se veut seul au monde ontologiquement finit pratiquement par créer le vide de l'homme autour de lui, l'un allant avec l'autre. Tuer l'homme, comme les héros de Sade, donne l'illusion d'être Dieu. Tuer Dieu, toujours comme les héros de Sade, légitime que l'on tue l'homme. Pourquoi se culpabiliser de tuer ce dernier, puisque, ontologiquement, il n'est rien. Ce n'est pas tuer que tuer ce qui n'est rien. C'est ne rien tuer du tout. Les nazis ont tenu ce raisonnement pour éliminer les Juifs. Ils en ont fait des « riens » ontologiques, pour les exterminer ensuite en toute bonne conscience. Les terroristes ont la même logique. Ils réduisent leurs adversaires à des néants ontologiques, avant de les massacrer sans l'ombre d'une pitié. D'où l'analyse si fine de Dostoïevski. Tout crime suppose la mort de Dieu. Un homme trouve le courage de tuer un autre homme, quand il a fait de celui-ci un néant ontologique. C'est ainsi qu'il se donne une justification de pouvoir le tuer en évitant l'angoisse de la culpabilité. Un crime est toujours un crime métaphysique avant d'être un crime réel. Sartre, en ce sens, a eu bien tort de critiquer Dostoïevski comme il l'a fait. En éliminant Dieu, il a fini par légitimer le meurtre. Phénomène que l'on retrouve chaque fois que l'on élimine Dieu. Prenons l'existence humaine, quand le meurtre fait-il son entrée dans l'existence ? Quand on perd la foi. On devient alors un homme pressé. La philosophie d'un tel homme est simpliste. On n'a qu'une vie. Il faut se hâter de jouir et, pour y parvenir, s'en donner les moyens. On les trouve en devenant cynique, en ne reculant pas devant la violence. Cela débouche sur un impérialisme technologique, politique et moral. Témoins Machiavel, Lénine. La justification du meurtre a fait son entrée en politique et, avec elle, la théorie de la raison d'État, quand Machiavel n'a plus eu comme horizon que l'homme temporel en oubliant l'homme éternel. Il a alors justifié la violence au nom du temps qui presse. Quand la vie est limitée par la mort et le néant, le salut du monde devient violent. Le temps presse. Le monde contemporain qui est celui de la mort de Dieu en est l'illustration. La logique de développement y est violente, parce que l'humanité est tenaillée par l'angoisse de la mort. Le néant appelle le néant. La mort appelle la mort. Aussi convient-il d'en tirer les conséquences. Derrière la révolte protestant contre Dieu, il y a une ruse du mal afin de se légitimer. Le violent pour justifier sa violence dit que Dieu est mort et que le temps presse.

Dostoïevski a été profond en remontant, comme il l'a fait, aux sources de la violence et du mal. Il a osé dire ce que nombre d'intellectuels ne veulent pas entendre. On tue, quand on a tué la foi. D'où l'importance d'avoir cette dernière et d'en comprendre le sens. Avoir la foi veut dire ne pas condamner l'existence au départ, en faisant de la mort la fin de la vie, du néant le fond de l'être et de la haine la vérité de l'amour. Nous vivons et nous aimons vivre. Il y a là le signe que nous ne pensons pas que la vie est condamnée au départ. Nous vivons parce que nous supposons inconsciemment que la vie est plus forte que la mort. Intuition corroborée par la pensée de la réalité comme de nous-mêmes. On ne peut dire que le néant existe, étant donné que pour être il requiert que l'être soit. Tout existe, autrement dit, sur fond d'un être déjà là. Notre propre existence l'atteste. On peut douter de tout sauf du fait que l'on pense, que l'on est, que le moi existe bel et bien, ainsi que l'a montré Descartes. Il y a en nous le toujours déjà là d'un moi, avant tout doute. Si tel est le cas, le fond des choses n'est pas violence, comme on est tenté de le penser. Que l'être soit, que nous soyons signifie un don premier, une jubilation également, signe d'un amour fondamental. Quand on aime la vie, on vit pour vivre, gratuitement. On trouve une plénitude dans le simple fait d'exister, d'être là. On comprend alors la foi. Être en aimant être, vivre en aimant vivre, c'est se tenir dans l'être, dans la vie. Cette tenue est foi. En ce sens, la foi est indissociable de l'amour et de la vie. Elle est au cœur de l'être. Elle en est même le cœur. Cela éclaire la position de Dieu et son prétendu silence. Dieu est cet amour infini qui a foi dans la vie et qui demeure dans cette foi. Aussi attend-il que la création rentre dans l'amour et dans la vie en vivant continuellement sans se lasser et en faisant tout vivre. Ce que l'on prend pour de l'indifférence est, en réalité, un don continu de vie et d'être. Descartes en a eu l'intuition en parlant de création continuée. Bergson en évoquant la mémoire de la vie. Le soufisme a parlé de l'imagination créatrice divine qui crée et recrée inlassablement le monde par fulgurations, comme la lumière jaillit par paquets d'énergie. Dieu ne laisse pas tomber sa création. Il la maintient dans l'être d'instant en instant. On s'en rend compte en se mettant à être gratuitement. Ce qui n'a rien d'évident. Cela demande d'abandonner son pouvoir et son contrôle. Le moi ne s'y résout pas aisément. D'où sa violence, sa révolte, son insurrection contre Dieu, contre l'être, contre la vie, contre l'amour. Le monde est le théâtre de cette lutte. Il y a la foi qui vit sans relâche. Il y a le pouvoir qui conteste la foi. Il y a des chutes de la foi dans le pouvoir, suite à une épreuve. Quand on est confronté à la violence, aux logiques de pouvoir, comment ne pas avoir l'impression que Dieu est absent, inexistant ? Il est difficile de comprendre que la violence qui nie Dieu parle encore de lui. Il y a toutefois aussi des redressements, des ascensions, des verticalisations glorieuses. Quand on vit en se tenant dans la vie, on fait des miracles. C'est ce que La Boétie a si bien mis en évidence dans son *Discours de la servitude volontaire*. Les tyrans s'écroulent, quand on cesse de les soutenir. Il suffit pour cela de ne rien faire. Un exhibitionniste n'est plus rien, quand il n'y a plus de voyeurs pour le regarder. Le théâtre de la tyrannie se dissout, quand il n'y a plus de spectateurs. « Soyez résolus de ne servir plus et vous voilà libres. Je ne veux pas que vous le poussiez ou le branliez, mais seulement ne le soutenez plus, et vous le verrez comme un grand colosse à qui on a dérobé la base, de son poids même fondre en bas, et se rompre[1]. »

Ce qu'énonce La Boétie est nullement idéaliste. Il est plus facile qu'on ne le pense de faire s'écrouler le mal. Il n'y a qu'à ne rien faire, c'est-à-dire être. Le néant s'écroule face à l'être. Pour que le néant soit, il faut qu'il emprunte à l'être son énergie. Aussi est-ce la patience de ceux qui savent être, exister, aimer qui triomphe au bout du compte.

Il faut aimer la vie jusqu'au bout pour aller au bout de quoique ce soit. Le violent qui n'aime pas craque à un moment ou à un autre. Il n'a pas l'énergie de se battre. Il n'a pas assez d'amour pour cela. Ce qui nous éclaire sur le silence de Dieu. On pense que celui-ci est absent. Il est là, présent. Il se bat dans les profondeurs avec tous ceux qui aiment et vivent sans relâche. Il est avec les révoltés de la vie et non avec les révoltés de la haine.

1. La Boétie, *Discours de la servitude volontaire*, Éditions Sociales, 1971, p. 49.

3

Les limites du désespoir

Camus ou l'invention du désespoir actif

Camus a perçu les limites de la révolte. C'est la raison pour laquelle il a écrit *L'Homme révolté*. Livre étonnant. Livre qu'il fallait oser écrire. À l'époque, tous les intellectuels étaient des révoltés. Il fallait être communiste ou bien, ainsi que l'a écrit Sartre, on était un « chien ». Camus a osé montrer que la révolte contenait en elle la possibilité de la terreur et, derrière elle, une sourde fascination pour le crime. « Le propos de cet essai, écrit-il au début de *L'Homme révolté*, est d'accepter la réalité du moment qui est le crime logique et d'en examiner précisément les justifications… Une époque qui, en cinquante ans, déracine, asservit et tue près de soixante-dix millions d'individus doit être jugée[1]. » *L'Homme révolté* va être le procès lucide de ce désastre en

1. Camus, *L'Homme révolté, op. cit.*, p. 60.

osant dire une vérité que le monde athée et laïque ne supporte pas d'entendre. C'est bien l'athéisme qui a engendré le crime logique et précipité dans la mort des dizaines de millions de victimes. Camus est d'autant mieux placé pour pouvoir le dire qu'il ne croit pas pour autant en Dieu. D'où, sa liberté d'esprit, qui lui fait conclure, à la fin de l'ouvrage, que le nihilisme conduit au meurtre. « Le crime irrationnel et le crime rationnel trahissent également la valeur mise au jour par le mouvement de révolte. Celui qui nie tout s'autorise à tuer. Sade, le *dandy* meurtrier, le surréaliste qui décharge son revolver sur la foule revendiquent une liberté totale ainsi que le déploiement sans limites de l'orgueil humain. [...] Supprimant tout principe d'espoir ; le nihilisme rejette toute limite et, dans l'aveuglement d'une indignation qui n'aperçoit même plus ses raisons, finit par juger qu'il est indifférent de tuer ce qui, de toute façon, est voué à la mort[1]. » Il faut savoir que la négation de Dieu procède d'un orgueil humain qui, voulant faire de l'homme un homme-dieu, aboutit nécessairement au meurtre, le crime étant l'expression de la toute-puissance de cet homme-dieu révélée à lui-même comme au monde. Le *cogito* nihiliste qui fait passer du « Je suis libre, donc Je tue Dieu » s'achève par un vulgaire et terrible « Je tue, donc je suis ». Camus a, de ce point

1. *Ibid.*, p. 353.

de vue, plus de lucidité que nous n'en avons. On entend aujourd'hui nombre d'intellectuels, pourtant cultivés, célébrer les vertus émancipatrices de la mort de Dieu ainsi que de la descente du Ciel sur la Terre. C'est là avoir la mémoire courte et la vue basse en oubliant que, qui prétend être libre en étant ontologiquement seul comme l'homme sartrien, pour qui la liberté est incompatible avec Dieu, qui se veut sans Dieu, n'est pas simplement sans Dieu, mais contre Dieu et contre tout ce qui « est » au sens fort du terme. Ce qui débouche sur le crime logique. Conséquence que nous ne supportons pas de regarder en face, en un temps où le meurtrier nous semble être davantage le fanatique religieux que l'athée, sans apercevoir que la logique est la même. Le fanatique religieux est un athée qui s'ignore, tout comme le nihiliste est un mystique qui se cache, un mystique du néant. L'athée qui ne croit pas que la vie puisse aller jusqu'en Dieu est le double inversé du fanatique qui ne croit pas que Dieu puisse aller jusque dans la vie. Tous deux séparent ce qui fait le fond de la foi, à savoir non pas l'existence de Dieu, mais le lien de Dieu avec l'existence et la vie. Ce qui n'est pas la même chose. On peut croire que Dieu existe. Si l'on ne pense pas qu'il est vivant, on ne croit guère. Le Dieu auquel on croit est un Dieu mort. Un Dieu sans vie engendre la mort autour de lui. La vie est de trop pour un tel Dieu. Même chose, à l'envers, pour l'athéisme. Si l'on prétend avoir le sens de la vie, sans aller jusqu'en Dieu, un tel sens est factice. Ne croyant pas que le fond des choses est vivant, on ne croit guère dans la vie. Camus a perçu quelque chose de ce genre en entreprenant un procès de l'athéisme, que Dostoïevski avait entamé avant lui. On aurait pu penser qu'il fasse le pas menant à la foi. Il ne l'a pas fait. Pour des raisons morales. Intellectuelles également.

Camus a voulu être une conscience. Cela explique son refus du nihilisme comme son refus de la foi. Une conscience, par définition, est éveillée. Elle est éveillée, quand elle s'éveille sans cesse. Elle s'éveille sans cesse en ne reposant sur rien, sinon sur elle-même, en n'hésitant pas, pour cela, à aller contre elle-même. D'où l'image de Sisyphe poussant éternellement son rocher. « La lutte elle-même vers les sommets suffit à remplir un cœur d'homme », écrit Camus à la fin du *Mythe de Sisyphe*[1]. Il justifie cette célébration de la lutte sans relâche de la conscience avec elle-même pour demeurer conscience, en citant Nietzsche. « Ce qui importe, ce n'est pas la vie éternelle, mais l'éternelle vivacité », écrit l'auteur du *Gai Savoir*. Ce que Camus commente en soulignant que, l'homme n'étant pas le monde, le monde n'a pas de sens. En revanche, la lutte contre le monde en a un. D'où la nécessité de maintenir constante

1. Camus, *Le Mythe de Sisyphe*, Gallimard, 1985, p. 114.

la lutte. Ce que fait Sisyphe. N'étant pas rocher, il se heurte au rocher. Mais, ayant la capacité de soulever les rochers, il est capable de les surmonter. L'homme ne pourra jamais comprendre le monde ni le dépasser, mais il pourra le soulever. Et, comme le souligne Camus, « cela suffit à remplir le cœur d'un homme ». D'où sa lutte pour une « conscience perpétuelle, toujours renouvelée, toujours tendue[1] ». Une lutte éclairant l'opposition avec le nihilisme comme l'opposition avec le christianisme.

Camus s'est opposé à la foi, parce que celle-ci s'oppose à la conscience comme à l'action auprès de ceux qui souffrent. Quand on croit en Dieu, on pense que le monde a un sens unique. On cesse, de ce fait, de penser le sens[2]. Don Juan qui pense que Dieu n'existe pas vit à chaque instant. Il donne, du coup, un sens fabuleux à la vie. Il en va de même sur un plan philosophique. Ce qui donne du sens au monde vient de ce que le monde n'en a pas. N'en ayant aucun, il les a tous. Les ayant tous, il active la conscience, pour que celle-ci devienne conscience vivante. Ce qu'elle fait en s'exerçant sans relâche à dévoiler la multiplicité des sens existants. Sisyphe. On ne peut pas comprendre le monde. On peut le soulever. On ne peut pas donner « un » sens au monde. On peut, en revanche, soulever tous les sens

1. *Ibid.*, p. 76.
2. *Ibid.*, p. 68.

du monde. Cela vaut pour la vie pratique. Quand je pense que la vie aura une conclusion heureuse parce que Dieu existe, parce que la vie est plus forte que la mort, parce qu'il y aura au bout du compte, au bout de tout, un salut universel, une consolation pour les affligés dont parlent les Béatitudes, je relâche ma vigilance. Je m'engage moins auprès de ceux qui souffrent. Après tout, Dieu sera leur Providence. Il pourvoira à leur détresse. Camus a refusé la foi parce qu'il a refusé de se consoler devant la misère et la souffrance régnant dans le monde. Croire, à ses yeux, c'est se consoler. Et se consoler, c'est déjà être consolé, alors que la souffrance continue. Une conscience digne de ce nom n'en a pas le droit. « Devant le mal, devant la mort, l'homme au plus profond de lui-même crie justice. Le christianisme historique n'a répondu à cette protestation contre le mal que par l'annonce du royaume. Mais la souffrance use l'espoir et la foi ; elle reste alors solitaire et sans explication. Les foules du travail lasses de souffrir et de mourir sont des foules sans Dieu. Notre place est à leur côté, loin des anciens et des nouveaux docteurs[1]. » Splendide engagement. Si juste dans son élan. Si précis dans ses effets. Il est certain qu'il existe une foi inaudible quand on souffre. Celle-ci ressemble à quelqu'un qui dirait que tout va bien alors que tout va mal.

1. Camus, *L'Homme révolté, op. cit.*, p. 378.

Il y a quelque chose de vertigineux dans le fait de parler du royaume, alors que l'humanité est sans royaume, du salut, alors qu'elle est sans salut, de la délivrance, alors qu'elle est enchaînée. Plus rien n'est divin pour celui qui souffre. La conscience la plus fidèle à une telle souffrance exige que l'on vive sans divin. Ce que Camus a fait en inventant pour cela le désespoir actif. Une chose est de désespérer, une autre de désespérer activement. On désespère passivement, quand on condamne toute espérance. On tombe alors dans la dépression. On est dans la tristese de celui qui pense que « tout est cuit ». Le désespoir actif signifie autre chose. On est activement désespéré quand, désespérant de toute consolation facile, on est au plus près de la réalité des hommes, de leurs souffrances, de leur condition tragique. Le désespoir s'est transformé en conscience, en sollicitude, en fraternité, en bonté. C'est un tel désespoir qu'a voulu Camus. Un désespoir par bonté pour un athéisme par bonté. D'où sa critique du nihilisme. Une critique à la fois intellectuelle et morale. Intellectuellement, le nihilisme n'est pas logique. Quand on se révolte, on doit être conséquent et se révolter contre la révolte. Sinon, on n'est pas révolté. On cesse d'être une conscience vivante. On devient le prisonnier d'un système. Le nihilisme, en l'occurrence. Version caricaturale de la foi et de la consolation. Si la foi se console de tout en oubliant les hommes réels, le nihilisme ne se console de rien en oubliant les hommes réels lui aussi. Il n'est pas, en ce sens, une lucidité, ainsi qu'il le prétend, mais une autre façon d'échapper à soi. Camus, en ce sens, s'est situé à distance de deux extrêmes : croire en Dieu et se prendre pour Dieu. Il n'a voulu ni de l'un ni de l'autre. Entre les deux, il a choisi la conscience. Ce qui explique le caractère tout à fait singulier du non-sens qui a été le sien. Il y a deux façons de penser celui-ci. On peut le figer. C'est ce que fait le nihilisme. Cela revient à condamner le monde et plus encore l'existence. On est alors dans la violence pure et simple. On peut cependant avoir un rapport actif et vivant au non-sens. Il suffit de ne pas le figer. On y parvient en faisant de l'absurde un mode de vie et non un jugement sur la vie. C'est ce que fait Don Juan. Il vit pour rien. Et, ce faisant, il vit d'une façon généreuse. Camus commente bien une telle attitude en disant que « l'absurde n'a de sens que si l'on n'y consent pas[1] ». Il n'est qu'un moyen pour stimuler la conscience. Descartes, pour ne pas croire, a imaginé qu'un malin génie le trompait sans cesse. Camus, pour ne pas oublier le tragique de la condition humaine, a imaginé que le monde est absurde. Étonnant paradoxe. L'absurde, condition du sens. Il fallait y penser. Camus l'a fait. Ainsi, c'est au nom de l'absurde qu'il dénonce le nihilisme.

---

1. Camus, *Le Mythe de Sisyphe*, *op. cit.*, p. 52.

Celui-ci croit penser le non-sens. Il ne le pense pas. Il faudrait, pour le penser, qu'il pense la conscience. Ce qu'il ne fait pas. Il veut des réponses définitives, comme la foi naïve. Il ne veut pas exister. Un tel mépris rejaillit sur la vie pratique.

Ne pas croire en Dieu ne veut pas dire, pour Camus, être privé d'espérance. Au contraire. Il y a une issue. Tout n'est pas condamné d'avance. Tout n'est pas d'avance joué en mal, pas plus que tout n'est joué d'avance en bien. Quand on vit pour rien, on vit pour tout. Cela soulève des sens. L'espérance se trouve là. Rien n'ayant de sens, tout peut en avoir. Cela ouvre la possibilité de rapports singuliers avec autrui. Le nihilisme qui condamne tout se maintient en excluant tout d'une façon violente. Rien de tel avec l'absurde bien compris. Rien n'étant condamné, tout est ouvert. C'est l'absurde qui rend humain. C'est lui qui fait réagir contre la déshumanisation. Rien n'ayant de sens, celle-ci n'en a pas. On l'aura compris : Camus a fait une découverte. Il a réussi à penser le monde par le non-sens. Cela marche. Du moins en apparence.

La face cachée du désespoir

Il semble qu'il y ait un malentendu à propos du sens. On confond le sens extérieur et le sens intérieur. Il est clair que le sens extérieur est absurde et que, par rapport à celui-ci, c'est l'absurde qui a du sens. Plaquons sur le monde un sens *a priori*. On est très vite démenti par les faits. Disons, par exemple, que la vie a du sens. Il ne sera pas difficile de montrer qu'elle n'en a pas pour celui qui souffre ou qui meurt. D'où l'erreur de la croyance religieuse et la saine réaction de la non-croyance. La souffrance de l'humanité est un démenti du sens *a priori* conféré à la réalité. Ainsi, le refus du sens est plein de sens, quand il est question de la souffrance. Refusons de plaquer un sens *a priori* sur la réalité, on devient attentif à celle-ci. On se met à écouter celui qui souffre, sans parler à sa place. On lui permet de s'exprimer. Le non-sens général de la vie libère un sens particulier, individuel, personnel. Il y a là un progrès majeur. Il est parfois bon d'oublier le sens. Cette question masquant un besoin théorique de comprendre faisant fi de la réalité concrète ainsi que des personnes, c'est en oubliant toute préoccupation théorique que l'on retrouve le sens de celles-ci. Voltaire dans *Candide* a montré à quelles absurdités pouvait conduire le besoin de vérifier la présence de la Providence divine en toute chose. Nietzsche, dans *La Généalogie de la morale*, a fustigé le besoin maladif d'avoir un sens pour tout. « Tout mal est justifié, pourvu qu'il justifie un dieu[1] » rappelle-t-il, avant de commenter : « Le non-sens de la souffrance

---

1. Nietzsche, *La Généalogie de la morale*, trad. G. Hildenbrand et J. Gratien, Gallimard, 2001, p. 74.

est la malédiction qui a pesé sur l'humanité[1]. » Que de souffrances on a infligées à l'humanité au nom du sens de la souffrance ! Diabolique inversion des choses. C'est le sens de la souffrance qui a créé la souffrance de la souffrance. Si donc on aspire à soulager la souffrance humaine, il faut d'urgence arrêter de donner un sens à celle-ci et non, comme on le fait, se torturer et la torturer en cherchant un sens à ce sens. La souffrance fait partie de la vie, comme la mort. On en triomphe en vivant l'une comme l'autre. Tant il est vrai que tout vivant qui a la force de vivre a aussi celle de souffrir et de mourir. Sage conseil. Si juste, si avéré par l'expérience. On aide quelqu'un qui souffre en l'aidant à vivre, en lui soufflant qu'il peut vivre ce qu'il vit, en le fortifiant et non en lui expliquant pourquoi il mérite de souffrir comme il souffre. Il n'y a pas de sens de la souffrance comme de la mort. Il n'y a qu'un sens de la vie capable de vivre y compris la souffrance et la mort. La nuance est grande. Elle explique la pertinence de l'absurde. Qui renonce au sens pour simplement vivre remplit la vie de sens en la remplissant de force. Nietzsche, de ce point de vue, est lumineux. C'est la force qui donne du sens. Ce qui ne règle pas tous les problèmes.

Il est un Dieu auquel il est difficile de ne pas croire. Il est un sens auquel il semble impossible

1. *Ibid.*, p. 194.

de ne pas adhérer. Il s'agit du Dieu que l'on a à l'intérieur de soi, du sens que l'on donne au fait même de vivre. Nous ne faisons pas de doute pour nous-mêmes et le sens de notre vie ne fait pas de doute lui non plus. Celle-ci nous semble tellement aller de soi que nous ne nous posons même pas la question de son sens. Nous la vivons. C'est lorsque cette évidence vient à s'obscurcir que la question du sens se pose. Nous nous tournons vers celui-ci en espérant retrouver par son entremise l'évidence qui s'est estompée. Camus s'en est rendu compte. S'il y a chez lui la révolte, il y a aussi la révolte contre la révolte, qui débouche sur l'amour. *L'Étranger* en est une belle illustration. Au début du roman, le héros qui perd sa mère ne ressent rien. Il est indifférent à ce deuil. Tellement indifférent qu'il s'en étonne lui-même. Un jour, sur une plage, il tue un homme qui ne lui a rien fait. Certes, en se croisant, les deux hommes s'étaient regardés. Il y avait eu une tension. Les deux sentaient que quelque chose allait se passer. Mais pas de quoi commettre un crime. Arrêté, le héros est condamné à mort et s'apprête à mourir, sans l'ombre d'une peur. Il éprouve même un sentiment de plénitude, qu'il décrit superbement, quand il dit à la fin du roman : « Je me suis réveillé avec des étoiles sur le visage. Des bruits de campagne montaient jusqu'à moi. Des odeurs de terre, de nuit et de sel rafraîchissaient mes tempes. La merveilleuse paix de cet été endormi entrait en moi comme une marée [...] Devant la nuit chargée de signes et d'étoiles, je m'ouvrais pour la première fois à la tendre indifférence du monde[1]. »

Camus, dans ce roman, a mis en scène toute sa dialectique philosophique. Toute sa réflexion concernant le sens s'y trouve résumée. Nous ne sommes pas le monde et le monde n'est pas nous. C'est la raison pour laquelle le monde ne fait pas sens. Des hommes, des femmes meurent tous les jours. Ces morts passent dans l'indifférence. Nous, l'humanité entière, nous ne sommes pas les autres. Cela explique l'indifférence régnante. La réaction de Meursault, le héros de *L'Étranger*, s'explique pour cette raison. Il n'est pas sa mère. On peut de ce fait comprendre le crime gratuit qu'il commet. Vivre dans un monde indifférent n'est possible que pour autant que l'on repousse un tel monde. Puisque le monde n'est pas moi, je ne serai pas le monde. En repoussant ainsi le monde, on devient une conscience. Sisyphe qui se heurte à la dureté du monde repousse cette dureté en la soulevant inlassablement. Et, ce faisant, il devient Sisyphe. Meursault, en repoussant le monde qui le repousse, devient ce qu'il est. Il s'approprie sa propre conscience. Il devient pour la première fois quelqu'un. Il se distingue de la masse. Il le devient tellement qu'il aspire à une confrontation plus violente encore avec le monde. Il ne fait rien pour se

1. Camus, *L'Étranger*, Gallimard, 2000, p. 185.

défendre. Il repousse les secours de la religion. Il se réjouit qu'on le déteste. Il brave froidement la mort. Il n'est pas étonnant dès lors qu'il ait une immense sensation de plénitude la nuit précédant son exécution. Rentré en lui-même, il est devenu une conscience vivante. Il a découvert la clef de la libération humaine. Rien ne faisant sens, tout fait sens. La beauté du monde en est la manifestation. L'indifférence du monde est devenue « la tendre indifférence du monde ».

L'Étranger est considéré comme « le » roman du XXᵉ siècle. Cela n'est pas immérité. Il est bien le roman d'un monde dépourvu de sens. En démontrant comment l'absurde est en mesure de triompher de l'absurde, Camus offre une issue à l'absurde qui caractérise la modernité. Il indique que l'on peut vivre sans un sens religieux donné au départ. Il répond ainsi au vœu de la culture contemporaine. Ne pas croire en Dieu sans verser dans le nihilisme. Donner un sens à sa vie sans passer par la religion. Belle prouesse de la part de Camus. Prouesse problématique néanmoins.

Camus a trouvé dans la conscience vivante la façon de se passer de Dieu tout en donnant du sens à l'existence. Sa démonstration est remarquable. Il n'y a rien à redire. Mais est-elle une réponse à la souffrance, ainsi qu'elle prétend l'être ? Je peux, quand je suis un intellectuel face à la douleur du monde, me dire qu'il est bien plus pertinent d'être une conscience vivante que de plaquer un sens *a priori* sur le monde. Non seulement je le peux, mais même je le dois. Il n'y a pas de position plus juste. Mais, quand je souffre, que veut dire être une conscience vivante ? Il faut dire, rien. Ce qui répond à la question que se pose un intellectuel ne répond pas à celle que se pose celui qui souffre. De sorte que la réponse de Camus à la question du sens de l'existence reste très « intellectuelle », malgré les apparences et malgré sa générosité. Elle est très « nombriliste ». C'est un intellectuel qui se regarde, qui peut voir dans l'absence de sens l'ouverture à tous les sens. Camus dans *Le Mythe de Sisyphe* fait l'éloge de Don Juan. Celui-ci séduit pour faire de sa vie une œuvre d'art permanente. Grand mythe romantique. Faire de sa vie une œuvre d'art ! Camus n'a-t-il pas cédé à la séduction esthétique ? N'est-il pas trop fasciné par Don Juan ? N'est-ce pas cette figure qu'il nous propose pour résoudre la question du sens ? Transformer la souffrance en œuvre d'art ! Qui le peut, à part quelques héros, quelques génies ? Ce travers est malheureusement celui de l'époque contemporaine. Celle-ci ne peut se passer de Dieu pour construire un sens de la vie qu'en esthétisant la douleur. Ce qui comporte deux risques : l'élitisme et le masochisme sur fond de théâtralité. Don Juan qui fait de l'absurde une œuvre d'art est totalement théâtral. C'est la raison pour laquelle il réussit telle-ment bien à l'opéra et au théâtre. Il existe, dans la vie, des artistes de la douleur. Ils n'ont qu'un incon-vénient. Ils ont quelque chose d'irréel en se figeant dans la posture aristocratique du créateur aimant sa souffrance. Aussi faut-il oser regarder la vérité en face. On peut se donner un sens de la vie sans Dieu. Mais on le fait en théâtralisant l'existence. Nietzsche qui refuse Dieu est obligé d'inventer le surhomme pour pallier l'absence d'une profondeur ontolo-gique de la vie. De même, Camus qui refuse Dieu est obligé d'inventer l'héroïsme de la conscience vivante, pour remplacer le Dieu absent. On ne tue pas Dieu impunément. Quand il est mort, il faut le remplacer. On le fait en contraignant l'homme à devenir un dieu. Outre que c'est astreignant, c'est forcément inauthentique. L'homme n'étant pas un dieu, c'est en jouant à l'être qu'il donne l'impression de l'être. On bascule dans la comédie humaine de la divine comédie.

Il y a pourtant une solution. Consultons l'expé-rience. Quand avons-nous eu la force de souffrir et par là celle de vivre ? Quand, un jour, quelqu'un de notre entourage a eu foi en nous. Disons à quelqu'un qui souffre qu'on l'aime et qu'on a foi en lui. Il trouve tout de suite des forces pour vivre et, par la même occasion, pour souffrir. On l'oublie toujours. La question de la souffrance est une affaire de foi et non de sens. On est fort abstrait, quand on veut à toute force donner un sens à la souffrance. Pour satisfaire son appétit intellectuel, pour sauver son *ego* avide de comprendre, on fait plus de mal que bien. On est tout aussi abstrait, quand on fait de l'absurde le sens par excellence. On continue de satisfaire les appétits de son intellect et la pression de son *ego*. La seule façon de penser la vie comme la souffrance consiste à ne plus les penser, mais à les soutenir. C'est ce que fait la foi. En permettant de vivre, elle révèle ce que l'on ne comprenait pas. Elle est sur le plan intérieur l'équivalent de Dieu. Possible de tous les possibles, celui-ci précède tout possible. La foi agit de même. Elle est, elle aussi, le possible de tous les possibles. On comprend Dieu quand on a la foi. On a la foi, quand on comprend Dieu. Il faut libérer le possible. Ne pas le condamner. On découvre ainsi le divin de la vie. Camus, qui a bien vu le caractère abstrait du sens, n'a pas découvert la foi. Il en est resté à une esthétique de la vie. *L'Étranger* s'est efforcé d'être le roman de fondation de celle-ci. Quand on y songe, ce récit est une actualisation moderne de *Crime et châtiment* de Dostoïevski, tout en l'inversant. Dans ce roman, on assiste à l'itinéraire de Raskolnikof, qui aspire à fonder un sens de la vie sans Dieu. Commettre un crime en est le moyen. Qui tue domine la vie. Qui domine la vie peut se passer de Dieu. Raskolnikof tue donc, avant de faire l'épreuve douloureuse de la culpabilité. Il n'avait pas vu ce côté du crime. Tuer, c'est trouver quelque chose haïssable et désirer la faire disparaître. On est haïssable, quand on est coupable. La vie que l'on tue est donc une vie que l'on juge coupable. Comme on est vivant, on n'échappe pas à la culpabilisation de la vie. Qui donc tue pour dominer la vie se condamne lui-même. Raskolnikof le comprend à ses dépens. Il découvre ainsi son erreur. La vie a du sens, quand on renonce à vouloir être un dieu en la dominant. On renonce à devenir un tel dieu en rendant Dieu à Dieu. Quand tel est le cas, on devient un homme libre. On est délivré de toute culpabilité. On ne se condamne plus, puisque l'on ne tue plus pour devenir Dieu. Superbe trajectoire. Impressionné, Camus s'est demandé s'il était possible de parvenir à une telle conversion sans Dieu. Cela donne *L'Étranger*. À la différence de Raskolnikof, celui-ci ne veut pas devenir Dieu. Il ne tue donc pas pour dominer la vie. Si bien qu'il ne se sent coupable de rien. Camus a pensé que l'on peut se passer de tout sens comme de tout Dieu, quand, comme le héros de *L'Étranger*, on est radicalement contre le monde. Ce qui est un leurre. Le crime de Meursault le montre. L'homme qu'il tue sur la plage désigne l'autre. Il n'est donc pas seul. Il y a un autre. Cet autre est de trop. Meursault n'est pas simplement sans Dieu. Il est contre Dieu. Le sens sans Dieu n'est donc pas possible. Il serait possible si l'on pouvait être seul. On ne l'est pas. Tout est lié. Cette relation universelle exprime Dieu. Meursault s'en rend compte. Au lieu de l'accepter, il tue. Pour être seul. Il montre ainsi que Dieu existe, puisqu'il éprouve le besoin de tuer l'autre. *L'Étranger* n'est donc pas simplement le roman de l'absurde. C'est aussi celui de l'échec de l'absurde. Meursault ne peut se passer de Dieu qu'en devenant un martyr de l'absurde, un Christ du non-sens, un saint de l'athéisme. Geste éminemment aristocratique, masochiste et théâtral. Grandiose dans le cadre d'un roman. Terrifiant dans celui de la réalité. On l'aura compris. Le désespoir actif est avant tout une attitude plus qu'une doctrine. C'est un style, un climat existentiel et littéraire. Ce qui donne raison à l'analyse que Dominique Folscheid a faite de l'athéisme. Celui-ci est multiforme, rappelle-t-il. Tout le nourrit. Tout est bon pour lui, son projet étant non pas de fonder mais de réagir afin de sauver la liberté du moi[1]. La souveraine liberté du moi. Il convient donc de relativiser le désespoir. Aventure esthétique avant tout, il est bien moins désespéré qu'on ne le pense. Cela invite à revoir l'argument de la souffrance des enfants si souvent utilisé pour récuser l'existence de Dieu.

Misère de l'athéologie

Il y a quelque chose d'insupportable dans la souffrance d'un enfant. Cela vient de ce qu'à la douleur

---

1. Dominique Folscheid, *L'Esprit de l'athéisme et son destin*, La Table Ronde, 2003, p. 319 et suiv.

se surajoute le scandale de l'injustice. Un enfant qui souffre n'est pas simplement un être humain éprouvé par la douleur. C'est le faible écrasé par plus fort que lui, sans pouvoir rien faire pour se défendre. Aussi le cœur se serre-t-il, l'âme chavire-t-elle avant que la foi ne vacille en se demandant où est Dieu. Ce que Marcel Conche exprime si bien, lorsqu'il écrit : « L'enfant dépourvu des ressources que donnent l'orgueil, la haute intelligence, la foi, est totalement abandonné. L'adulte qui a toujours quelque part une botte secrète en réserve n'est jamais totalement pitoyable. Mais l'enfant qui souffre, nu, désarmé, confiant, étonné, éveille une pitié infinie. Habitué à être délivré du mal par la vertu de l'amour dont il se sent protégé et à voir les difficultés se résoudre par grâce, la souffrance le surprend. Il lui manque d'avoir trébuché hors de l'orbe maternel, d'être tombé dans la solitude et le délaissement, de s'être ressaisi, d'être né à nouveau, égoïste et secret, volontaire et libre, créateur de lui-même. Il se laisse boire par la douleur comme par l'illimité[1]. »

L'enfant qui souffre est totalement désarmé face à la douleur. Il est totalement abandonné. Aussi comprend-on que l'on puisse conclure à cet instant que Dieu n'existe pas. Ce que André Comte-Sponville exprime fort bien, lui aussi, quand il écrit :

1. Marcel Conche, *La Souffrance des enfants comme mal absolu*, in *Orientations philosophiques*, PUF, 1990, p. 42.

« Quel étrange père que celui qui se cache, quand ses enfants ont mal ! Pourquoi accepter de lui ce que l'on n'oserait accepter d'aucun père ? Il m'est arrivé de passer plusieurs heures dans un service de pédiatrie d'un grand hôpital parisien. Cela donne une très haute idée de l'homme et une piètre idée de Dieu, s'il existe. Qu'est-ce que ce Dieu qui abandonne les gazelles au tigre et les enfants au cancer[1] ? »

Ces textes qui sont des cris sont beaux. Ils portent en eux la dignité que l'on trouve dans le souffle de vie protestant contre le mal, l'injustice, le scandale. Et pourtant, par-delà eux, il y a quelque chose de gênant. A-t-on le droit de se servir de la douleur du monde pour en faire un signe manifeste de l'inexistence de Dieu ? N'est-ce pas se servir du malheur de la condition humaine à des fins partisanes et idéologiques ? N'est-ce pas, quand on le fait, manquer terriblement de pudeur ? Quand l'humanité souffre, on devrait avoir la dignité de se taire, de faire cesser nos disputes philosophiques. Il est navrant d'entendre des voix s'élever pour dire que l'homme l'a bien cherché, que son mal est la rançon de son péché, qu'il n'avait qu'à se convertir à Dieu. Mais n'est-il pas tout aussi navrant d'entendre dire, en écho, que le mal est bien la preuve que Dieu n'existe pas, que la condition de l'homme est tragique, que les théologiens ont tort et

1. André Comte-Sponville, *Présentation de la philosophie*, Albin Michel, 2000, p. 124.

que les croyants sont aveugles ? Avance-t-on, quand on substitue une athéologie vengeresse à une théologie culpabilisante ? On est dans la violence de la polémique, où tous les moyens sont bons pour avoir raison. On utilise le mal existant sur terre pour en faire un signe, une preuve irréfutable, sur le mode du « Je vous l'avais bien dit ». On se sert de la souffrance comme argument massue. L'homme dévoré par son intellect saisit toutes les occasions pour faire triompher celui-ci. Le nombrilisme de son *ego* intellectuel le conduit ainsi à penser et à faire penser que la souffrance a été faite pour l'intellect. Elle est là pour lui enseigner quelque chose, pour démontrer, pour prouver, pour vérifier. Elle est de ce fait bonne. Le mal n'est pas un mal. Une certaine théologie chrétienne a beaucoup usé et abusé de ce type de raisonnement. Mais l'athéologie contemporaine est-elle vraiment bien différente ? Marcel Conche nous dit que la souffrance des enfants est « le » mal absolu. Si tel est le cas, il n'y a rien à tirer d'elle. Elle n'est la preuve de rien, même pas de l'inexistence de Dieu. Si, en revanche, elle prouve son inexistence, elle est donc un bien. Elle donne raison à l'athéisme. Elle n'est nullement un mal absolu. Il importe de faire attention à ce que l'on dit. On peut, d'une phrase à l'autre, aboutir au contraire de ce que l'on souhaite. Parti pour une cause généreuse, à savoir dénoncer le mal, on se retrouve à en faire l'apologie, simplement parce que l'on n'a pas su résister à la tentation d'en faire usage. Signe que nous avons encore bien des choses à apprendre. Nous ne sommes pas encore délivrés du ressentiment, du besoin de nous venger de Dieu comme de l'homme, de régler un certain nombre de comptes. Il nous manque de la pudeur, de la retenue, du silence. Que savons-nous de la souffrance d'un enfant ? Qu'est-ce qui nous autorise à dire qu'il a mal pour payer les fautes de ses parents ? Ou bien encore qu'il est une preuve vivante de l'inexistence de Dieu ? Nous n'en savons rien. Ce sont des spéculations. Et derrière celles-ci des aveux. Encore une fois, qu'est-ce qui aide face à la souffrance ? Être là, aimer, avoir la foi. Qui spécule sur le péché de l'humanité ou l'inexistence de Dieu n'aime pas, n'a pas la foi et n'est pas là. Il se donne des raisons de ne pas aimer, de ne pas avoir la foi, de ne pas être là.

Il faut être prudent. Nous vivons à l'heure démocratique. Nous en subissons les travers. La démocratie qui met l'homme au centre de ses valeurs a le souci de l'individu, de sa sécurité, de son confort. Tocqueville l'a bien montré dans *De la démocratie en Amérique*, il est fréquent qu'il y ait des abus en ce domaine. Ainsi, comme l'individu se sait écouté, il réclame. Il le fait d'autant plus qu'il est incité à le faire par les syndicats, les partis politiques, l'État lui-même, qui tirent de cette réclamation la légitimité d'un pouvoir. De fil en aiguille, à force de réclamer et de revendiquer, on en arrive à réclamer et à revendiquer contre Dieu lui-même. Du fait de l'ère démocratique, autrement dit, la société démocratique est incitée à revendiquer en permanence, notamment contre Dieu, par des pouvoirs qui, ce faisant, prennent la place de Dieu. Le monde de la mort de Dieu est celui de l'État Providence, ne l'oublions pas. Il est aussi celui du Parti Providence, du Syndicat Providence, des compagnies d'assurances La Providence, de l'avocat Providence, de l'intellectuel Providence. En disant à la foule qu'elle est victime et que Dieu ainsi que les religions n'y sont pas pour rien, on est sûr de faire recette. On ne s'en prive donc pas. L'État le premier, à travers son personnel politique. Ce que Tocqueville décrit si bien : « Je veux imaginer sous quels traits le despotisme pourrait se produire dans le monde : je vois une foule innombrable d'hommes semblables et égaux qui tournent sans repos sur eux-mêmes pour se procurer de petits et vulgaires plaisirs, dont ils remplissent leur âme… Au-dessus d'eux s'élève un pouvoir immense et tutélaire, qui se charge seul d'assurer leur jouissance et de veiller sur leur sort… Il travaille volontiers à leur bonheur, mais il veut en être l'unique agent et le seul arbitre… que ne peut-il entièrement leur ôter le trouble de penser et la peine de vivre[1] ? » Les procès que l'on

1. Tocqueville, *De la démocratie en Amérique*, Flammarion, t. II, 1986, p. 385.

fait à Dieu sont un signe de l'époque démocratique. Ils confortent celle-ci. Ils émanent de la stupéfiante vulgarité d'âme que l'on trouve dans un monde de consommateurs en colère fulminant contre tout et entendant le faire savoir, le tout sur fond d'une sidérante complaisance des politiques, des syndicats et des médias. En Turquie, lors des récents tremblements de terre qui ont fait des dizaines de milliers de morts, on n'a pas entendu un mot de protestation contre Dieu. À Jérusalem, après un attentat palestinien contre des Juifs orthodoxes, une chose a frappé les observateurs présents à l'hôpital où l'on avait regroupé la vingtaine de victimes déchiquetées par le terrorisme : le silence. Il n'y a qu'en Europe et, plus particulièrement en France, que l'on voit s'élever des cris de haine à l'adresse du ciel ainsi que des projets délirants pour corriger la nature. Cloner les êtres humains afin de disposer de « pièces de rechange » de façon à vivre indéfiniment et ainsi à vaincre la mort. Créer le bébé parfait en tripatouillant les gênes des fœtus dans le ventre de leurs mères. Transformer les hommes en femmes et les femmes en hommes pour satisfaire leurs fantasmes, qu'une nature injuste contrecarre. Pourquoi pas demain créer une humanité nouvelle où les hommes pourraient être inséminés par des femmes et ainsi accoucher, ce qui résoudrait la question si controversée de la différence des sexes ? Et l'on en passe. L'imagination est fertile, quand il s'agit de refaire le monde. Technique et politique sont mises à contribution, cette mobilisation trouvant sa justification dans le procès intenté aux religions comme à Dieu, d'avoir pour les unes freiné l'émancipation du genre humain, quant à l'autre d'avoir non seulement créé le monde, mais raté le monde. Ne nous étonnons pas dès lors que, dans un tel contexte, on s'en prenne au ciel, quand le monde souffre. Tout est fait pour transformer la société en un lieu de révolte athéologique. Le système démocratique mis en place a besoin d'une telle révolte. Celle-ci lui permet de légitimer son existence en le faisant apparaître comme le sauveur du genre humain. Il suffit d'entendre les références incantatoires à la démocratie pour s'en persuader.

Misère de l'athéologie. Celle-ci croit faire le jeu de la réflexion du monde. Elle contribue activement à son irréflexion. Témoins, les incohérences de son discours. Dieu y est sans cesse confondu avec les religions et les religions avec les minorités les plus fanatiques, les plus caricaturales, les plus misérables d'entre elles. Que dirait-on si, pour parler de peinture, on ne faisait référence qu'à des peintres ratés et pour parler de musique à des musiciens ratés ? Que dirait-on si, pour parler d'économie, on ne présentait que des banquiers véreux, pour parler de justice on se tournait vers des avocats marrons, pour évoquer la morale on s'adressait à des voyous et pour parler d'amour à des proxénètes ? Nous vivons dominés par un régime d'escroquerie mentale faisant croire que Dieu se résume à un ramassis d'abrutis, de voyous et de fous. Quand Dieu a été réduit à l'infâme sur le plan historique, on s'occupe de liquider ce qu'il peut avoir de pertinence métaphysique en le réduisant à l'ignoble. C'est ainsi qu'on le fait exister pour mieux le massacrer en lui reprochant de ne pas avoir créé un univers parfait et d'être donc ou bien un incapable ou bien un pervers se complaisant à humilier sa création. Hier, les penseurs du XVIIIe siècle soutenaient que Dieu est une illusion. Aujourd'hui, ceux qui le fustigent pensent qu'il est infréquentable, reprenant ainsi Sade, dont les héros au milieu de l'orgie et du meurtre n'hésitent pas à dire qu'il est « une idée dégoûtante ». Il faut le redire. Dieu est devenu politiquement incorrect. Il n'est humanitairement pas aux normes. Il n'existe pas, parce qu'il ne mérite pas d'exister. La science sur le terrain de la contestation de Dieu a été dépassée par la morale. On a quitté les arguments de fait, pour rencontrer ceux du droit. Le nouvel athéisme est arrivé. Il n'est plus un matérialisme scientifique, mais un matérialisme juridique. Vu ce qui s'est passé sur terre et ce qui s'y passe encore, aucun dieu ne mérite d'exister. La peine de mort a été supprimée pour tout le monde, sauf pour lui. Mieux, il ne convient pas simplement de le faire mourir, il faut l'empêcher de naître en pratiquant un avortement ontologique à l'échelle de la culture tout entière. En ce sens, le procès de Dieu est loin d'être terminé. Il continue. Tous les arguments étant bons pour le traîner en justice et le crucifier. C'est ainsi qu'après en avoir fait un délinquant social on en fait un délinquant métaphysique en déversant sur lui une haine peu commune. Le racisme et l'antisémitisme ne sont rien par rapport à la haine qu'il soulève. Ne cherchez pas. Le bouc émissaire, c'est lui. Il n'y en a pas d'autre.

Sortira-t-on jamais de ce délire furieux ? Sans doute pas. L'athéisme fait remarquer que l'illusion religieuse est constitutive du rapport humain au monde. Les hommes ont besoin de se rassurer. Ils ont besoin d'imaginer que les dieux les regardent, soulignent Spinoza et Nietzsche. Cela est malheureusement vrai. Mais l'inverse l'est également. La violence athée, qui n'est pas une illusion mais une réalité, fait partie du rapport au monde. Les hommes ont besoin de s'en prendre au ciel, quand survient une catastrophe. Tuer Dieu les défoule. Cela leur permet de passer leur colère, de vider leur ressentiment, d'apaiser leur fureur.

Allons plus loin. Il est très rare que les hommes examinent l'idée de Dieu. Les passions sont trop grandes. Les urgences, la pression extérieure, le ressentiment aussi. Peu de philosophes ont pris le soin de penser l'argument dit ontologique de saint Anselme et de Descartes. C'est dommage. C'est même tragique. Il est inouï que l'on ait en soi l'idée d'un être comme Dieu. Inouï que l'on ait l'idée de l'inouï. C'est grâce à elle que l'on peut se rendre compte de la réalité dans laquelle on vit. Grâce à elle qu'on peut y faire attention. Grâce à elle qu'on peut avancer, progresser, se délivrer de l'obscur. Il n'est pas neutre ni indifférent de vivre. C'est là chose inouïe. Quand on vit avec ce sentiment, on s'éveille et on éveille le monde autour de soi. On ne laisse pas, de ce fait, l'enfant souffrir et l'innocent se faire condamner. Comment Marcel Conche qui s'insurge contre la souffrance des enfants n'a-t-il pas compris que Dieu se trouve dans son insurrection en leur nom ? Comment a-t-il pu penser que Dieu est absent, alors qu'il est au fond de son cœur généreux et magnifique ? S'il n'est pas magnifique que l'enfant souffre, il l'est qu'il y ait de l'amour pour l'enfant qui souffre. Dieu n'est pas dans le monde. Il est dans l'amour du monde. Il n'est pas dans la réalité. Il est dans le cœur de la réalité. On voudrait que le monde soit parfait. On oublie l'amour du monde pour penser le monde. L'amour du monde peut exister, alors que le monde n'est pas parfait. Le monde n'est pas perdu. Le monde pourrait être parfait. Sans amour, il n'est pas sauvé. On est plein de joie dans *La Cité de la joie* à Calcutta décrite par Dominique Lapierre[1]. Malgré l'imperfection du monde, il y a beaucoup d'amour. On peut donc

1. Dominique Lapierre, *La Cité de la joie*, Robert Laffont, 1985.

vivre. Il y a l'essentiel. Tout est parfait en Suède, en Autriche. Étrangement, on s'y suicide beaucoup. Il a manqué à Marcel Conche d'aller à l'intérieur de lui-même pour entendre ce que son cœur vit. Il lui a manqué de méditer l'idée de Dieu pour comprendre Dieu, au lieu de regarder le monde pour tenter d'y découvrir Dieu. La vie n'est pas en face de nous. Elle est en nous et nous sommes en elle. On la connaît donc, quand on rentre en soi et non quand on se met en face d'elle en restant soi-même à l'extérieur de soi-même. Il en va de même pour Dieu. Il est en nous comme nous sommes en lui. On le rencontre en rentrant en soi. On oublie toujours de partir de la vie pour comprendre Dieu. Du coup, on n'y comprend rien. Quand nous est-il arrivé d'avoir le sentiment du divin ? Quand, un jour, vivant de l'intérieur la vie s'est remplie de vie, quand, un autre jour, quelqu'un nous a donné la foi pour vivre alors qu'on ne l'avait plus. Dieu ne se trouve pas dans l'arrangement parfait des choses à l'extérieur, mais dans l'arrangement vivant de la vie avec elle-même. Deux exemples le montrent.

Deux vies bouleversantes

Hannah est une petite américaine. Elle habite la côte Ouest des États-Unis. Un jour ses parents, Marie et Claude, découvrent qu'elle a un cancer. Hannah a trois ans.

La tumeur est aux reins. Hannah est opérée une première fois, puis une deuxième, puis une troisième. La tumeur se déplace. Elle atteint la moelle épinière. Hannah va mourir. Les médecins le savent. Ses parents le savent. Elle le sait.

Laura-Jane est une femme pasteur. Elle dit à Marie, la mère d'Hannah : « J'aimerais tant pouvoir vous dire qu'il y a un sens. [...] Je suis devenue pasteur parce que j'aime Dieu, parce que je crois en lui. Tout cela ne correspond pas à ce que je croyais. C'est dur de voir que le Dieu que j'aime peut laisser souffrir un enfant comme cela[1]. »

Hannah est lucide. Elle sait qu'elle est au centre d'un combat. On se bat pour elle. Les médecins. Ses parents. Elle n'a pourtant aucune illusion. Cela aide tout le monde. « "Maman, pourquoi n'aurai-je plus aucun anniversaire après quatre ans ? – Je ne suis pas sûre que cela soit vrai, Hannah. Après ton anniversaire des quatre ans, tu auras celui des cinq ans. – Tu es sûre ? – Les docteurs font ce qu'ils peuvent pour aider ton corps à guérir et que tu aies plein d'autres anniversaires." Hannah hoche la tête et lance un sourire de compassion. "Cela n'arrivera pas[2]." » Elle a raison. Un après-midi, c'est la fin. « Hannah continue de lutter pendant vingt minutes,

1. Marie Houdsen, *Le Cadeau d'Hannah*, trad. Marie de Hennezel, Les Presses de la Rennaissance, 2004, p. 59.
2. *Ibid.*, pp. 86-87.

mais une partie d'elle-même est déjà libre. Alors qu'elle respire et qu'elle est en vie, soudain elle ne respire plus et ne vit plus. Je n'arrive pas à y croire ni à me sentir surprise à ce point. Je regarde ses yeux. Je n'y vois plus que du bleu. La pièce se remplit d'un calme presque palpable, qui nous enveloppe dans la paix, une paix dense et blanche[1]. »

La petite Hannah est morte. Elle est morte en ayant tout compris. Pourtant, elle n'avait que trois ans. Dans sa *Lettre à Ménécée*, Épicure écrit : « Quand on est jeune, il ne faut pas remettre le temps de philosopher et, quand on vieux, il ne faut pas se lasser de philosopher. Car jamais il n'est trop tôt ou trop tard pour travailler à la santé de l'âme. Celui qui dit que l'heure de philosopher n'est pas encore arrivée ou est passée pour lui, ressemble à un homme qui dirait que l'heure d'être heureux n'est pas encore venue pour lui ou qu'elle n'est plus[2]. » Il n'y a pas d'âge pour vivre, grandit, se réjouir. On n'est pas heureux parce que l'on a vingt ans. On a vingt ans parce que l'on est heureux. Et l'on n'est pas vieux parce que l'on a quatre-vingts ans. On a quatre-vingts ans, parce que, un jour, on est devenu vieux. Il en va de la mort comme il en va de la vie et du bonheur. La mort faisant partie de la vie, penser qu'il y a un temps pour mourir revient

1. *Ibid.*, p. 181.
2. Épicure, *Lettres*, trad. J. Salem, Nathan, 1998, p. 76.

à penser qu'il y a un temps pour vivre. C'est une autre façon de nier la vie. Sans compter qu'il y a là quelque chose de grave à l'égard des personnes âgées. Ne dit-on pas qu'elles ont fait leur temps, quand on veut s'en débarrasser ? Dire qu'il y a un temps pour mourir conduit à dire qu'il y a des morts normales et d'autres qui ne le sont pas. C'est ainsi que l'on débouche sur le nazisme. N'ayons pas la mémoire courte. Celui-ci s'est proposé d'euthanasier tous les « vieux ». Tous les handicapés également. En un mot, tous ceux qui ne sont pas dans la norme d'une vie « performante ». D'où les limites de la protestation contre la mort des enfants. Ô combien légitime, quand il s'agit du cri d'une mère, d'un père, d'un frère, d'une sœur, d'un ami, cette protestation cesse de l'être quand elle devient un système, une arme, un outil. Elle est alors une ruse. Elle fait le jeu de la mort et non pas de la vie. Le monde de la technique qui aime l'utile trouve utile la vie des jeunes et inutile celle des « vieux ». N'est-ce pas cette idéologie qui fait se révolter contre Dieu parce que des enfants meurent ? Que pleure-t-on ? La mort de l'enfant ou le gâchis d'une telle mort ? Il est normal de mourir quand on est vieux. C'est même une délivrance, entend-on. Il n'est pas normal de mourir quand on est jeune. Mourir avant que d'avoir vécu. C'est injuste, entend-on encore. Cette façon de normaliser la mort a quelque chose de terrifiant. Elle met la norme au-dessus de la vie, alors que la vie comme la mort sont au-dessus de toute norme.

On comprend, dans ces conditions, la phrase si énigmatique citée par Heidegger dans *Être et Temps* : « Sitôt qu'un homme vient à la vie, il est assez vieux pour mourir[1]. » La mort n'est pas une affaire de temps, mais d'être, comme la vie. Être et Temps. *Sein und Zeit.* La vie n'est pas une affaire de temps. La mort non plus. Il est toujours fondamental de vivre, comme il est toujours fondamental de mourir. Un enfant ne vient jamais trop tôt. Il vient. C'est un miracle. On salue ce miracle. On s'en réjouit. C'est un malheur, quand on pense qu'un enfant vient trop tôt. Cet enfant est de trop. Son existence est coupable. La vie est coupable. On est dans une logique de mort. On peut en dire autant pour la mort. Celle-ci n'est pas réservée qu'aux vieillards grabataires et déments. Il n'y a pas que les « déchets » qui ont le droit de mourir. Réserver la mort à ce que l'on ne veut plus voir dans la société, ce n'est pas simplement adopter une conduite nazie, c'est voler leur mort à quantité d'hommes et de femmes qui ne sont pas des déchets et qui meurent tout de même. C'est en outre faire croire que la mort est une erreur et donc que la vie en est une, puisque la mort fait

1. Heidegger, *Être et Temps*, trad. F. Vezin, Gallimard, 1986, p. 299.

partie de la vie. À ce compte-là, tout homme, toute femme, qui meurt sans être sénile et dément est une erreur de la nature. Ils étaient fragiles du fait qu'ils mouraient. Ils ne sont maintenant plus rien. Belle réussite. Pour désespérer l'humanité, rien de mieux.

Quand on fait de la mort une affaire de temps, d'époque, qu'on le veuille ou non, on fait de la mort un mérite. Ainsi, les vieux méritent de mourir et non les jeunes. On est là dans une logique nazie. On en sort en avançant que personne ne mérite de mourir. Tout le monde est, en revanche, capable de tout vivre. La vie comme la mort. Tout homme est capable d'embrasser l'infini, qui comprend tout. Même un enfant. D'où le mystère de leur mort. Dans les services de pédiatrie où des enfants meurent de cancer, les médecins et les infirmières sont stupéfaits de voir combien ceux-ci sont mûrs. Ce sont souvent eux qui remontent le moral de leurs parents. Ils ont intégré la mort. Cela vient de ce que l'infini s'exprime en eux plus librement qu'ailleurs. Comme ils sont des enfants, ils sont en prise directe avec Dieu. Ils savent que tout commence. Ils voient la vie du point de vue de la vie et non de la mort. Ils voient donc la mort du point de vue de la vie. Seul l'adulte sceptique, usé, déprimé voit la vie du point de vue de la mort. Un enfant n'est pas déprimé, aigri. Il n'a pas fini de vivre avant d'avoir vécu. Il vit. Donc, il ne voit pas de la mort dans la mort. Il vit ce temps qu'est le mourir. Et comme il le vit, l'infini s'exprime en lui. Cela explique qu'il n'ait pas peur et qu'il puisse consoler ses parents qui, ne voyant que la mort, oublient la vie.

La petite Hannah est morte. Elle avait trois ans. Parce qu'elle a vécu ce moment du mourir en étant simplement vivante, elle a changé le monde autour d'elle. Ce ne sont pas les médecins, les infirmières, ses parents qui lui ont appris à mourir. C'est elle qui leur a appris à supporter sa propre mort.

Hannah avait des petites chaussures rouges. Ces chaussures sont devenues un symbole. Pour elle. Pour sa mère. Pour les infirmières et les médecins. Les pieds relient l'humanité à la terre. Ils sont l'intermédiaire entre le ciel et la terre, la terre et le ciel. Le rouge symbolise le sang, qui est la vie intérieure par rapport à la vie extérieure. Les chaussures rouges d'Hannah symbolisent la vie qui va vers l'intérieur. Hannah a porté le monde autour d'elle avec ses petites chaussures rouges, parce que celles-ci l'ont portée. Le monde autour d'elle l'a compris. Elle l'a elle-même compris. C'est la raison pour laquelle tout le monde l'a reconnue à travers ce symbole, dans lequel elle-même s'est reconnue.

Ce n'est pas parce que l'on est une enfant que l'on ne porte pas l'infini en soi. Hannah en est l'exemple. L'athéisme qui lève le poing vers le ciel parce qu'un enfant meurt est bouleversé, comme Marcel Conche, par une image. La vie ne se réduit pas à une image, ni à un instant. Sur une image, on peut dire que

Dieu n'existe pas. Mais dans le temps, comment le dire ? Toute vie qui affronte la souffrance et la mort raconte un infini de courage et de vie.

Un enfant qui meurt n'est pas simplement un scandale. C'est aussi un exemple. Une icône. On peut avoir trois ans et avoir tout compris de l'infini de la vie. On peut avoir trois ans et sauver le monde autour de soi. On peut avoir trois ans et ne pas désespérer le monde autour de soi, parce que l'on meurt. Hannah, trois ans. Hannah, fabuleuse force de vie face à la mort.

Nous sommes en 1942. Une jeune femme, Etty Hillesum, est internée dans un camp de concentration en Hollande. Son crime ? Elle est juive. Un temps, elle a joui d'un statut intermédiaire. Elle a organisé pour les nazis la vie du camp ainsi que les convois. Elle a profité, de ce fait, d'une semi-liberté. Puis, un jour, les choses ont changé. Elle s'est retrouvée de l'autre côté de la barrière. Elle est devenue une déportée à part entière. Celle que l'on traite comme du bétail. Celle qui rentre dans un convoi. Comment a-t-elle pu écrire ? Il s'avère qu'elle l'a fait. Elle a rédigé son journal de vie dans les camps. Un journal bouleversant de profondeur. On pourrait s'attendre à des cris de haine face au ciel. Il y en a eu. Des rabbins ont perdu la foi à Auschwitz. Des croyants de toute confession. Tel n'est pas le cas. Etty redouble, au contraire, de foi. Le 1er juillet 1942, elle écrit : « J'ai une certitude : je trouve la vie belle, digne d'être vécue et riche de sens… Il y a quelque part en soi quelque chose qui ne nous quittera jamais[1]. » Samedi 4 juillet 1942 : « La vie est belle et pleine de sens dans son absurdité, pour peu que l'on sache y ménager une place pour tout et la porter tout entière en soi dans son unité. Elle forme alors un ensemble parfait… Dès qu'un tel ensemble est perdu, tout devient arbitraire[2]. » Mardi 15 septembre 1942 : « Le ciel existe. Pourquoi n'y vit-on pas ? En fait, c'est le ciel qui vit en moi. Cela me fait penser à une expression dans un poème de Rilke : l'univers intérieur[3]. » Mercredi 16 septembre 1942, alors que l'un de ses amis vient de mourir : « Je continuerai avec cette part de mort qui a vie éternelle et je ramènerai à la vie ce qui chez les vivants est déjà mort[4]. » Jeudi 24 septembre 1942 : « Comme la vie est belle. C'est un sentiment inexplicable. Il ne trouve aucun appui dans la réalité que nous vivons en ce moment. Mais n'existe-t-il pas d'autre réalité que celle qui s'offre à nous dans le journal ainsi que dans les conversations irréfléchies de gens affolés[5] ? » Jeudi 8 octobre 1942 : « Je suis malade.

1. Etty Hillesum, *Une vie bouleversée*, trad. P. Noble, Seuil, 1995, p. 143.
2. *Ibid.*, p. 149.
3. *Ibid.*, p. 201.
4. *Ibid.*, p. 206.
5. *Ibid.*, p. 221.

Je ne veux pas me faire le chroniqueur d'atrocités. Ni de sensations violentes. J'en reviens toujours à la même chose : la vie est belle. Je crois en Dieu. Je veux me planter au beau milieu de ce que les gens appellent atrocités et répéter : "La vie est belle[1] !" »

On pourrait penser qu'Etty est une illuminée qui en fait trop. Dire que la vie est belle au milieu des camps de la mort, n'est-ce pas provocant et même délirant ? Qu'il n'y ait pas de confusion. Etty dit bien que la vie est belle et non que les camps le sont. Si tel était le cas, elle délirerait. Ce qu'elle ne fait pas. Au contraire. Elle ne réduit pas la vie aux camps. Ce qui, du coup, interdit que l'on confonde les camps et la vie. On n'y songe guère, mais c'est ce vers quoi conduit le désespoir. Qui ne voit plus que désespoir dans la vie ne voit plus que vie dans le désespoir. Ce qui est logique. Là où tout est désespérant et désespéré, il ne reste qu'à désespérer. On est ainsi en phase avec la réalité. C'est ce que ne fait pas Etty. Elle ne désespère pas. Elle n'est pas ainsi en phase avec la réalité qu'elle vit. Elle résiste à celle-ci. Les intellectuels révoltés n'ont pas cette distinction d'âme. Ils pensent que le désespoir est la seule façon de réagir à l'horreur. En agissant ainsi, ils ne se rendent pas compte qu'ils font le jeu du mal. Celui-ci n'a qu'un seul vœu : faire désespérer de la vie en produisant un certain nombre d'actes

1. *Ibid.*, p. 239.

contre la vie. Etty le comprend. Dans son ventre. Le mal qui n'a pas de vie s'en donne une en faisant douter de la vie. Il vit de la négation de la vie. D'où la force de la vie. Vivre face au mal, c'est terrasser le mal, c'est faire la seule chose qu'il ne sache pas faire : vivre, c'est-à-dire aimer.

Un grand rabbin du xviiie siècle, Rabbi Nachman de Braslaw, a dit un jour : « Il est interdit de désespérer ! » Parole surprenante. Parole profonde. On pense toujours que l'on a le droit de désespérer et même que c'est là un devoir. Folie, convient-il de dire. Désespérer veut dire que la vie est intrinsèquement mauvaise. C'est condamner celle-ci en la réduisant au mal parce qu'une partie de celle-ci est mal. C'est empêcher tout ce qui pourrait vivre de vivre, à cause d'un tel mal. C'est, en un mot, anéantir, en rejetant le réel comme le possible à cause d'un mal existant. Qui le fait est injuste et, plus encore, transgresseur. Il faut déjà appartenir au mal pour ne voir plus que lui. Etty le sent. Elle le pressent. Qu'elle désespère, le nazisme a gagné. Il a réussi ce qu'il désirait. Dominer la vie. Vouloir créer une nouvelle race d'homme en laboratoire, c'est désespérer de la vie telle qu'elle est au point de vouloir la remplacer par une vie artificielle plus réelle que la vie existante. Désespérer de la vie, c'est dominer celle-ci par le moyen du mal et, ainsi, se venger d'elle. Etty le sent. D'où sa lutte pour affirmer la vie. Le nazisme n'est pas plus fort que l'être. Il n'est pas l'être. Il y a une vie au-delà du nazisme, au-delà de l'extermination et de la mort. Désespérer d'une telle vie conduit au nazisme. Désespérer est nazi. Comme Etty, avant Etty, Rabbi Nachman le sent. La violence désespère la vie pour la dominer. Elle l'humilie pour la terrasser. Il faut d'autant plus vivre et aimer la vie que la violence est grande. La foi n'est pas une naïveté. C'est la suprême intelligence face au mal. Cela explique les réactions d'Etty. Mardi 24 août 1942. « Les gémissements des nouveau-nés s'enflent. Ils emplissent les moindres recoins, les moindres fentes de cette baraque à l'éclairage fantomatique : c'en est presque intenable. Un nom me monte aux lèvres : Hérode[1]. » Etty l'a compris. L'extermination des Juifs dépasse le cadre normal. Elle touche à l'essence de la réalité. L'homme veut humilier la vie afin de devenir Dieu. Comme Hérode. Il n'y a face à cela qu'une parade. Vivre au risque de mourir. Comme les martyrs. Il n'y a qu'une chose que le mal ne peut pas faire. C'est vivre jusque dans la mort. Le mal ne le peut pas. Il faut aimer pour vivre ainsi. Le mal, par définition, n'aime pas. C'est la raison pour laquelle Etty ose dire : Décembre 1942. « Tout cela me fait penser à ce juge romain disant à un martyr chrétien afin de l'intimider : "Sais-tu que j'ai le pouvoir de te

1. *Ibid.*, p. 328.

tuer ?" Et le martyr de répondre : "Et toi, sais-tu que j'ai le pouvoir d'être tué[1] ?" »

La frénésie humanitaire

Les épreuves de l'existence ne plaident pas forcément en faveur de l'inexistence de Dieu, de son indifférence cynique, de son humeur sadique, furieuse ou perverse ou de son incompétence. Une chose est sûre en revanche : la colère, la révolte, le désespoir face au ciel n'arrangent guère les choses, quand ils ne sont pas à la source des problèmes que l'humanité peut rencontrer. On ne fait rien sans foi. On fait des choses terrifiantes, quand on agit contre elle. Il importe, à cet égard, de faire attention, quand on s'en prend à Dieu à cause des désordres régnant dans le monde. Ce type d'insurrection comporte potentiellement le risque d'une dérive totalitaire.

Dans son film *Minority Report*, Steven Spielberg a imaginé ce qu'il faudrait pour qu'il n'y ait plus de mal dans le monde. Il a trouvé : un immense radar capable de détecter toutes les pensées négatives, égoïstes, antisociales, subversives, délinquantes et criminelles, de façon à dépêcher immédiatement des brigades d'intervention afin d'empêcher tout acte délictueux, avant même qu'il ne se produise. On se plaint que Dieu ne fasse rien, lui qui a,

1. *Ibid.*, p. 259.

dit-on, tous les pouvoirs. Steven Spielberg a montré ce qui se passerait si l'on prévenait le crime à la manière dont Dieu pourrait le faire. On serait dans le pire des totalitarismes ayant jamais existé, la prévention parfaite du mal n'étant possible que si l'on incarcère la Pensée en s'introduisant dans l'âme même de l'humanité.

Avant Steven Spielberg, George Orwell a imaginé, lui aussi, ce que pourrait être une société parfaite. Il est parvenu au même constat. Un monde sans mal ne peut exister que si l'on crée une hyperdictature dominant complètement la pensée humaine. Ainsi, dans le monde imaginé par Orwell, tout est dirigé par un ministère de la Pensée, qui surveille en permanence la société. Dans chaque appartement de la cité radieuse, une télévision scrute les faits et gestes des habitants, tandis qu'au dehors des hélicoptères patrouillent afin de prévenir tout risque. Et partout, sur tous les murs, un visage. Le visage du chef, *Big Brother*, le « Grand Frère ». *Big Brother is watching you*. « Le Grand Frère te regarde. » « Dans tous les carrefours importants, écrit Orwell, le visage à la moustache noire vous fixait du regard. Il y en avait un sur le mur d'en face. *Big Brother* vous regarde, répétait la légende… Au loin, un hélicoptère glissa entre les toits… C'était une patrouille qui venait mettre son nez à la fenêtre des gens[1]. » Seule la

1. George Orwell, 1984, trad. A. Audiberti, Gallimard, 1984, p. 12.

police de la Pensée compte, explique Orwell. Un jour, elle parvient à son but. Un jour, le passé est aboli. Tout ce qui le rappelle a été supprimé. Résultat : non seulement les hommes vivent dans un éternel présent, mais, comme personne n'a de mémoire, impossible de partager des souvenirs avec quelqu'un d'autre, puisqu'il n'y a plus de souvenirs. Un individu ne sait plus ce qu'il pense, puisqu'il est incapable de partager un quelconque souvenir avec quiconque. « La seule preuve du passé est à l'intérieur du cerveau et je n'ai aucune certitude qu'un individu quelconque partage mes souvenirs[1]. » Il n'y a plus d'individus au pluriel. Il n'y a plus qu'un individu au singulier : *Big Brother*, qui est « tout succès, toute réalisation, toute victoire, toute découverte scientifique, toute connaissance, toute sagesse, tout bonheur, toute vertu[2] ». On maîtrise totalement la société, quand on ramène celle-ci à un individu type que l'on reproduit à des millions d'exemplaires. On maîtrise cette maîtrise, quand cet individu n'est plus un individu, mais une pensée pensant pour tout le monde. Fantasme qui ne se déploie pas qu'en littérature. Tocqueville l'a constaté. Avec la montée de la démocratie, on assiste à une montée d'un désir sécuritaire. Les hommes aspirent à être protégés. Cela donne un État prévenant. Une société de

1. *Ibid.*, 221.
2. *Ibid.*, 295.

« surveillance », ainsi que l'analyse Michel Foucault dans *Surveiller et Punir*, ou les projets de panoptique de Bentham pour organiser les prisons sont le modèle du système de surveillance imaginé par George Orwell. La prison idéale, pour Bentham, est ronde. Au centre, se trouve une tour. D'elle partent des rayons divisés en cellules, si bien qu'un seul regard suffit pour embrasser celles-ci. L'intérêt pratique d'un tel système ne s'arrête toutefois pas là. Celui-ci atteint son but, quand le prisonnier, sachant qu'il peut être vu à tout moment, se sentant surveillé se surveille lui-même, avant même qu'on ne le surveille. « De là, l'effet majeur du panoptique, souligne Foucault, induire chez le détenu un état conscient et permanent de visibilité qui assure le fonctionnement automatique du pouvoir… que les détenus soient pris dans une situation de pouvoir dont ils sont eux-mêmes les porteurs[1]. »

En vouloir à Dieu à cause du mal existant sur terre est potentiellement totalitaire. Tout comme le désir de créer un paradis sur terre. Il faut en comprendre les raisons. Il y a une profonde erreur à la source des relations de l'homme et du monde. On pense l'homme comme étant seul face au mal, alors qu'il est avec Dieu face à son devenir. On cède donc à la panique face au mal. D'où la révolte contre Dieu et le désir de construire un paradis

1. Michel Foucault, *Surveiller et Punir*, Gallimard, 1976, p. 203.

sur terre. Désir voué à l'échec parce que morbide en son fond. On agit mal, quand on agit dans la peur. Un paradis né dans la peur est un paradis de peur. Spinoza disait que l'on n'est pas en paix, parce que l'on est sans guerre. On est en paix, parce que l'on vit une unité avec soi, avec le monde et avec Dieu. « Le Sage ayant conscience de lui-même, de Dieu et des choses, ne cesse jamais d'être et possède le vrai contentement[1] », écrit-il à la toute fin de son *Éthique*. On n'est pas au paradis parce que l'on est contre l'enfer. Quand on vit ainsi, on est en enfer. Être ne consiste pas à être contre mais à être. Qui est contre pour être fait vivre ce qui est contre et non l'être. Il n'est pas. C'est ce qui arrive au monde décrit par Orwell dans son roman *1984*. Ce monde est celui de la solitude de l'humanité se définissant contre le mal en croyant ainsi parvenir au paradis.

On pense en général, comme Sartre, que la liberté de l'homme est incompatible avec l'existence de Dieu. Si l'homme a été créé, il est la « chose » de son créateur. Il n'est donc pas libre. Il ne l'est que s'il peut s'inventer. Quand on ne pense pas que la liberté de l'homme est incompatible avec l'existence de Dieu, on a une conception maladroite de cette liberté, consistant à dire que Dieu a laissé l'homme

---

1. Spinoza, *Éthique*, trad. Ch. Appuhn, Flammarion, 1983, p. 341.

libre. Ce qui est ambigu. Cela donne l'impression que Dieu a abandonné l'homme à lui-même. On comprend certaines personnes disant qu'elles auraient préféré être moins libres et moins souffrir. Faire du mal le prix de la liberté conduit à rendre la liberté bien coûteuse et, de ce fait, peu séduisante. On retrouve là, *via* la liberté, un raisonnement de type augustinien. Le mal est utilisé pour signifier la liberté, comme hier il était utilisé pour enseigner le repentir. De là à dire, comme Leibniz, qu'il est un moindre mal et donc une Providence cachée, il n'y a qu'un pas, que certains n'hésitent pas à franchir en soulignant qu'il faut se consoler. Le mal existant nous préserve d'un mal encore plus grand, à savoir le totalitarisme. Tout devient ainsi justifiable. La délinquance dans les pays démocratiques, par exemple, ou encore la décadence des mœurs. Elles sont la rançon de la liberté. Raisonnement désastreux. La liberté justifiant l'injustice ou la décadence, certains ont préféré être moins libres et moins décadents en embrassant des régimes politiques amenant à plus d'égalité ou plus d'ordre.

Il est criminel de dire que le mal est l'envers de la liberté, Dieu ayant laissé à l'homme la liberté de choisir entre le bien et le mal. On n'est jamais libre, quand on choisit le mal. On est inconscient, pervers ou carrément suicidaire. S'il y a une liberté, celle-ci consiste à ne pas le choisir et, surtout, à ne pas avoir à le choisir. Il n'y a que dans des circonstances totalement tragiques où, mis en demeure de choisir entre le bien et le mal, certains choisissent le mal en vertu de conséquences moins néfastes. Pour exercer sa liberté, il y a tout de même mieux ! On n'est guère libre d'être ainsi libre. On comprend donc que certains se soient éloignés de la religion, en déclarant n'y rien comprendre. Si Dieu abandonne à sa liberté et si, en outre, être libre consiste à avoir l'auguste possibilité de choisir le mal, disons vite adieu au Dieu d'une telle liberté et à la liberté d'un tel Dieu.

Ce qui est dommage. Il existe une autre façon d'aborder la relation entre Dieu et la liberté. Celle-ci réside dans le fait de l'envisager ontologiquement et non plus juridiquement, de l'intérieur et non plus de l'extérieur. L'homme est libre par essence et non pas libre de choisir entre le bien et le mal. La nuance est immense. L'homme n'est pas libre, quand il est mis en demeure de choisir entre le bien et le mal. On assigne un cadre à sa liberté. Il n'est libre que dans le cadre du choix entre le bien et le mal. On ne limite pas la liberté de l'homme, quand on explique qu'il est libre par essence. On souligne quelque chose de fondamental. La liberté humaine réside dans le fait même d'être homme. Être ainsi homme est reconnu comme fondamental. Ce caractère constitue sa liberté. Ce que l'expérience démontre. Envisageons l'homme comme étant fondamental. On se remplit de respect envers lui. Du coup, celui-ci, conforté en lui-même, se met à sourire, puis à rayonner, puis à faire sourire et à faire rayonner les autres autour de lui. La liberté réside non pas dans ce que l'on fait, mais dans ce que l'on est. Comprenons-le, il n'y a plus d'opposition entre la liberté de l'homme et l'existence de Dieu. Là où il y a de l'être, il y a de la liberté, puisque la liberté de l'homme consiste dans la liberté même que constitue le fait d'être. La Bible le montre bien quand, en Exode 3, 14, elle indique que le nom de Dieu est « Je Suis ». Il s'avère que c'est en prononçant cette phrase que l'homme se met à pleinement exister. Son être n'est donc pas incompatible avec celui de Dieu. Ceux-ci jaillissent ensemble, sans que l'être de Dieu domine celui de l'Homme. On comprend dès lors d'où vient le mal. Il provient bien de l'absence de Bien, ainsi que le dit saint Maxime le Confesseur. Quand l'Homme n'est plus conforme à son Je Suis, il perd et Dieu et lui-même. Il débouche à la fois sur une existence banalisée et sur une humanité déshumanisée. Se produit alors ce à quoi on assiste. Rien ne marche. Ni l'existence. Ni l'homme. Tout pèche, comme le dit l'hébreu qui entend par péché le fait de rater la cible. Rien n'est dans son axe. Le mal fait son entrée sur terre, puis la faute. On a coutume de confondre les deux. Ce qui est une erreur. On fait une faute, quand on s'entête au lieu de retourner du mal vers le Bien, en pratiquant ce que l'on appelle un repentir, dont

Vladimir Jankélévitch rappelle qu'il signifie un « changement de vie ». On veut par le mal supprimer le mal[1]. On veut, par ce qui pèche remédier à ce qui pèche. Désastre de l'orgueil. Le mal se multiplie. Il devient contagieux. Aussi est-il fatal que l'on cède à une réaction de panique et qu'on veuille bâtir d'urgence et violemment un royaume terrestre, afin de se délivrer de son emprise.

Cela se voit présentement. Il existe une véritable frénésie humanitaire de par le monde. Notamment de la part des démocraties envers le reste de la planète ainsi qu'envers elles-mêmes. Bien que ne croyant en aucun salut possible de l'existence, étant donné que l'on ne croit pas en Dieu, on se démène dans tous les sens pour sauver l'humanité. La vraie religion que l'on a toujours cherchée sans jamais parvenir à la rencontrer se trouve là, dans la religion humanitaire, celle de l'homme-dieu, souligne Luc Ferry[2]. On multiplie donc les missions humanitaires. Mais, surtout, on n'arrête plus l'extension du terme humanitaire, qui s'empare de tout. Les entreprises se veulent désormais « éthiques ». L'éthique est un bon créneau. Elle fait vendre en donnant une bonne image. On veille à la traçabilité éthique des produits et on le proclame. De l'économie on passe à la politique. Là aussi on fait

---

1. Vladimir Jankélévitch, *La Mauvaise Conscience*, *op. cit.*, p. 110.
2. Luc Ferry, *L'Homme-Dieu ou le sens de la vie*, Grasset, 1996.

dans l'humanitaire et dans l'éthique. Les jeux Olympiques qui n'auront pas lieu à Paris ont été annoncés comme des Jeux éthiques. La guerre en Yougoslavie a été déclarée « guerre humanitaire ». Un triathlon organisé en Colombie se présente sous la forme d'un « raid humanitaire ». On va joindre l'utile à l'agréable, des aides à la population au milieu de marathons de cent kilomètres. Du coup, pas un spectacle de variétés à la télévision, où il n'y ait son quart d'heure humanitaire au milieu des paillettes et des danseuses. On aimerait se réjouir devant une telle débauche de bons sentiments, de larmes humanitaires, de chaude fraternité entre bien et mal portants soudain réconciliés dans la grande société universelle, s'il n'y avait un *hic*. Est-on sincère ? Pourquoi se veut-on aussi bruyamment bon ? Pourquoi cette charité exhibitionniste et ce cœur obscène ? Pour l'homme vraiment ? Ou pour se dire que l'on va faire mieux que Dieu, lui damer le pion, sauver le monde alors qu'il le laisse aller à la dérive ? Quand il s'agit de rappeler que l'Homme a une profondeur ontologique, curieusement, il n'y a personne ou presque. On bâille. On ricane. On tient des propos cyniques, désenchantés, désespérés. Quand il s'agit de se montrer humanitaire, on se bouscule. Par ici les caméras. Je veux être photographié en gros plan en train de faire du bien. Le désespoir contemporain n'est pas grave ni recueilli devant le drame d'une humanité vouée irrémédiablement au néant. Il est festif et ressemble à un réveillon où les cotillons dansent et les bouchons de champagne sautent. Tels les passagers du *Titanic* valsant sur fond de naufrage annoncé, la croisière post-moderne entend bien montrer qu'elle ne prend pas le tragique au tragique. En bonne disciple de Don Juan, elle applique la règle du nouveau sens consistant à dire que, quand il n'y a plus de sens, tous les sens sont libres. Au fond du malheur, il reste encore un sens : faire du malheur un bonheur. Rire en étant malheureux pour ne pas regarder en face qu'en riant on est malgré tout malheureux. Qui n'a plus rien à perdre se lance dans le crime ou dans le suicide, a-t-on coutume de dire. Cela n'est pas faux. Cela n'est pas tout à fait vrai non plus. On a oublié une chose. Quand on est désespéré, il reste encore une chose à faire qui ne renvoie ni au crime ni au suicide : la fête humanitaire. On va se regarder sauver le monde à défaut de le sauver. Et, dans l'apparence d'un salut furtif, on va se donner l'impression de conquérir l'être d'un salut. Et ce, parce que l'on ne veut pas recevoir le salut, on veut le conquérir. On sera Dieu sans Dieu ou on ne sera pas. Misère de l'athéisme.

Et pourtant, les choses avaient bien commencé au début de la modernité. Souvenons-nous de l'article I de la Déclaration universelle des droits de l'homme : « Tous les êtres humains naissent libres et égaux en dignité et en droits. Ils sont doués de raison et de conscience et doivent agir les uns envers les autres dans un esprit de fraternité[1]. » Relisons Rousseau au début du *Contrat social* : « L'Homme est né libre et partout il est dans les fers[2]. » Qu'est-ce que cette définition de la liberté, sinon une définition ontologique de celle-ci ? On est loin des discours d'un certain christianisme expliquant que l'homme est libre de choisir entre le bien et le mal et non libre par essence. On est dans une vision prophétique rappelant que l'homme est libre parce qu'il est homme. Il est libre, parce qu'il est fondamental, magnifique d'être homme. Témoin la deuxième phrase de cet article premier que l'on omet toujours : « Les hommes qui sont doués de raison et de conscience doivent agir les uns envers les autres dans un esprit de fraternité. » On est passé des droits aux devoirs. Les voilà les devoirs de l'homme, dont on nous dit qu'ils sont absents. Comme l'homme est libre, c'est-à-dire fondamental, tout homme l'est. La fraternité découle du sentiment ontologique. Et ce en vertu du caractère constitutif de l'homme, à savoir son esprit. La Déclaration universelle des droits de l'homme est l'un des plus formidables morceaux d'ontologie qui ait jamais existé. C'est l'un des plus grands textes religieux de l'humanité.

1. *Déclaration universelle des droits de l'homme*, Gallimard, 1998, p. 30.
2. Rouseau, *Du contrat social*, Flammarion, 2001, p. 46.

Dans la plus pure tradition de la Bible. Dans la plus pure tradition de l'Évangile. Dans la plus pure cohérence morale et symbolique. L'homme étant fondamental et sa liberté se trouvant là, il importe que tout homme le devienne. Et l'homme le sait, puisqu'il a le privilège de le savoir. Rien à redire. Le texte est impérial, parce que l'Homme y est royal. Qu'en a-t-on fait ? On a omis la deuxième phrase, qui donne sens à la première. On a masqué que la liberté se devait de se réaliser dans la fraternité. Et dans la première, on n'a gardé que l'idée de liberté en ne parlant pas de la dignité. Résultat, cette Déclaration est devenue la Déclaration du droit de faire ce que l'on veut, sans dignité et sans fraternité, alors qu'elle se voulait la Déclaration de la liberté qu'il y a à être Homme dans la dignité et dans la fraternité. On a tué les Droits de l'Homme au nom des Droits de l'Homme. Les Droits de l'Homme sont devenus les Droits de l'égoïsme contre l'Homme. Ils sont devenus les Droits de l'Homme indigne et non fraternel. Témoin le fait que l'on se réclame sans cesse des Droits de l'Homme pour justifier n'importe quel particularisme aveugle, n'importe quelle prétention privée, n'importe quel abus de l'individu contre le Droit, contre l'Universel, contre l'Humanité tout entière.

Il faut donc apercevoir que la mort de Dieu est loin d'aller de soi et d'être aussi libératrice qu'elle prétend l'être. On a pris l'habitude de penser que la religion est totalitaire et l'humanité sans Dieu un souffle de liberté. L'expérience de la modernité montre que jamais l'humanité n'a autant subi le totalitarisme que depuis que Dieu est mort. Il y a un appétit de pouvoir dans l'humanité. C'est lui qui tue Dieu. Ce n'est pas Dieu qui est totalitaire et qui se tue tout seul. Présentement, ce totalitarisme survit à travers la frénésie qui prétend faire le salut du monde ainsi qu'à travers l'étrange relation qu'entretient avec les Droits de l'Homme un culte de la liberté dépourvu d'un sens de la fraternité.

L'athéisme contemporain répète qu'il n'a pas besoin de Dieu pour vivre, aimer l'homme, avoir foi dans l'existence, construire, se construire. Dieu n'est pas utile, quand il est un Dieu extérieur et que se relier à lui passe par une religion extérieure. Il est aussi artificiel de dire que l'on a besoin de passer par un tel Dieu que d'avancer que rien ne peut se faire si on n'adhère pas à tel ou tel parti. Il en va autrement quand il est question du Dieu intérieur. Il est difficile de vivre sans penser que la vie est fondamentale ainsi que l'homme. Il est difficile de penser cette vie difficile sans l'idée qu'il existe une source fondamentale de vie. Bergson, dans *Les Deux Sources de la morale et de la religion*, a bien montré la différence qu'il peut y avoir entre le Dieu extérieur et le Dieu intérieur. Il est artificiel, comme le fait la métaphysique, d'expliquer que Dieu existe parce qu'il faut bien une cause au monde. C'est l'intelligence qui explique le monde. Baptiser Dieu la cause première de la réalité ne fait pas avancer d'un pouce. En nommant la cause première, on suppose le problème de l'origine élucidé. On stoppe le mouvement de l'intelligence. Quand on se prétend croyant, cela peut être grave. Qui peut dire qu'il connaît Dieu ? Qui comprend vraiment ce que veut dire « Dieu a créé le monde » ? Nommer Dieu peut créer l'illusion de tout savoir de l'origine. Aussi Heidegger a-t-il raison de dénoncer, comme Pascal, « le Dieu des savants et des philosophes ». Un tel Dieu que l'on ne prie pas, que l'on ne cherche pas, que l'on ne vit pas comme une source, est un Dieu mort. Cela donne un sens à l'athéisme qui, en récusant un tel Dieu, est paradoxalement plus près du vrai Dieu que nombre de croyants figés dans une foi cérébrale transformant Dieu en une idole intellectuelle. Mais pourquoi s'arrêter là ? Aussi étrange que cela puisse paraître, un athée qui récuse le Dieu cause des savants et des philosophes devrait découvrir le Dieu intérieur. Il devrait croire en un tel Dieu. Tel n'est pas le cas. L'athéisme, au lieu de concrétiser la formidable percée opérée par sa pertinente remise en cause de l'intellect humain et de ses idoles, se transforme en régression au désespoir ainsi qu'à l'indifférence. Ce qui est tragique et pas simplement dommage. Il devient alors lui aussi une idole intellectuelle, en substituant au savoir d'un Dieu cause, un autre savoir. Celui du néant. Qui peut dire qu'il n'y a rien à l'origine ? Qui peut dire que le monde est le résultat d'un accident ? N'est-ce pas là aussi stopper le mouvement de l'intelligence ?

Un Dieu que l'on ne vit pas est dangereux. Ce Dieu dogmatique est mort et engendre la mort. Il n'en va pas de même avec un Dieu que l'on vit. Pensons Dieu comme fondement vivant à travers l'idée que tout est fondamental, Dieu devient essentiel en devenant vivant. Plus on le vit, plus tout se met à vivre. Il n'est dès lors plus artificiel de se référer à lui. Au contraire. Cela devient vital, puisque parler de lui revient à parler de soi et de la vie. Plus il grandit, plus on grandit. Plus on grandit, plus il grandit. Dieu cesse d'être ainsi ce Dieu du passé, ce Dieu révolu, qui a créé le monde. Il devient celui qui crée le monde. Tous les mystiques, tous les sages rappellent qu'il faut vivre au présent. On comprend pourquoi. C'est là que se trouve Dieu. C'est là que l'on se trouve soi-même. C'est là que se trouve l'intelligence. Le monde se crée à chaque instant. Il est fondamental à chaque instant. Qui vit ainsi « mystiquement » Dieu devient un éveillé éveillant les plus hauts niveaux de réalité, ainsi que le souligne Bergson[1]. C'est la raison pour laquelle l'athéisme est une erreur. En remettant en cause l'idée que Dieu a créé le monde sans s'apercevoir

1. Bergson, *Les Deux Sources de la morale et de la religion*, PUF, 1984, pp. 255-273.

qu'il le crée, il coupe l'homme de ses racines et de son présent.

Dans la présentation qu'il fait de l'athéisme André Comte-Sponville le pressent puisqu'il dit fort justement : « Si tu rencontres quelqu'un qui te dit : "Je sais que Dieu n'existe pas", ce n'est pas un athée, c'est un imbécile qui prend son incroyance pour un savoir[1]. » Il avoue par ailleurs partager avec les croyants le sens du mystère, celui de l'amour du prochain et enfin une fidélité à l'homme. Néanmoins, il se déclare athée[2]. Beaucoup d'athées aujourd'hui confessent avoir le sens du mystère en oubliant que la religion ne cesse de rappeler que Dieu est mystère. Un immense mystère. Comment se fait-il que le sens du mystère ne débouche pas sur Dieu ? Sans vouloir violer le cœur de chacun, on peut avancer que l'image d'un Dieu extérieur en demeure la cause. L'athéisme n'arrive pas à comprendre que Dieu est intérieur, qu'il est présent et non passé, qu'il crée le monde et non qu'il l'a créé, qu'il n'est pas en face de l'homme mais en son cœur. Il n'arrive pas à comprendre que Dieu devient une évidence, pour peu qu'on le devienne soi-même pour soi-même. Ce que l'on fait en vivant tout fondamentalement, à chaque instant. C'est la raison pour laquelle Dieu

1. André Comte-Sponville, *Présentation de la philosophie, op. cit.*, p. 115.
2. *Ibid.*, p. 128.

dit à Abraham « Va vers toi », ainsi que le rappelle Annick de Souzenelle, en soulignant que la Terre promise est la Terre intérieure du « Je Suis[1] ». Dieu a fait don à Israël du Je Suis, pour qu'Israël révèle au monde que Dieu est le Dieu du Je Suis et non d'autre chose. Tout homme est promis au Je Suis. Tout homme est promis à découvrir Dieu au fond de son Je Suis. Quand on ne découvre pas Dieu dans l'extériorité, on désespère de Dieu. On devrait se réjouir. L'absence de Dieu dans l'extériorité est une bonne nouvelle. Il a manqué à Primo Levi de le comprendre.

Le suicide de Primo Levi

Primo Levi a traversé l'expérience terrible des camps nazis. Il en est revenu avec l'un des plus beaux livres sur la vie dans les camps qui soit, *Si c'est un homme*. On lui doit l'idée du devoir de mémoire. Dans un monde sans Dieu, sans religion, ce devoir est devenu le rite d'un monde sans rites. Primo Levi s'est donné la mort un jour d'avril en 1987. Ce suicide nous interroge. Pourquoi ? Comment quelqu'un qui avait fait le plus dur, traverser la guerre et ses horreurs, a-t-il pu ainsi se donner la mort ? Comment lui qui avait compris, comme

1. Annick de Souzenelle, *Résonances bibliques*, Albin Michel, coll. « Spiritualités », 2001, p. 11.

Robert Antelme, comme Bruno Bettelheim, comme tous ceux qui ont traversé la nuit des camps l'ont compris, que le nazisme était une entreprise de déshumanisation, comment a-t-il pu pratiquer sur lui-même cet acte de déshumanisation qu'est le suicide ? Comment lui, l'auteur de *Si c'est un homme*, a-t-il pu tuer l'homme qu'il était ?

Il est toujours difficile de savoir au juste ce qui pousse un homme à se tuer. Mais, dans le cas de Primo Levi, n'est-ce pas le désespoir qui l'a tué ? Celui-ci n'avait pas la foi. Il ne croyait pas en Dieu. Beaucoup de juifs l'ont perdue à Auschwitz, à Treblinka, à Maïdanek, dans tous les camps où l'on tuait, on gazait, on brûlait des juifs parce qu'ils étaient juifs. Quand on vit au fond de l'horreur, on a du mal à imaginer une réalité parfaite, un être infini et lumineux comme Dieu. Le fossé est trop grand entre ce que l'on vit et ce que l'on pourrait penser. Les hommes ont tendance à penser à partir de ce qu'ils vivent et de ce qu'ils voient. Quand ils voient de la beauté, il leur est plus facile de penser qu'une réalité parfaite ou un être infini existent. Quand ils ne voient partout que laideur, horreur, servitude et meurtre, une telle réalité, un tel être échappent. Il faut que la réalité parfaite soit quelque peu réelle pour parler à la réalité des hommes. Il faut que l'être infini existe quelque peu pour toucher leur cœur. Lorsque rien dans la réalité ne vient suggérer le réel parfait ainsi que l'être infini, on a du mal à les imaginer. D'où le sentiment d'intense abandon que nombre de juifs déportés ont eu. D'où parfois les réactions de colère de certains rabbins contre Dieu et leur protestation envers le ciel. Colère et protestation ô combien compréhensibles. Sans avoir été dans les camps, à qui n'est-il pas arrivé de se sentir seul lors de certaines épreuves de la vie, de certaines souffrances, face à certains deuils, où tout simplement en regardant les actualités télévisées, quand celles-ci présentent des images de massacres au Rwanda ou du tsunami en Asie du Sud-Est ? Et pourtant. Tout le monde ne perd pas la foi au milieu des épreuves de la vie. Etty Hillesum en est le vivant exemple. Il y en a d'autres. Certains, certaines même, qui n'avaient pas la foi, l'ont acquise à cette occasion. Comment cela a-t-il été possible ? Que s'est-il passé ? Peut-être ceci.

Il y a un fait très concret, très pratique, quasiment vital à l'origine de la foi. Il s'agit d'une réaction de bon sens. N'y a-t-il pas suffisamment de révolte, de colère, de désespoir et de désespérance comme cela dans le monde pour ne pas en rajouter encore ? Si l'on désespère, quand le monde ne va pas, celui-ci ne va pas mieux aller. Les choses vont plutôt s'aggraver. Elles étaient dures. Elles vont le devenir plus encore. Aussi n'est-il pas provocateur de dire que c'est lorsque les choses vont mal qu'il convient d'avoir la foi. À la limite, si Dieu n'existe pas, c'est à cette occasion qu'il convient de l'inventer. Avec lui, il y a au moins une issue. Ce qui invite à relativiser les propos disant qu'Auschwitz est la preuve que Dieu n'existe pas. Des hommes et des femmes en sont revenus, d'autres ont eu le courage de mourir dignement. Cette force pour revenir ou pour être digne n'est-elle pas le signe que, même au fond de l'enfer, il y a encore une issue ? L'humanité a connu bien des enfers. Elle en connaît encore. D'où vient son incroyable force de vie ? Comment se fait-il qu'inlassablement elle persiste à vivre ? Nous savons que nous allons vieillir, sans doute souffrir puis mourir. Nous vivons quand même, malgré tout. Cette force qui nous permet ainsi de vivre et de mourir ne témoigne-t-elle pas de la certitude intime que la vie vaut la peine d'être vécue ? Et si elle vaut ainsi la peine d'être vécue, si nous avons la force de la vivre, n'est-ce pas parce que notre être profond participe déjà d'une force mystérieuse plus forte que la souffrance et la mort ? Si l'on n'était pas dans la profondeur d'une existence inouïe, aurions-nous la force de vivre, de souffrir et de mourir, comme nous l'avons ? La persistance de l'humanité à vivre est un grand mystère. Est-il illégitime de penser que c'est celle-ci qui exprime Dieu ?

On demandera bien sûr comment Dieu, puisqu'il est censé exister sous la forme de cette force de vie, peut tolérer le mal, la mort, la souffrance des enfants et des innocents. Est-il sûr qu'il les tolère ?

Est-il sûr qu'il ne les combat pas, comme nous les combattons ? La souffrance que je ne vis pas, la mort que je ne vis pas sont, vues de l'extérieur, des échecs. Mais, vues de l'intérieur, vécues de l'intérieur ? Quand je souffre et que je supporte, je ne subis plus. Je suis plus fort que la souffrance. Il y a là une mystérieuse transcendance. Il suffit de souffrir pour ne plus souffrir. Nous la vivons tous les jours sans nous en rendre compte. Tous les jours, nous supportons la vie. Et nous vivons sans souffrir. Il n'y a que lorsque nous ne pouvons plus supporter la vie que nous nous apercevons de l'existence de la souffrance entendue comme fait de subir. La souffrance n'est pas, autrement dit, ce que l'on croit. Elle n'est pas extérieure à la transcendance et la transcendance ne lui est pas extérieure. Elle est la transcendance en acte. Elle est le miracle de la santé, quand la vie porte et supporte la vie. Elle est le cri de la vie envers la vie, quand la vie ne supporte plus la vie. La souffrance est, en ce sens, Dieu en acte, sous la forme de la grande santé de la vie, d'où jaillit la si belle insouciance de la vie. Sous la forme également du cri de vie qui protège la vie en alertant, en signifiant la douleur, en repoussant le mal. La vision chrétienne d'un Dieu souffrant n'est donc pas une image masochiste ou morbide de Dieu. C'est la réalité même de Dieu. Dieu est souffrance. Il n'est pas en face de celle-ci. Il est en son cœur. Sous deux formes. Dans la grande santé de la vie.

Dans le grand cri de la vie envers la vie. Nous en faisons quotidiennement l'expérience. C'est à travers la grande santé de la vie que nous découvrons l'homme que nous sommes et que nous pouvons être. C'est à travers le cri de la vie envers la vie que nous le découvrons encore afin de le sauver. Qu'on ne dise donc pas que Dieu est en face du mal sans rien faire. C'est exactement le contraire. Il est au fond de la vie face au mal. Si nous ne le voyons pas, c'est parce qu'il est trop proche pour être vu.

Cela vaut pour la mort. L'expérience du mourir fait de la mort quelque chose de vivant et non de mort. Qui vit la mort est dans la vie et non dans la mort. On touche là au mystère des mystères. Rien n'est plus opposé à la vie que la mort. Rien n'est apparemment plus dépourvu de vie et de sens que la mort. Et pourtant. Il suffit de vivre la mort à travers le mourir pour apercevoir que, là aussi, il y a de la vie et du sens. Là surtout, a-t-on envie de dire. Il suffit d'accompagner un mourant pour le comprendre. Tout devient essentiel, quand on est au stade du mourir. Il y a donc un maximum de vie. On touche là au mystère. Le temps qui passe fait tout mourir. Il rend tout éphémère. Mais c'est ainsi que tout devient unique et par là même inoubliable. Le temps qui fait tout mourir transmute tout en éternité. L'instant qui est l'éphémère par excellence est la réalité même de l'éternité. Ainsi, le temps est révélation de l'éternité. Il suffit de le vivre pour en prendre une bouleversante conscience. Bergson l'a vécu. Proust l'a vécu. Il nous arrive de le vivre. Nous comprenons la mort. Celle-ci n'est pas ce que l'on croit. Elle est libération de l'unique qu'il y a en nous. Elle est la prononciation de notre nom, de notre Je Suis. Il faut passer entièrement en faisant le travail du mourir, pour accomplir notre Je Suis. D'où la stupéfaction de tous ceux qui ont entrevu le Royaume des morts. Il y règne une ineffable lumière. Celle du Je Suis. Ils croyaient découvrir le néant. C'est l'inverse qui a lieu. Cela éclaire toutes les vies comme toutes les morts. On ne meurt pas de vivre le mourir. La vie est un grand mourir. Elle est, à travers ce grand mourir, un long et grand développement de notre Je Suis. La mort apparaît, quand on ne vit plus ce mourir. Socrate le dit fort bien dans le *Phédon*. Qui ne veut pas mourir sème la mort autour de lui. Voulant se conserver à tout prix, il vit dans l'avoir et non dans l'être. Cela débouche sur la passion, la violence, la guerre, les massacres, les meurtres, Auschwitz. Quand on ne rentre pas dans son mourir qui est le grand accouchement de son Je Suis, vivant à mort on crie la mort[1].

Là encore, l'image d'un Dieu mourant n'est pas une image masochiste et morbide, mais un trésor de significations. Dieu qui est Je Suis meurt comme Père en son Fils pour que celui-ci vive comme Je

---

1. Platon, *Phédon*, trad. M. Dixsaut, Flammarion, 1998, p. 217.

Suis. Le Fils mourant sur la croix meurt à son tour pour que son Je Suis fasse retour au Je Suis. La mort est englobée par le Je Suis retournant au Je Suis. Elle est le grand retournement du Je Suis en lui-même. Il faut l'expérience du mourir pour s'en rendre compte. C'est ce que fait Dieu. C'est ce que fait le Christ. Il va sur les lieux de l'infamie révéler à l'humanité entière le mystère de la vie et de sa transmission. C'est le sens de son cri « Pourquoi m'as tu abandonné ? », cri de surprise. D'émerveillement. Conscience de la transmission qui est en train de s'opérer. Le Je Suis du Père est en train de passer totalement dans celui du Fils. Le mourir est passage, mais aussi passation. Et ce qui est vrai pour le Fils de Dieu l'est pour tout homme. Tout être humain qui vit son mourir reçoit son Je Suis dans ce passage. C'est en ce sens que le mourir est la clef de la résurrection.

À partir de là, le nazisme s'éclaire. Tout comme s'éclairent non seulement le mal, mais les raisons pour lesquelles nous avons tant de difficultés à comprendre les relations de Dieu avec lui. Le nazisme a voulu prendre la place de Dieu. Il a voulu créer une race nouvelle d'humains. Une race immortelle. Il a, autrement dit, voulu parvenir au Je Suis de l'humanité sans le Je Suis divin. Quand tel est le cas, on devient nécessairement un meurtrier et, plus encore, un exterminateur. Qui accepte son Je Suis accepte de mourir. Qui accepte de mourir rencontre son Je Suis. Qui n'accepte pas son Je Suis refuse de mourir. Qui refuse de mourir refuse son Je Suis. Qui refuse son Je Suis fait mourir Dieu. Mais il fait aussi mourir l'Homme en faisant mourir son Je Suis. Dans tout assassin, il y a un meurtrier du Je Suis. Qui n'embrasse pas son mourir finit par vouloir s'approprier le mourir. Qui s'approprie le mourir fait mourir. Les nazis, qui ont voulu inventer une humanité immortelle par la biologie et le racisme, ont fait mourir à grande échelle. Ils n'ont, qui plus est, pas fait mourir n'importe qui, puisqu'ils s'en sont pris aux Juifs, le peuple promis au Je Suis. Auschwitz, en ce sens, n'est pas un accident, encore moins un détail. Il s'y est déroulé ce qui se déroule malheureusement depuis déjà longtemps et qui continue. Les camps sont l'image de l'humanité qui, incapable d'embrasser son mourir, fait mourir l'humanité, en usurpant la place de Dieu. Un déporté assistant à une pendaison l'a bien compris, puisque, à la question « Où est Dieu ? Que fait Dieu ? », il a répondu : « Il est dans ce déporté que l'on pend. » Il a manqué à Primo Levi de le comprendre. Il manque aujourd'hui aux militants du devoir de mémoire de le comprendre également.

Dieu qui est le fondement de toute vie se rencontre quand, autant que faire se peut, on vit en se disant que tout est fondamental. On comprend alors que Dieu et l'homme grandissent ensemble. Dieu fait voir l'homme et l'homme fait voir Dieu.

Dieu qui est vivant passe dans son Fils afin qu'il devienne Père à son tour comme lui. D'où le mouvement de kénose divine, de retrait assimilable à un mourir. Il se retire également devant l'homme, afin que lui aussi puisse vivre son Je Suis. Ce dernier fait l'expérience de ce dernier en apprenant à apparaître puis à disparaître. C'est ainsi qu'il devient unique. Quand l'homme vit son passage vers l'unique de lui-même à travers un mourir, il ne connaît pas la mort. Quand il ne vit pas un tel passage, il rentre dans la mort. Il fait alors mourir. L'inouï de Dieu est que, sous forme de vie, il ne cesse pas de faire vivre l'homme, même quand celui-ci est dans une logique de mort. C'est ce que veut dire l'idée, souvent mal comprise, qu'il donne la vie au bon comme au méchant. Il ne s'agit pas d'une injustice de sa part, mais au contraire d'un acte de vie, de résistance au mal et de salut pour le genre humain. Puisque la vie continue, le mal n'est pas plus fort que la vie. C'est un point essentiel, fondamental. Si Dieu arrêtait tout à cause du mal, ce dernier aurait gagné. Il serait ce contre quoi Dieu se définit, donc ce par quoi il est Dieu. Tant il est vrai que qui se définit uniquement contre quelque chose ne vit que par cette chose contre laquelle il se définit. Puissance de la persévérance divine. Celle-ci ne se laisse pas arrêter par le mal. Elle ne le tolère pas. Elle n'est pas indifférente. La preuve. La vie, à force de vivre, se mue en insurrection contre la mort qui l'empêche de vivre, retournant le mal par la vie et non par le mal. Ce qui s'est produit à propos du nazisme. Celui-ci a été vaincu. Le monde a compris que le mal existait et ce qu'il était. Il a surtout appris à vivre en paix, sans battre et humilier son semblable. Primo Levi n'a pas su aller au bout de ce mystère inouï. D'un remarquable courage durant la guerre, il n'a pas compris la tragédie métaphysique en jeu. Il a étouffé son Je Suis en ne voyant pas le drame du Je Suis mis à mort à Auschwitz.

Qui est porteur d'un Je Suis, comme le peuple juif, est insupportable à celui qui le refuse, comme le mouvement nazi. Il est donc fatal que ce dernier veuille faire mourir un tel peuple. Ce qu'il a fait, sans en percevoir les conséquences. Qui fait mourir le Je Suis se condamne lui-même. Il se transforme en monstre avant de se dissoudre. Ce qui est arrivé au nazisme historique. Celui-ci a été son pire ennemi, son principal agent de destruction, comme le sont tous les meurtriers du Je Suis. Il s'est d'autant plus détruit qu'il a donné au peuple juif une place incomparable. En se définissant contre lui, il a bien fait ressortir combien le peuple du Je Suis était essentiel. Impossible de se définir sans lui. Et pour cause. Puisque ne pas le faire c'est se condamner. Il faut, pour être, bien accepter le Je Suis. Qui est contre et non pour, est avec, bien qu'il soit contre. En outre, en faisant mourir des innocents il a fabriqué des millions d'innocents et pas simplement des millions de victimes. On l'oublie toujours. Ce n'est pas rien que d'être une victime innocente. C'est porter l'innocence du monde et pas simplement le scandale de l'injustice. C'est la raison pour laquelle, nous est-il dit, tous les innocents qui meurent vont directement au ciel et sont des saints. Les quatorze mille enfants tués par Hérode sont des saints. Les six millions de juifs exterminés à Auschwitz sont des saints. Les trois mille morts de l'attentat du 11 septembre à New York sont des saints. Le nazisme, autrement dit, en devenant un mouvement de démons a fait muter les juifs qu'il voulait éradiquer de la planète. Il en a fait des saints, aboutissant au contraire de ce qu'il voulait faire. Il les a grandis, alors qu'il voulait les humilier. Il s'est humilié, alors qu'il voulait se grandir. On comprend, dans ces conditions, que le martyre ait été considéré comme une dignité. Nul masochisme délirant à cet égard. Une logique profonde plutôt. Celle de la vie et de la foi dans la vie. Il suffit de vivre en toute confiance, en toute innocence, sans avoir peur d'embrasser son mourir, sans chercher à faire mourir, pour devenir ce porteur d'innocence qui sauve le monde et que l'on appelle un saint. Le judaïsme en a conscience. C'est une des raisons pour lesquelles il n'est pas prosélyte. Il faut pouvoir assumer la difficulté que représente le fait de porter le souffle du Je Suis. On peut être persécuté. Un récit relatant une conversion rapporte les paroles d'un converti très humble ne se sentant pas digne de faire partie d'une religion que l'on persécute[1].

Cela éclaire la relation de Dieu et du peuple juif à Auschwitz. Jamais il n'a abandonné son peuple. Mais, pour s'en apercevoir, il faut regarder les choses de l'intérieur. Quand Dieu est pensé comme extérieur au monde, il est fatal de penser qu'il a abandonné celui-ci. Quand on pense qu'il est dans le cœur du monde et que le monde est dans son cœur, il en va autrement. Il est la vie qui se vit. Dans chaque Je Suis innocent que l'on martyrise ou que la Nature fait souffrir comme dans le tsunami. Il est dans le Je Suis vivant confronté aux forces d'inconscience à la fois naturelles et humaines, la méconnaissance du Je Suis touchant la Nature et pas simplement l'Homme, ainsi que le souligne saint Isaac le Syrien, pour qui le cosmos entier souffre de ce que l'Homme ne vit pas son Je Suis.

Primo Levi luttant avec courage dans les camps afin de survivre a été dans son Je Suis. Il a été porté par celui-ci. Ce qui lui a permis de revenir des camps. Ensuite, les choses ont dû s'obscurcir, pour qu'il en vienne à se suicider. Ce qui est fatal, quand on perd le sens de l'histoire intérieure. Sans compréhension de la lutte spirituelle en jeu dans les camps de la mort, on a l'impression que l'humanité

---

1. Esther Benbassa, Jean-Christophe Attias, *Les Juifs ont-ils un avenir ?*, Lattès, 2001.

a un fond obscur, bestial, monstrueux, et que l'Histoire délire. Ainsi que le dit Hegel, si, à la vue de celle-ci, on n'a pas envie de se tirer une balle dans la tête, c'est que l'on n'a rien compris[1]. Vision tragique faisant le jeu du mal, qui gagne quand on pense ainsi. La porte est alors ouverte pour le suicide. Il y a de quoi. Quand désespérant de l'homme et de l'Histoire on fait le jeu du nazisme, il devient difficile de se supporter. On n'a plus alors qu'une solution : mettre fin à ses jours pour ne plus faire ainsi le jeu du nazisme. C'est ce qu'a fait Primo Levi. Son suicide a été son dernier combat. Sa dernière lutte contre le nazisme. Il n'a pas vu d'autre moyen de lutter contre le désespoir qui nourrit le nazisme, que de tuer le désespéré qu'il était. Il s'est, ainsi, en quelque sorte offert en sacrifice. Poignante dialectique de la vie et de la mort que Jean Améry résume bien quand il écrit : « Quand la vie devient la mort, la mort devient la vie[2]. »

Il faut dire, ici, que la part de la foi est prépondérante. Il faut avoir un sens profond de la vie pour penser Auschwitz comme un grand combat spirituel, au sein duquel les victimes qui sont des saints sont en train de vaincre le mal d'une façon invisible. Etty Hillesum a eu ce sens de la vie. Tout le monde

1. Hegel, *Philosophie de l'Histoire*, textes choisis par J. D'Hondt, PUF, 1975, p. 87.
2. Jean Améry, *Porter la main sur soi*, trad. F. Wuilmart, Actes Sud, 1996, p. 156.

ne l'a pas ou ne l'a pas tout le temps. Il y a des moments où l'on cède à la pression extérieure. On ne voit plus que le mal et non le signe qu'il représente. On tombe alors dans la révolte avec ce que celle-ci peut avoir de contradictoire, puis de là dans le désespoir, avec ce qu'il peut avoir de grave. Nous l'avons dit, il est contradictoire de faire du mal le signe de l'inexistence de Dieu. Si Dieu n'existe pas, aucune nécessité de voir quelque part le signe de son inexistence et de lui en faire grief, puisqu'il n'existe pas. Si le mal signifie son inexistence et que celle-ci est scandaleuse, il faut en tirer les conséquences. Dieu existe et le mal le prouve, puisqu'il n'est pas rien. La révolte avec ses contradictions est un signe bloqué. Qui se révolte contre le mal ne voit plus le cri de vie qui est en lui. Il ne voit plus que le mal. Il crie contre cette violence qu'il subit et en accuse Dieu. Ce qu'il ne devrait pas faire. La preuve. Un observateur intelligent voit dans la révolte un signe de vie et l'honore. Il arrive que la révolte devienne intelligente, heureusement. Elle devient alors lutte, courage et action. Elle s'est convertie en vie contre le mal au lieu d'être fusion avec lui. C'est le Je Suis qui parle. Puissance d'un tel Je Suis. Il sauve du désespoir. À force de révolte, il est fatal qu'on y bascule. Quand on ne voit plus que le mal, impossible de faire autrement. Impossible après de ne pas céder à la tentation du suicide, puis au passage à l'acte. C'est le danger que fait courir le « devoir de mémoire », dont on pense qu'il est la seule façon de faire échec au mal. Ce qui est une erreur. Primo Levi en est la preuve. Lui, l'inventeur de ce concept de devoir de mémoire, en est mort. En ce qui nous concerne, ce devoir sème des germes suicidaires. À force de parler continuellement d'Auschwitz à travers des films, des conférences, des émissions de radio, les journaux, les magazines, des cours d'histoire, des livres, des articles, on finit par confondre le réel et le mal sans montrer une quelconque issue. Cela fait courir le risque de conclure qu'il n'y a eu qu'Auschwitz d'important. Le nazisme devient dès lors *la* réalité importante, l'événement par excellence. Il faut en parler bien sûr. Mais pas comme certains le pensent, en disant qu'il faut faire de lui un trou que rien ne pourra jamais combler. Avec de tels propos, forcément le mal en vient à éclipser toute autre réalité, y compris la réalité elle-même. On aboutit au contraire de l'effet souhaité. Au lieu de le combattre, on fait sa promotion. On ne peut alors que désespérer de soi et désirer se tuer comme Jean Améry, comme Primo Levi. On s'est condamné tout seul à en arriver là, alors qu'il y a une façon de ne pas oublier le mal sans pour autant s'y perdre et de le surmonter sans le combler. Il suffit de le replacer dans le drame que vit l'humanité à propos d'elle-même. Celle-ci n'a pas la foi dans le Dieu qui vit en elle. Elle est en lutte contre son Je Suis. En ayant la mémoire de ce drame-là, non seulement on comprend ce qui se passe, mais en plus on agit efficacement contre le mal. Par le fait d'être un Je Suis.

La clef d'Auschwitz se trouve en nous-mêmes. La clef du mal également. Ceux qui désespèrent à cause de lui l'ignorent. Un certain nombre de théologiens, qui tiennent des propos obscurs sur la liberté laissée à l'homme par Dieu ou bien encore sur la pédagogie divine tolérant le mal, l'ignorent également. Quand Hans Jonas explique que Dieu n'est pas tout-puissant, comme on le croit, parce qu'il s'est retiré du monde, pour regarder l'homme grandir et se démener, comme un père regarde les évolutions de son fils ou de sa fille en s'interdisant d'intervenir, afin que ceux-ci fassent leurs expériences, il reste malheureusement à l'extérieur de la réalité[1]. Il est bien sûr louable de rappeler que Dieu ne dirige pas tout comme un marionnettiste dirige ses marionnettes. Il est toutefois dangereux d'avancer qu'il est « absent ». Cela donne raison à André Comte-Sponville, qui s'indigne de ce que le Père céleste se cache, alors que ses enfants souffrent. La théologie du Dieu absent, ou bien encore celle du Dieu laissant l'homme libre de choisir entre le bien et le mal, est aussi calamiteuse que celle du Dieu punissant l'humanité ou se servant du mal pour

1. Hans Jonas, *Le Concept de Dieu après Auschwitz*, trad. P. Ivernel, Rivages, 2003.

que celle-ci se convertisse. Dans tous les cas, Dieu y est pensé comme un être terrible, alors que c'est l'inverse qui est vrai. Au cœur de l'homme et de la vie, il ne cesse de retourner le mal, en le terrassant par la vie et non par le mal. Il suffit de devenir soi-même un vivant pour s'en rendre compte. Quand avons-nous vaincu le mal en nous comme autour de nous ? Nous l'avons surmonté parce qu'un jour nous avons vécu de tout notre être. En étant dans notre Je Suis, nous avons dépassé le personnage faux, menteur, hypocrite, inauthentique, en un mot faible qui est à l'origine de toutes les lâchetés, de toutes les violences, de toutes les infamies. Nous avons en outre su faire face au violent. À notre plus grand étonnement. Au sien également. On ne peut rien faire contre le Je Suis. Puisque l'on est un Je Suis soi-même. On ne peut être et aller contre soi. Il faut être pour être contre. « Tu peux me casser la jambe » disait Epictète à son maître qui le tortu-rait. « Tu ne peux pas m'anéantir ». Il ne faut pas confondre la mort et l'anéantissement. L'homme est avant tout de l'être et pas simplement une parcelle de vie biologique. Toutes les peurs viennent de ce qu'on l'oublie. Quand on est dans son Je Suis, on n'a plus peur du mal. En revanche, c'est lui qui commence à avoir peur.

Il y a, dès lors, des limites au désespoir. Pour des raisons de bon sens. D'abord il n'est guère cohérent de désespérer de façon systématique. Cela revient à désespérer sans désespérer du désespoir. Ce qui n'est plus désespérer, mais espérer dans le désespoir. On n'est plus alors dans le registre du désespoir, mais d'une contradiction qui peut avoir deux raisons d'être. La naïveté ou le cynisme. On peut désespérer par naïveté. C'est ce qui se passe, quand on s'accroche à quelque chose d'impossible à réaliser, qu'on ne le sait pas ou qu'on ne veut pas le savoir. On est alors le jouet d'une situation désespérante. Tout ce que l'on fait pour réaliser le but que l'on poursuit se transforme en échec désespérant. On se sent accablé par le sort. On a là la situation décrite par Spinoza dans *Éthique*, quand celui-ci dénonce l'espoir et la crainte. Qui espère craint. Qui craint espère. Qui craint et espère vit de façon désespérée et désespérante en étant l'artisan de son propre malheur[1]. Cette situation est liée à un *ego* infantile. Le naïf voudrait que le réel obéisse à ses désirs. Il nie le réel sans s'en rendre compte. La vie va se charger de lui faire perdre ses illusions. Et, de ce fait, de retrouver le sens de la réalité. On vit

1. Spinoza, *Éthique*, *op. cit.*, p. 153.

toujours dans le cadre de la réalité et non au-dessus d'elle. En acceptant ses limites, on devient réel. Ceci console de cela. On a alors grandi. On est devenu un homme. On est passé d'un moi sans réalité à un moi capable de faire vivre celle-ci. Converti au réel, on peut alors convertir celui-ci. Et, par un autre biais, réaliser son rêve. Maîtriser le réel. Il manquait de l'avoir respecté. On maîtrise le réel, quand on vit avec lui et non au-dessus de lui. Signe qu'au fond, on ne perd jamais qu'une chose dans la vie : son orgueil !

Le désespoir cynique est bien différent. Il n'est pas naïveté et orgueil face à soi mais face aux autres. Il est enivrant de les désespérer. Cela donne du pouvoir. On en abuse. On n'est pas désespéré, mais on joue à l'être. Cela permet de « poser ». Comme on désespère, on prend toujours de court ceux qui croient. Il est toujours plus facile de détruire un raisonnement que de le construire, de critiquer que de proposer. Le désespéré professionnel le sait. Aussi n'hésite-t-il pas à utiliser cette recette infaillible dans les relations humaines, intellectuelles et morales, afin de devenir le maître de la situation. Ce qui n'a qu'un temps. À la longue, le désespoir est lassant. On n'écoute plus le désespéré. Tout simplement parce qu'il ennuie. Il a alors une punition à laquelle il ne s'attendait pas. Il espérait choquer le monde. Il le fait bâiller. Le jeu est traité comme il méritait de l'être. Il est déjoué. On s'en joue. Ce qui est au demeurant logique. Si la vie n'a pas de sens, si Dieu n'existant pas elle est dépourvue de toute profondeur ontologique, taisons-nous et faisons autre chose que parler du désespoir. Ou, si l'on parle, tirons-en les conséquences. La vie a plus de sens qu'on ne le dit. Mais nous n'avons pas le courage de l'admettre. La preuve, nous parlons de cette vie que nous avons condamnée. C'est donc qu'elle est moins vide qu'on ne le dit.

Le désespoir finit toujours par s'abolir lui-même, d'une façon ou d'une autre. Quand il vient de la naïveté, il cesse avec la maturité qui reconnaît le réel. Quand il vient du cynisme, il s'estompe avec l'ennui qu'il suscite et qui lui tourne les talons, afin d'aller écouter quelqu'un s'intéressant à quelque chose plutôt qu'au vide. Quand enfin, il persiste à parler, il se heurte à sa propre parole. S'il veut vouloir continuer à parler, il va bien falloir qu'il donne de l'intérêt à l'être pour que le vide puisse être. Il va donc falloir qu'il dise le contraire de ce qu'il a dit. Il y a de l'être et non du néant. Qui plus est, un être digne d'intérêt. Donc intelligent et, plus encore, source de conscience. Le désespéré va ainsi désespérer de son désespoir et découvrir que celui-ci n'a qu'un temps. Il n'est qu'un moment de la pensée, ayant son sens non pas en lui-même mais hors de lui. Et pour cause. Le désespoir est une position du moi. En désespérant du réel et de Dieu, ce n'est pas au réel et à Dieu qu'il en a, mais à lui.

Le réel et Dieu ne sont que des prétextes. L'histoire le montre bien. Qui sont les grands désespérés ? Les anarchistes, les nihilistes, les *dandys*, les esthètes comme Don Juan. Ils veulent le paradis tout de suite et, plus encore, ils veulent être Dieu. Comme être Dieu tout de suite c'est le tuer et se tuer en même temps, comme le paradis tout de suite c'est tuer le paradis en tuant la terre en même temps, ils se vengent de ne pas pouvoir être Dieu ni transformer la terre en paradis, en désespérant du paradis et de Dieu. Sans comprendre qu'il est divin de ne pas être Dieu et paradisiaque d'accepter la terre. Dieu c'est l'autre ? Ce n'est pas moi ? Il n'y a donc pas que moi. Je ne suis plus seul. La vie possède un surplus de vie. L'acceptation de l'altérité de Dieu fait découvrir une réalité débordante de vie. De même, la terre n'est pas le paradis. Il n'y a donc pas que la terre. La réalité là encore déborde de vie. Tout ce qui m'apprend que je ne suis pas seul et que la terre ne résume pas le réel me fait découvrir un surplus de vie. On comprend dès lors l'absence de Dieu. Son silence. Il n'est pas absent et ne se tait pas. Il y a un surplus de vie débordante que l'on découvre pour peu que l'on entreprenne de faire ce que le *dandy* et l'esthète ne veulent surtout pas faire : prendre de la distance à l'égard d'eux-mêmes comme du monde. Etty Hillesum le vit dans les camps. Elle ne se confond pas avec son moi qui voudrait être Dieu et confondre la terre avec le paradis. Un surplus de vie la visite. Elle peut dire que la vie est belle. Comme elle n'est pas son *ego*, elle ne désespère pas.

C'est le moi qui fait désespérer de la vie. Ce n'est pas la vie qui est désespérante. Ni désespérée. On comprend dès lors l'ascèse des sages et des saints afin de se délivrer de l'*ego*. On comprend la béatitude rencontrée au terme d'une telle ascèse et non la mort, comme le prétendent tous ceux que leur *ego* fascine et qui détestent toute ascèse. Mourir à l'*ego*, c'est mourir au désespoir et non à la vie. Puissance de la sagesse. Elle est bien la vraie médecine de l'existence en expliquant l'essentiel. Ce n'est pas Dieu qui abandonne le monde. C'est le monde qui abandonne Dieu. Ce n'est pas la vie qui désespère le moi. C'est le moi qui désespère la vie. Nous vivons dans un monde renversé, ainsi que l'a vu Platon dans le mythe de la caverne. Nous prenons la réalité pour une ombre et l'ombre pour une réalité. S'en prendre à Dieu à cause du mal est l'illustration de cette inversion du monde. On se sert de Dieu pour ne pas s'en prendre à soi. On l'utilise comme alibi pour réclamer le paradis tout de suite et la satisfaction sans limites de notre *ego*. Ce qui éclaire la production du mal. Comme on ne peut être Dieu ni vivre le paradis, on va tuer Dieu comme le paradis pour se les approprier dans la mort et la destruction à défaut de les vivre.

Il y a, en ce sens, une très grande vulgarité d'âme

dans le désespoir. Celle-ci est manifeste dans les trois tentations que le Christ rencontre au désert, quand le malin le met à l'épreuve. Satan est l'esprit de lourdeur. Il est la vulgarité en personne. Tout être humain a cette vulgarité comme possible au fond de son âme. On ne peut être homme sans la rencontrer, tout être humain désirant le paradis et pensant pouvoir y parvenir par l'argent, par le pouvoir, par le mal. Le Christ a affronté ces tentations, il les a terrassées. Dostoïevski a vu dans cet épisode la véritable réponse à la révolte d'Ivan.

Satan tente le Christ de trois façons. Il lui propose de sauver le monde en échange de trois miracles : transformer les pierres en pains, sauter du haut du temple de Jérusalem à midi devant la foule et lui montrer comment les anges vont descendre du ciel pour le sauver *in extremis*, enfin l'adorer, lui, Satan, en échange de tous les royaumes du monde. Les trois tentations du Christ concernent ce qui est bon à manger, bon à voir, bon à convoiter, souligne Annick de Souzenelle. Elles concernent non seulement les passions humaines, mais le salut du monde, convient-il de rajouter. Satan le vulgaire propose d'abord de sauver le monde par la prospérité économique. Songeons-y. Si toutes les pierres étaient changées en pains, plus de famine. Plus de misère. Toute la souffrance économique de l'humanité envolée. Jésus rétorque que l'homme ne vit pas que de pain. Il sous-entend qu'il ne faut pas changer les pierres. Il faut qu'il y ait des pierres et non pas que du pain. On le comprend, quand on se souvient de l'importance du rocher dans la Bible. Le roc est l'image de la fermeté que l'homme rencontre, quand il est dans son Je Suis divin. Enraciné en lui-même, mais aussi verticalisé, il est cet arbre de vie dont parle la Genèse. Rien ne peut l'abattre. Aucun être ne peut abattre l'être, puisqu'il faut être pour être un être. L'avoir n'est pas l'être. L'argent ne peut donner le Je Suis. Il faut être un fieffé menteur pour faire croire à l'humanité qu'elle va être sauvée par l'argent.

Sauter du haut du temple à midi devant la foule et ne pas se fracasser parce que des anges vont descendre du ciel pour vous sauver veut dire vaincre la mort. Avec un tel prodige, Jésus serait sûr de séduire le peuple, de devenir roi et ainsi de régner. Plus besoin de passer par l'épreuve de la crucifixion et de la mort. Plus besoin de connaître la souffrance, l'humiliation, la trahison. Plus besoin non plus pour l'humanité de connaître le doute, les divisions religieuses, l'incroyance, le désespoir, la révolte contre Dieu. Avec un prodige, les anges qui apparaissent et qui, en apparaissant, montrent l'existence de Dieu, son pouvoir infini, tous les problèmes sont résolus. Envolés. Sauf que l'humanité n'est plus l'humanité. Elle n'est pas convertie, mais envoûtée. On lui a volé sa conscience. On lui a supprimé son âme. Et Jésus n'est pas Dieu. C'est un magicien. Un illusionniste. Un prestidigitateur. La mort n'est pas vaincue. Elle est escamotée. On n'est plus dans la vie, mais au cirque. De fait, c'est toute la réalité qui s'écroule. Dieu devient celui qui joue avec tout. Il n'est plus celui qui fait tout vivre. C'est tentant. Que de souffrances évitées. Mais quel salut au bout du compte ? Aucun. Dieu devient un manipulateur. L'humanité est manipulée. La mort n'est pas vaincue. Elle est généralisée. Plus rien n'a de vie. Qu'est-ce qui est vivant ? Que rien ne soit joué. Qu'on mourra vraiment et qu'on soit vraiment sauvé, au lieu de jouer avec la mort et, donc, avec le salut. Qui fait l'économie de la mort n'embrasse pas tout et ne rencontre pas l'infini. Tout doit être vécu pour que l'infini se révèle. Le Christ va tout vivre afin de tout accomplir. Une vie non vécue, c'est une résurrection non réalisée. Cela revient au même qu'au fait de vivre avant d'avoir vécu. L'heure avant l'heure n'est pas l'heure. La vie avant la vie n'est pas la vie. La résurrection avant la mort n'est pas la résurrection. C'est avec tout son amour pour l'homme que Dieu le dit. Pour que l'humanité ne connaisse pas la mort, il faut qu'elle rencontre le mourir.

Il y a dès lors la dernière épreuve : adorer Satan en échange de tous les royaumes du monde. La pire des épreuves. Adorer Satan veut dire supprimer toute distance entre Dieu et Satan. Ne plus faire qu'un avec lui. Imaginons que cela soit : plus de mal puisque Dieu et le mal ne font plus qu'un. Le mal naît de la distance qu'il y a entre Dieu et le mal. Plus de distance, plus de tiraillement. Plus de tentation non plus. La paix s'installe dans le monde. Sauf une chose. Le mal est supprimé parce qu'il s'est généralisé. Quand tout est mal, plus rien ne l'est. À l'état de nature, les hommes qui sont des loups pour les hommes ne connaissent pas le mal. Un loup ne fait pas de mal en étant loup. Il est au contraire parfaitement à sa place. Et pour lui un loup n'est pas un loup, mais un frère, un *alter ego*. On peut, autrement dit, régler le problème du mal sur terre. Supprimer l'humanité. La faire régresser à l'animalité. C'est ce que propose Satan. C'est ce que propose la vulgarité. Après l'argent, après le pouvoir, la liberté totale, la suppression de tous les interdits, en un mot le mal comme solution au problème du mal. Jésus refuse. Tu n'auras pas d'autre Dieu que Dieu, dit-il. Ce qui est logique. Cela confond Satan. Pour être adoré comme un Dieu, il faut poser Dieu. On est alors sommé de choisir. Reconnaître Dieu et être adoré comme lui. Ne pas le reconnaître et ne pas être adoré comme il l'est. Satan est terrassé. S'il croit en Dieu, il n'est plus Satan. S'il n'y croit pas, non plus, puisqu'il ne peut se prendre pour Dieu. On dit que le Christ a vaincu Satan dans les enfers. On en a une préfiguration ici. Il montre comment on peut se défaire du mal. En étant dans l'être de son Je Suis et non dans l'avoir de l'argent. En vivant pour accomplir la vie jusqu'au bout et non pour l'éviter par le pouvoir. En épousant Dieu comme Dieu pour devenir comme lui, au lieu d'être sans lui ou de se prendre pour lui. Toutes ces réponses convergent vers un même centre. Être soi, dans son Je Suis, dans sa vie, dans son être d'Homme créé dans l'image et pour la ressemblance avec Dieu. Avoir foi donc en sa propre profondeur intime. Ne pas renoncer à soi. Leçon de liberté. Dieu veut que l'homme ait un Je Suis, qu'il conserve sa dignité. Voilà pourquoi il y a encore du mal sur terre. Pour ne pas que l'Homme ait tout perdu en ayant perdu sa dignité. Si bien que la bonne question à se poser n'est pas celle de savoir comment Dieu, s'il existe, peut tolérer le mal, mais comment l'homme qui existe peut tolérer de vivre sans dignité. Les SDF disent ne pas tolérer de la perdre, l'important pour eux n'étant pas de manquer d'argent. Belle leçon. Il est indigne de préférer l'argent à ce que l'on est. De vouloir éviter sa propre mort et ainsi ne pas rencontrer sa propre vie. De penser régler la question du mal en devenant comme des loups alors que l'on est appelé à être comme des dieux.

Oui. La bonne question n'est pas celle de savoir ce que veut Dieu ni ce qu'il fait, mais ce que nous voulons. Voulons-nous être libres et, pour cela, sommes-nous prêts à vouloir avoir un vouloir ? Il suffit de se poser une telle question pour faire surgir la force de réveil qu'elle contient. On dort donc, quand on ne se la pose pas. Le théologien qui essaie de justifier le mal pour sauver Dieu dort. Il pense la volonté de Dieu pour ne pas penser la sienne. Le nihiliste qui pense Dieu comme néant, illusion ou pensée abjecte dort lui aussi. Il pense l'absence de Dieu et le désespoir pour ne pas avoir à penser ce qu'il veut et ce qu'il compte faire de la vie. D'où la justesse d'André Comte-Sponville quand, pour en finir avec le nihilisme qui dort et qui fait dormir, il écrit que celui-ci n'est somme toute qu'une philosophie de bavards[1]. La vie que le nihiliste taxe d'absurde ne l'est pas autant qu'il le dit, puisqu'il la vit. Preuve que Dieu n'existe pas parce qu'on ne vit pas et non parce qu'il n'existe pas. Il faudra un jour que celui qui nie Dieu s'en rende compte en ayant raison de son *ego* incrédule ou furieux. Il se rendra alors compte que ce qu'il déplore dans l'absence de Dieu n'est pas l'absence de Dieu, mais sa propre absence qu'il prend pour l'absence de Dieu. Comme quoi la sagesse rappelant que l'on n'est jamais triste et en colère qu'à propos de soi a raison. On n'est jamais révolté et désespéré que par soi-même.

---

1. André Comte-Sponville, *Impromptus. Le nihilisme et son contraire*, PUF, 1996, p. 128.

Les logiques invisibles

Il était une fois l'intériorité

Que s'est-il passé ? Que se passe-t-il ? Que risque-t-il de se passer ? Il s'est passé, il se passe, il risque de se passer encore une chose grave : nous vivons à l'extérieur de nous-mêmes. C'est la raison pour laquelle nous avons tant de mal avec les questions de la souffrance et de la mort.

Quand on est un handicapé, si on se compare aux autres et notamment aux personnes valides, on désespère. On ne voit pas ce que l'on est, mais ce que l'on a. Ce faisant, on voit tout ce que l'on n'a pas. Quand, en revanche, on ne regarde pas les autres, mais que l'on reste en soi, on fait des merveilles. On est dans son être. Celui-ci porte. Il fait dire à certains handicapés, comme Dominique Bauby dans *Le Scaphandre et le papillon*[1], qu'ils sont

1. Dominique Bauby, *Le Scaphandre et le papillon*, Robert Laffont, 1997.

heureux. Ce qui n'est pas incohérent. Qui vit dans son être connaît les lâcher prise des grands yogis. La vie devient une invention permanente, ainsi que le souligne Alexandre Jollien. « Derrière les apparences du handicapé se cache un être unique, irréductible… La chaise roulante, la canne blanche, voilà ce qui saute aux yeux. Mais qui, avec virtuosité, utilise le fauteuil roulant, manipule la canne blanche[1] ? » Celui qui vit dans son être en regardant ce qu'il est et non ce qu'il a ne subit pas la souffrance mais la supporte. Il est alors libre, malgré le handicap.

Cet exemple tiré du handicap est une bonne illustration de ce qui se passe à propos de la souffrance et du mal. Quand on appréhende le mal de l'extérieur, il n'y a que trois solutions. La première consiste à se résigner au mal. La deuxième à se révolter contre lui. La troisième à désespérer. Se résigner au mal permet de vivre. Un seul problème : pour vivre on justifie le mal. Se révolter contre le mal permet d'être moral. Un seul problème : à force de se révolter contre le mal, on finit par se révolter contre la vie. Refuser de nier le mal et de nier la vie donne dès lors l'impression d'être l'unique solution sage. Un seul problème : cela conduit au désespoir.

Appréhendé, autrement dit, de l'extérieur, le mal débouche sur une triple impasse. Soit on le justifie pour vivre, soit on rejette la vie pour le rejeter, soit

1. Alexandre Jollien, *Le Métier d'homme*, Seuil, 2002, p. 33.

enfin on désespère pour ne pas le justifier ni rejeter la vie. Dramatique impasse. On pourrait penser qu'il n'y a pas de solution. Il y en a une. Elle consiste à apercevoir que l'on a commis une erreur majeure, que l'on commet d'ailleurs toujours. Quand il est question du mal, on veut toujours une solution *a priori* donnée une fois pour toutes. On aspire à une réponse théorique infaillible. On débouche sur les réponses présentées ci-dessus, qui ont toutes un point commun. Ce sont des réponses « théoriques », donnant une solution une fois pour toutes.

Face au mal, il n'y a qu'une position possible : vivre en résistant, au lieu de laisser le réel décider pour soi. Nous sommes dans le mal, quand nous aspirons à une réponse *a priori* au mal sans le vivre. On est alors à côté de la question que le mal pose, cela donne les confusions que l'on rencontre. L'oubli du mal pour sauver la vie, l'oubli de la vie pour lutter contre le mal, le refus de la vie et du mal, pour ne plus être pour le mal ou contre la vie. Autant d'impasses manifestant un oubli majeur, la réponse au mal ne se trouve pas hors de soi, mais en soi. Qui se tient en soi est dans la vie sans justifier le mal et contre le mal sans détruire la vie. Être en soi-même permet de dépasser l'opposition entre l'acceptation de la vie et le refus du mal. C'est ce que font les êtres de courage. Ils tiennent face à l'existence, malgré leur handicap. Parce qu'ils sont en eux-mêmes. Il nous manque de le comprendre.

Face à la vie, on veut des solutions toutes faites alors que nous sommes la solution. Dommage. Si l'on comprenait ce trait, on résoudrait notre problème avec Dieu, concernant le mal.

On s'interroge au sujet de Dieu, quand le mal survient. Que fait-il ? Pourquoi se tait-il ? Ces interrogations renvoient au sentiment d'être confronté à une contradiction scandaleuse. Dieu est dit parfait. Étant parfait, il fait tout avec perfection. Le monde devrait donc être parfait. Comment se fait-il qu'un être parfait ait pu donner naissance à un monde imparfait ? Il y a là quelque chose de choquant débouchant sur une dénonciation de l'existence de Dieu. Relisons Descartes. Pour démontrer l'existence de Dieu, celui-ci n'hésite pas à dire que le parfait n'a pu venir de l'imparfait. Seul le parfait a pu mettre en nous l'idée du parfait. Donc l'idée du parfait prouve l'existence du parfait, qui a placé une telle idée en nous. Avec l'existence du mal, on a affaire à un retournement de cet argument dit ontologique prouvant l'existence de Dieu. Le parfait n'existe pas, le parfait ne pouvant produire de l'imparfait.

Argument spécieux bien sûr. On demande au monde d'être Dieu pour prouver que Dieu existe. Si tel était le cas, le monde ne serait pas le monde, mais Dieu. Il n'y aurait que Dieu. Le procès fait à Dieu se retourne contre lui-même. En voulant tuer Dieu, il tue le monde, donnant ainsi raison aux théologiens du Moyen Âge, qui disaient que l'imperfection du monde prouve l'existence de Dieu. Si le monde est imparfait, c'est que la perfection est ailleurs. En Dieu, en l'occurrence. On peut aller plus loin dans la réflexion.

Quand on cherche la vérité, on commet toujours l'erreur de la placer soit dans le monde que l'on voit, soit dans l'homme que l'on sent, souligne Descartes dans le *Discours de la méthode*[1]. Il s'agit là d'une erreur. La vérité se pense et se vit. Elle ne se voit pas et ne se sent pas. Une vérité que je vois n'est plus une vérité que je pense et que je vis. C'est une vérité morte. De même, une vérité que je sens n'est plus, elle non plus, une vérité que je pense et que je vis. D'où la vérité du *cogito*. Je pense, donc je suis. Cette formule est vraie, parce que celle-ci définit la vérité non pas comme une chose que l'on a, mais comme quelque chose que l'on est. La vérité n'est pas un objet, mais un sujet. Elle n'est pas passive, mais active. Elle n'est pas morte, mais vivante. Tournant de la pensée invitant à effectuer un autre tournant. Il ne suffit pas de dire que la vérité se trouve dans le fait d'être vrai pour rencontrer la vérité. On est vrai, à condition qu'on le demeure. On le demeure en devenant une conscience qui se vit sans cesse comme conscience. On est tel, en se pensant sur fond d'une conscience de la conscience et non pas en étant simplement une conscience. La conscience,

1. Descartes, *Discours de la méthode*, Nathan, 1982, p. 55.

autrement dit, n'est pas séparable de cet infini de conscience qu'est Dieu. C'est lui qui permet à la conscience de devenir ce qu'elle est en étant, de l'intérieur, ce qui l'incite à devenir une conscience. La vérité apparaît ainsi comme étant la vérité qui se vit en moi et qui, se vivant en moi, me rend vrai. On cherchait la vérité à l'extérieur. Elle est à l'intérieur. Elle est cet infini de conscience que l'on appelle Dieu. Il s'agit là d'une révolution. On est passé du Dieu que l'on voit, mais que l'on ne vit pas, au Dieu que l'on vit mais que l'on ne voit pas.

On ne voit pas Dieu dans le monde ? Bonne nouvelle. Cela veut dire que celui-ci n'est pas une idole. Il n'est pas extérieur, mais intérieur. Il n'est pas le Dieu que je vois, mais que je ne vis pas. Il est le Dieu que je vis, mais que je ne vois pas. Dieu est le Dieu des vivants et non des morts. Il se rencontre de vie à vie. Il n'est donc pas la perfection du monde, mais l'acte même de parfaire le monde. La perfection n'étant pas ce que l'on croit. On est parfait de se parfaire, non d'avoir fini de se parfaire. Ce qui change tout. Le monde, autour de nous, est bien plus parfait qu'on ne le pense. Il est parfait de n'être pas perfection achevée, mais perfection en train de se parfaire. Tout n'est pas parfait ? Tout est en train de se parfaire, donc. On est dans la vie et non dans la mort. La souffrance et la mort ne sont pas, dès lors, des preuves que Dieu n'existe pas. Une vie qui se parfait n'est pas parfaite. Elle connaît une limite. On peut envisager la mort sous l'angle d'une telle limite. Cela donne un sens créateur à la limite. La vie n'est pas achevée. C'est la raison pour laquelle elle est limitée. Vivons la souffrance et la mort ainsi. Tout change. On comprend aussi que la mort fasse partie de la vie. On comprend aussi la souffrance. Il faut passer par la limite pour rencontrer l'inachevé. On le sait. On le sent. Cela donne ces vies dignes, parfaites dans le souffrir et le mourir. Elles ont accepté la limite. Elles se tiennent dans la limite. Elles participent de l'inachevé, de la perfection qui se parfait.

La personne en exil

Les handicapés qui ont surmonté leur handicap le disent : il ne faut pas se regarder, se comparer aux autres. Il faut rentrer en soi, être soi et rester soi. Qui va à l'intérieur, en imitant l'intérieur, n'imite personne. Il est donc libre. Il connaît un mimétisme créateur. Qui va à l'extérieur imite quelqu'un et perd sa liberté. L'homme a été créé dans l'image et pour la ressemblance avec Dieu, est-il rappelé dans la Genèse. Il chute, quand il se laisse séduire par le serpent, qui l'invite à se comparer à Dieu. Bel exemple illustrant la différence qu'il y a entre l'extérieur et l'intérieur. Dieu qui est liberté se rencontre dans la liberté. Il faut sortir de l'image extérieure, pour aller vers le sans image intérieur. Dieu qui n'est pas imaginable est l'intérieur par excellence, la pensée par excellence.

Une pensée qu'il n'est pas illégitime d'appeler Dieu, puisqu'en l'appelant Dieu, qui n'est pas imaginable, je n'imagine rien. Et, en n'imaginant rien, je rends tout réel. Qui pense sans rien imaginer rencontre le réel. La vie devient une grande rencontre. Il se produit alors des merveilles et, parmi elles, la merveille des merveilles : la rencontre de la personne.

Les Anciens appelaient personne le masque des acteurs au théâtre qui voilait le visage des hommes pour dévoiler celui des dieux. La personne était donc la plénitude des dieux faisant irruption dans le monde des hommes. Nous avons gardé ce sens de la personne. Quand il y a présence humaine, nous disons qu'il y a une personne. Quand cette présence est absente, nous disons qu'il n'y a personne. On passe du vide au plein par la présence. Cette présence est bien exprimée par la formule « Je Suis ». relation entre l'individu et l'être, celle-ci est rencontre entre l'homme et le divin, la terre et le ciel, l'immanent et le transcendant. Elle n'est ni l'homme sans Dieu, ni Dieu sans l'homme, mais rencontre entre les deux. Cela donne un Dieu incarné et un homme déifié. On comprend, dans ces conditions, la signification du Christ. Celui-ci est la plénitude du Je Suis. S'il est une personne historique, il est aussi une personne ontologique, principe de toute personne. Venu du Père, Je Suis invisible, il est là pour accomplir le Je Suis dans le visible, sous la forme d'un accomplissement du visible dans le Je

Suis. Autrement dit, tout est personnel, tout doit le devenir. On y parvient, en rentrant dans son Je Suis. Faisons cette expérience. On se met à exister. Tout se met à exister. L'homme vivant naît. Le réel vivant naît aussi. Tout devient vivant. La réalité est révélée à elle-même comme Tout vivant. On comprend, dans ces conditions, qu'un physicien américain ait pu dire que « l'univers attendait l'homme[1] ». La terre n'est pas venue là par hasard. Elle n'occupe pas cet équilibre qui est le sien, d'une façon accidentelle. Et ce, convient-il d'ajouter, parce que l'homme est ce par quoi le monde se révèle à lui-même. L'homme est la même chose que l'auto-révélation du monde. Chose que Nicolas de Cuse comprend bien, quand il fait de l'individu la clef du cosmos[2]. Idée essentielle que vont approfondir Descartes[3] et Kant[4]. Le moi vivant est la clef du Tout vivant. Qui se fait vivre en devenant un Tout vivant pour lui-même comprend ce qui fait vivre le Tout vivant.

« Dieu s'est fait homme pour que l'homme devienne Dieu[5] », écrit saint Irénée de Lyon. Le Je

1. Mathieu Ricard, Trinh Xuan Thuan, *L'Infini dans la paume de la main*, Fayard, 2000, p. 63.

2. Ernst Cassirer, *Individu et cosmos*, trad. P. Quillet, Minuit, 1985, p. 13 à 85.

3. Descartes, *Discours de la méthode, op. cit.*, p. 55.

4. Kant, Préface à la 2ᵉ édition de la *Critique de la raison pure*, Nathan, 1982, p. 51.

5. Irénée de Lyon, *La gloire de Dieu, c'est l'homme vivant*, trad. A. Rousseau, Cerf, 2000, p. 63 et suiv.

Suis divin se diffuse à tout pour que tout devienne ce Je Suis. Projet grandiose. Constatons-le. La personne est en exil. Dans *Les Frères Karamazov*, Dostoïevski en montre les raisons. La culture est passée d'un extrême à un autre. D'une dictature religieuse à une dictature athée, de l'Inquisition au nihilisme. Dans le mythe du *Grand Inquisiteur*, Ivan Karamazov rapporte un récit qui fait penser au *Christ recrucifié* de Nikos Kazantzaki. Si le Christ revenait, il serait arrêté et sans doute mis à mort par les chefs de sa propre religion. La culture occidentale a cédé aux trois tentations du Christ par Satan au désert. Elle ne croit plus au salut des hommes par la personne. Elle n'a foi que dans l'argent, le pouvoir et le mal. La transformation du christianisme en un État pontifical à Rome est, aux yeux d'Ivan, porte-parole de Dostoïevski, le signe de cette chute.

Est-ce la révolte conduisant au nihilisme qui est la réponse à une telle trahison ? Ivan le pense. C'est le sens de son fameux cri contre le silence de Dieu. Dostoïevski ne le pense pas. Ma révolte au nom de l'Homme conduit à un résultat pire encore. Si l'on supprime Dieu, il convient de construire immédiatement le paradis sur terre. Sinon, les hommes ne supporteront pas sa disparition. Si l'on construit le paradis sur terre, on ne peut pas y parvenir sans un régime totalitaire. Il est trop long, trop dur, de vouloir la personne. Il est plus facile de passer par l'argent, le pouvoir ou le mal.

Les hommes veulent « avoir » le Royaume sans être le Royaume. Résultat, ils n'ont pas le Royaume et perdent l'humanité. On a le Royaume, quand on est le Royaume. La tragédie de la culture se trouve là. Étrangement, c'est ce que dit Rousseau. Relisons la préface de son *Discours sur l'origine et les fondements des inégalités parmi les hommes*. L'âme humaine a changé au point de devenir méconnaissable. Au lieu de se guider sur son propre fond, au lieu d'être dans l'être, au lieu de vivre de l'intérieur, elle est devenue extérieure à elle-même, elle se laisse guider par la société, elle est dans l'avoir. La première inégalité réside là. Elle se trouve dans le passage de l'intérieur à l'extérieur. Elle se trouve dans l'âme devenue inégale par rapport à elle-même. C'est ce qui se produit quand on chute dans l'avoir. N'étant plus ce que l'on est, on éprouve le besoin de corriger cette perte d'être par de l'avoir. On se met ainsi à vouloir avoir pour être. Cela donne le progrès. La vie sociale. On se compare aux autres. On se donne l'impression d'être, en ayant plus qu'eux. En ayant aussi plus que ce que l'on avait[1].

Rousseau est bien décrié. C'est dommage. Il a vu ce que nous avons peine à voir, tant l'avoir a pris possession de nos êtres. Les inégalités ne viennent pas de la société, mais de l'âme. C'est le refus d'être

1. Jean-Jacques Rousseau, *Discours sur l'origine et les fondements de l'inégalité parmi les hommes, op. cit.*, p. 159.

une âme qui précède les hommes dans l'inégalité. C'est ce refus qui laisse croire que la société est la réponse aux inégalités sociales. On ne guérit pas de l'avoir par l'avoir. Ceux qui surmontent la souffrance en sont l'exemple. Ils surmontent leur handicap, en rentrant en eux-mêmes, sans se comparer aux autres. En se laissant porter par leur être, par leur Unique, ils sont.

On est homme, parce que l'on est soi et non parce que l'on est hors de soi. C'est l'homme qui fait la société et non la société qui fait l'homme. La clef de la personne se trouve là. Celle de son exil et de sa servitude aussi. L'Histoire le vérifie. Jetons un coup d'œil sur celle-ci. Les intuitions de Rousseau et de Dostoïevski sont éclairantes. La culture occidentale a vécu au rythme de la mort et non de la vie, puisque celle-ci se reconnaît dans deux grandes morts. La mort de Dieu et celle de l'Homme, ces deux morts caractérisant l'époque démocratique qui est la nôtre. Nous ne sommes pas simplement à l'époque de la mort de Dieu, annoncée par l'Insensé de Nietzsche dans *Le Gai Savoir*. Nous sommes aussi à celle de la « mort de l'Homme », annoncée par Michel Foucault[1].

La mort de Dieu a commencé quand le christianisme est devenu une religion d'État, à la chute de l'Empire romain, avec Théodose. Un « totalitarisme

1. Michel Foucault, *Les Mots et les Choses*, Gallimard, 1998, p. 398.

chrétien » s'est mis en place[1]. Le Dieu mystique a été remplacé par le Dieu politique. Il est devenu extérieur et non plus intérieur. L'État s'est servi de lui pour faire la police, gendarmer la société en le politisant. Il en a fait une figure rationnelle et juridique, dont la présence est encore prégnante. Que de chrétiens ignorent encore le Dieu intérieur, que l'on découvre dans la liberté, leur attention étant toute tournée vers le Dieu social et moral.

On comprend dans ces conditions pourquoi la culture a connu la « mort de Dieu », à savoir la seconde mort de Dieu consistant à remplacer le Dieu politique par la religion de l'Homme. Celle-ci ayant soif d'intériorité, elle s'est tournée vers l'Homme plutôt que vers Dieu, espérant y trouver la liberté qu'elle cherchait, sans parvenir à la rencontrer. Témoin, le premier humanisme de la Renaissance, qui a été, on l'oublie trop, un humanisme mystique. Moment bref. Il est arrivé à l'humanisme ce qui est arrivé à la religion. L'humanisme mystique a été remplacé par l'humanisme politique, tout comme le Dieu mystique a été remplacé par le Dieu politique. La seconde mort de Dieu a ainsi coïncidé avec la première mort de l'Homme. La religion de l'Homme, au lieu d'ouvrir sur l'intériorité, a engendré le culte de l'Homme extérieur. Témoins

1. Paul Petit, *Histoire générale de l'Empire romain*, vol. 3, *Le Bas-Empire*, Seuil, 1978, pp. 151-160.

les grandes religions politiques issues de l'Homme. La République, le Socialisme et le Communisme, le nazisme. Si, bien évidemment, celles-ci ne se confondent point, elles ont néanmoins un trait en commun. Toutes se sont réclamées de l'Homme. Toutes ont agi pour l'Homme, en mettant en œuvre une politique.

La religion de l'Homme débouchant sur le totalitarisme, celle-ci a connu le même sort que la religion du Dieu politique. Elle a été bousculée par la seconde mort de l'Homme. Celle que nous vivons aujourd'hui, avec l'avènement de l'individu contre l'Homme, de la Démocratie contre la République, de l'homme sans référence, sans religion de Dieu ou de l'Homme. Moment singulier. Crépuscule des idoles, mais aussi explosion d'un sacré sauvage, voire barbare. Du fait de la « table rase » effectuée, tout est possible. Tout a du mal à l'être, en même temps, du fait d'un individualisme nihiliste prisonnier de la violence de l'*ego*. D'où la violence contre Dieu et la schizophrénie d'une telle violence. On veut que Dieu ne soit pas, pour être soi. Mais on voudrait bien qu'il soit quand même un peu, afin de pouvoir lui reprocher l'état du monde. Dire non à Dieu n'est pas difficile. Dire oui au tragique et à l'absurde est une autre affaire.

On reproche à Dieu de tolérer la souffrance des enfants et, de ce fait, de ne pas être fréquentable. Que recouvre un tel procès ? Ceux qui l'intentent se rendent-ils compte de ce qu'ils disent ? Admettons que Dieu tolère la souffrance des enfants. Chassons-le pour cette raison. Restent le monde et l'homme. Eux aussi tolèrent la souffrance des enfants. Que va-t-on faire ? Les chasser également ? Chassons-les. Il ne va plus rester que soi-même. On sait que les enfants souffrent. On ne fait rien. Que va-t-on faire ? Se chasser également ? Il est beau de se révolter. Mais n'est il pas plus beau encore d'être cohérent dans la révolte ? Chasser Dieu, si le monde et l'homme font moins souffrir, soit. Mais si tel n'est pas le cas, ne convient-il pas de reconsidérer son jugement ? Et si l'on est meilleur que Dieu, soit, là encore. Mais si tel n'est pas le cas, est-on juste ? Pourquoi lui reprocher de faire ce que soi-même on ne fait pas ?

Il importe de se regarder soi-même, quand on entend critiquer Dieu, le monde ou l'homme. Sans quoi on est un menteur. Quand avons-nous sauvé le monde ? Quand on a été quelque peu humble, en évitant les attitudes théâtrales, les discours grandiloquents, les effets d'annonce. Pour sauver l'homme et le monde, il faut commencer par les respecter. Peut-être est-ce ce que fait Dieu ? Le Christ donne à le penser. Avant de sauver l'homme, il se fait homme. Qui peut en dire autant ? Qui en fait autant ?

Se faire homme veut dire commencer par être un enfant. Naître donc. C'est l'extraordinaire symbolique de Noël, la fête de la naissance. Un Dieu qui se fait enfant. Un Dieu qui se fait homme. Le processus du salut est engagé. L'orgueil est abattu. Il faut commencer par se faire humble et petit pour devenir grand. Dieu l'accepte, montrant ainsi la voie. L'acceptons-nous ? La révolte contre Dieu n'est-elle pas l'effet d'un orgueil qui accuse Dieu plutôt que de passer par toutes les étapes du salut véritable ? N'est-elle pas un alibi pour ne pas devenir homme ? Il est plus facile de faire un scandale parce que Dieu n'a pas déjà sauvé le monde plutôt que de retrousser les manches afin de faire cesser le scandaleux ?

Alain, pourtant peu suspect de complaisance envers la religion, comprend Noël, mieux que tout autre : « L'univers redouble sa parure d'étoiles qui n'a pas de sens, écrit-il dans *Les Dieux*. Le froid mord. L'aurore n'est que dans les pensées. Noël ! Noël ! L'Enfant est né. Noël est jour d'esprit dans la longue nuit de la nature. Noël est un printemps dans la nuit de l'homme. Les Noëls sont le chant d'oiseau de l'homme. Regardez encore l'Enfant. Cette faiblesse est Dieu. Cette faiblesse qui a besoin de tous est Dieu. Cet être qui cesserait d'exister sans nos soins est Dieu[1]. »

Bouleversante analyse du salut de l'humanité. Il n'est pas question de brûler les étapes, quand il s'agit de sauver les hommes. Il faut commencer par devenir un homme soi-même avant de faire vivre l'humain de l'homme, puis le divin de cet humain. Les bonnes intentions doivent devenir des corps, les corps se transformer en cœurs et les cœurs se transfigurer en lumières. Il existe une révolte contre un tel devenir. Il est difficile, quand on est homme, d'accepter l'idée de devenir un enfant. Cela semble antinaturel. On veut bien aller de l'enfant à l'adulte et non de l'adulte à l'enfant. Et pourtant, c'est ce qui est demandé. Ce n'est pas parce que l'on est homme qu'on l'est. Pour être, il importe de ne pas être ce que l'on est. Il faut passer par une mort. Un néant. Accepter donc de n'être rien, alors que l'on pense être quelque chose. Cela bouscule l'orgueil. Ce dernier s'insurge. Aussi tue-t-il l'enfant qu'il devrait devenir, afin de conserver l'adulte qu'il pense être.

On touche là au drame d'Œdipe, dont la psychanalyse a fait le paradigme de l'humanité. À juste titre. Œdipe raconte deux choses. D'abord, une libération. Ainsi que le comprend Hegel dans son *Esthétique*[2], il est celui qui, décryptant les mythes,

1. Alain, *Les Dieux*, Gallimard, 1965, pp. 242-244.
2. Hegel, *Esthétique – L'art symbolique*, vol. 1, Flammarion, 1979.

débarrasse l'humanité de la mythologie, symbolisée par le sphinx, cet esprit emprisonné dans l'animalité. Il est le moi en évolution. La personne qui naît à elle-même, en allant de l'inconscient du mythe vers le conscient de la vérité de soi-même. En même temps, Œdipe est, comme le dit Paul Ricœur, l'homme qui refuse de devenir un homme[1]. Il refuse la part inconsciente de lui-même. Il n'est pas simplement un moi. Il est un potentiel divin. Pour actualiser ce qu'il est, il doit épouser ce qu'il est et, pour cela, épouser ce qu'il est. Cela veut dire accepter de se recevoir (acte féminin, la mère) et cesser de se dominer (acte masculin, le père). Qui ne rentre pas dans ses noces intérieures, en se faisant réceptivité pour accueillir l'énergie transcendante de la personne, se condamne à un masculin perverti refoulant le féminin. Ce qui est malheureusement le « pain quotidien » de l'humanité. La domination du fait de dominer. Et, du fait de cette domination, du masculin partout et de la féminité opprimée, partout également[2]. Étonnons-nous que, dans un tel contexte, il y ait des enfants que l'on maltraite, que l'on exploite, que l'on viole ou que l'on tue. L'homme qui n'est pas rentré dans son devenir d'homme en se faisant enfant vis-à-vis de

1. Paul Ricœur, *Le Conflit des interprétations*, Seuil, 1969, pp. 160-176.
2. Annick de Souzenelle, *Œdipe intérieur*, Albin Michel, 1998, pp. 25-78.

lui-même tue l'enfant à la fois intérieur et extérieur, qui est un reproche vivant lui rappelant ce qu'il n'a pas su devenir. L'enfant que je ne suis pas devient l'enfant qui n'existe pas.

Il est, autrement dit, absurde de se révolter contre Dieu parce que les enfants souffrent. C'est là n'avoir pas compris ce que signifie la souffrance de l'enfant et, surtout, ne pas vouloir la comprendre. Derrière l'enfant souffrant, c'est toute l'humanité qui souffre. C'est l'homme qui voudrait naître et qui n'arrive pas à naître. L'enfance souffrante est le gigantesque avortement de l'humanité par elle-même. Saint Augustin a manqué de pouvoir le dire. Il a justifié la souffrance de l'enfant au lieu d'être cet enfant souffrant. Nous sommes tous cet enfant que la vie fait souffrir. Quand nous justifions une telle souffrance ou quand nous accusons Dieu, nous nous donnons de bonnes raisons pour ne pas devenir un tel enfant. Nous justifions la souffrance ou nous l'accusons, pour ne pas avoir à devenir notre propre souffrance, la bonne question étant de se demander non pas pourquoi Dieu tolère la souffrance, mais pourquoi nous ne tolérons pas la nôtre sans oser nous l'avouer. Nous devrions devenir des hommes. Nous ne le devenons pas. Nous tolérons de ne pas le devenir. Pourquoi tolérons-nous ainsi de ne pas devenir ce que nous devrions être ? La question de la souffrance des enfants que nous adressons à Dieu n'est, en réalité, qu'une question que nous nous adressons à nous-mêmes, sans oser le dire. Cela éclaire les trois visages de l'humiliation de l'enfance qui parcourent le monde à travers l'exploitation de l'enfant, l'humiliation de l'enfance et le meurtre de l'enfance.

On exploite les enfants. Ceux-ci sont une proie facile. L'enfant est offert. Il ne sait rien de la vie. Il découvre tout. Il ne peut rien sur la vie. Il a besoin des adultes. Il n'a donc ni savoir ni pouvoir. C'est l'adulte qui est le détenteur de l'un comme de l'autre. Il est tentant d'en profiter. Qui sait, qui peut, devant un petit être qui ne sait rien et qui ne peut rien, est dans la position d'un Dieu. Il est Jupiter pouvant lancer la foudre ou bien faire pleuvoir afin que les moissons fleurissent. Les adultes qui ne veulent pas devenir des hommes en profitent. À défaut d'être un enfant, ils se mettent à posséder les enfants, en les exploitant économiquement, sexuellement, affectivement, mentalement. L'enfant que l'on a leur permet de ne pas devenir l'enfant que l'on est. Le monde contemporain est traversé par une véritable hystérie à propos de l'enfant. La même société qui voue un culte à l'enfant en désirant en avoir coûte que coûte par tous les moyens légitime l'avortement quand l'enfant est gênant. On ne veut pas entendre parler de l'hétérosexualité parce que l'on revendique son homosexualité, mais on réclame un « droit à l'enfant » en désirant en adopter ou en faire faire *via* mères porteuses ou fécondations artificielles. L'actualité est, en outre, traversée par des événements hideux. Exploitation économique des enfants, utilisation de ceux-ci par des milices ou des gangs, pédophilie, prostitution enfantine, maltraitance, enfants martyrs, bourreaux d'enfants, meurtres et crimes en série. L'enfant attire les pulsions meurtrières. Il y a là le signe fort que l'on n'a pas encore décrypté, semble-t-il. C'est le monde qui est malade et pas simplement tel ou tel individu. Où est l'homme ? Que devient-il ? Quand naîtra-t-il ?

Il faut aussi parler du sérieux. On réprime la spontanéité. On tue l'enfance de l'esprit et pas simplement celle du corps. L'esprit est l'intelligence de la vie. Il est la vie de la vie. La vie active. *Vita activa*. On accède à l'esprit en étant actif. D'où l'intuition. Son rôle prépondérant. Qui est vivant saisit la vie spontanément, puisqu'il est vivant. La communication de vie à vie se fait immédiatement. Quand on est dans la vie, la médiation menant à la vie est donnée par la vie même. Cela éclaire le sérieux. Il n'y a qu'un seul sérieux : être vivant. Cela s'appelle l'intuition. L'homme qui ne veut pas devenir homme refoule l'intuition. Il la piétine. Violence du sérieux. Celui-ci n'est pas capable de rire de lui-même, en prenant du recul par rapport à lui-même, en relativisant. Il n'est pas difficile de refouler la vie. La vie ne domine pas. Elle vit. Par rapport à ce qui domine, elle est sans armes. Elle ne peut dominer ce qui domine. Le sérieux en profite pour humilier la vie.

Il y a, enfin, le pessimisme, le désespoir, l'absence de foi. En tuant le lien de l'humanité avec la vie, ils tuent l'humanité. Ils l'empêchent de vivre et de croître. Vivre consiste à ne pas condamner la vie avant de l'avoir vécue. C'est ce que donne la foi. Une confiance *a priori*. Une ouverture rendant possible le possible. Force de la foi. C'est elle qui libère tout. Les forces de mort tuent toute foi. Par des raisonnements dépourvus d'intuition. Par des atteintes physiques et psychiques pratiquées contre l'enfant. Qui ne veut pas devenir homme attaque la foi dans la vie. Cette attaque finit par trouver sa propre justification en elle-même. Comme on ne croit pas dans la vie, celle-ci devient négative. Comme elle devient négative, on n'y croit plus. Le désespoir nourrit le désespoir et lui donne des raisons de désespérer.

Il n'est, dès lors, qu'une seule façon de sortir d'une telle impasse. Aller contre ce mouvement. Faire un retour sur soi. C'est ce que signifie la Rédemption. Qu'est-ce qui rachète nos fautes ? Faire un retour sur nous-mêmes. Rendre ce que l'on a pris. On ne croyait pas. On tuait tout en ne croyant pas. Il faut croire. Seule la foi rachète l'absence de foi. La Rédemption n'est pas une affaire de douleur, mais de foi et de vie. On sauve l'humanité en redevenant le vivant que l'on n'a pas voulu être. On découvre alors la vérité de l'enfance. Celle-ci est liée à la vérité des commencements. L'Homme n'en est qu'à ses débuts. Plus il le comprend, plus il devient adulte. Plus il se met dans l'idée que tout commence, plus tout commence.

Tout ne fait que commencer. Telle est la vérité de l'enfant. Voilà pourquoi il importe de devenir comme lui. « Laissez venir à moi les petits enfants » dit le Christ (Matthieu 19, 13-15). « Si vous ne devenez pas comme l'un de ces petits, vous ne pourrez pas rentrer au royaume des cieux » (Matthieu 18, 1-5). « Faisons nos enfances », dit saint François de Sales. Aller dans l'enfance, c'est aller dans l'énergie du bonheur. Aller dans une telle énergie, c'est découvrir la signification même de la vie humaine.

L'homme est lié à la vie divine. Il éprouve ce lien en cherchant le bonheur. C'est la raison pour laquelle la quête du bonheur est un signe. « Tout homme cherche le bonheur », dit Pascal. Cette quête donne sens au temps, le temps est la façon dont s'exprime un désir d'éternité. L'éternité est ce qui met en branle le désir et, par là même, le temps. On découvre le bonheur dans l'expérience des commencements.

Bonheur. *Bona hora*. Ce qui est de « bon augure ». Ce qui commence bien. Une chose commence bien quand, commençant, elle commence tellement que ce commencement est plus qu'un commencement. C'est déjà un recommencement. Alors même que les choses commencent, elles recommencent déjà. C'est dire si celles-ci commencent bien. Nietzsche a fait de l'éternel retour l'essence de la vie. Il a voulu dire par là que l'essence de la vie est explosive. C'est ce que l'on trouve dans le commencement qui commence vraiment. Celui-ci est une explosion de vie. À peine commencé, voilà qu'il recommence déjà.

Cette explosion de vie permet de se réconcilier avec le temps. Vu de l'extérieur, celui-ci semble être une dégradation. On a peine à voir le recommencement derrière le commencent. Le commencement n'est qu'un commencement. Il est déjà une fin. Avant même d'avoir commencé. Vision de mort. La mort appelle la mort. Qui ne vit pas ne voit pas la vie. La vie appelle la vie. La mort appelle la mort. D'où l'importance de l'enfant. Qui est heureux ne fait pas que commencer, quand il commence. Il recommence déjà. Tout est ouvert. Le temps n'est pas une dégradation, mais une explosion. La limite révèle l'illimité. Les choses commencent non pas pour finir, mais pour recommencer. On est dans un surplus de vie. Image de l'éternité dans le temps. On comprend donc Héraclite : « Le temps est un enfant qui joue aux dés : royauté d'un enfant[1] ! »

L'enfant est une image de la vie. Dis-moi comment tu traites les enfants, je te dirai qui tu es. L'enfant

1. Héraclite, *Les Penseurs grecs avant Socrate*, trad. J. Voilquin, Flammarion, 1985, p. 77.

incarne notre relation avec la vie, parce qu'il exprime la relation que l'on peut avoir avec le devenir de l'homme. Qui accepte de devenir homme accepte de se faire enfant. Il accepte de recommencer. Il connaît donc un véritable commencement et, par là, une explosion de vie. Qui refuse de devenir homme refuse de se faire enfant. N'acceptant pas de recommencer, il ne connaît pas de commencement ni d'explosion de vie.

On se demande comment Dieu peut tolérer la souffrance des enfants. Il faut que l'homme commence. Les enfants souffrent parce que l'homme ne commence pas. La souffrance des enfants cesse quand l'homme commence. Elle commence quand l'homme ne commence pas. Grande loi ontologique. On résout un problème extérieur quand on résout un problème intérieur. Dieu change quand l'homme change. Le Je Suis divin prend son sens quand le Je Suis humain prend sens. Sinon, Dieu changeant sans que l'homme change, le changement divin n'est pas divin, mais inhumain. Le divin n'est divin que si l'humain est humain. C'est là que réside le divin. Il faut que l'homme cesse de faire souffrir l'homme, pour que l'enfant cesse de souffrir. C'est ce que suggère Serge Leclaire, quand il écrit : « Il importe de tuer l'enfant merveilleux ou terrifiant qui, de génération en génération, témoigne des rêves et des désirs des parents ; il n'est de vie qu'au prix du meurtre de l'image première, dans laquelle s'inscrit la naissance de chacun[1]. » Il faut, pour devenir, tuer l'image première de soi. Il est plus facile de tuer Dieu que de mourir à soi.

La vérité de l'innocence

L'enfant que l'on tue nous renvoie à nous-mêmes. Il nous oblige à nous interroger. Qu'est-ce que l'homme a fait de l'homme ? L'innocent que l'on martyrise nous renvoie également à nous-mêmes. Est innocent celui qui n'est pas coupable. Est innocent celui qui ne sait pas. Les deux choses vont ensemble. Elles sont même inséparables. Et ce, parce qu'elles renvoient à un troisième terme que l'on oublie souvent de nommer, à savoir la vie. Celle-ci est innocence, par définition. Elle est innocence, parce qu'elle est bonne par définition. En elle, rien de mauvais. Il est heureux que la vie soit. Cette innocence s'exprime dans son non-savoir. La vie qui est bonne ne sait pas qu'elle l'est. Elle ne joue pas à être ce qu'elle est. Elle l'est. Pas de ruse chez elle. Pas de calcul. Elle est ce qu'elle est. En toute innocence. Cela donne son visage rayonnant. Quand la vie est vivante, la vie transparaît partout dans la vie. La vie n'est plus alors simplement la vie. Elle est l'icône de la vie. On voit dans la vie la vie à l'infini. Aussi n'est-ce pas par hasard si les saints sont

---

1. Serge Leclaire, *On tue un enfant*, Seuil, 1975, p. 11.

des icônes et si les icônes représentent des saints. Le saint est la vie même et la vie même est sainte. Le saint laisse passer la vie infinie. La vie infinie qui laisse infiniment passer la vie est pure. Il n'y a pas autre chose en elle que la vie. Cette pureté fait sa sainteté.

Vladimir Jankélévitch a écrit un ouvrage sur l'innocence et la méchanceté et non sur le bien et le mal. La nuance est importante. Le bien et le mal qui sont définis par la conformité ou la non-conformité à la source de tout être sont des notions abstraites. L'innocence et la méchanceté sont des notions concrètes. Elles font sentir ce que sont le bien et le mal dans la vie. On saisit le bien et le mal à travers l'innocence et la méchanceté. On peut s'approprier de telles notions. Il suffit pour cela de vivre en s'efforçant d'être la vie même. Ce qui est innocent vit sans méchanceté et ce qui est méchant vit sans innocence.

La méchanceté vient du mot mal choir, qui signifie mal tomber. On tombe mal dans la vie, quand on a des arrière-pensées. On ne va pas à sa rencontre. On a des imaginations la concernant qui la déforment. On l'accuse d'être méchante. Ce qui tombe mal. Justement, elle ne l'est pas. La méchanceté est une accusation de l'autre, qui l'accuse pour masquer qu'elle accuse. C'est une violence qui prête à l'autre une violence pour se donner le droit d'en user. D'où le côté diabolique de la méchanceté. La mauvaise pensée crée un cycle infernal. Comment expliquer que l'on est innocent ? Dès que l'on commence à se justifier, on n'est plus innocent. On se défend. Donc, on attaque déjà. En outre, disons que l'on n'avait pas de pensée mauvaise, que l'on n'était pas méchant, comment le sait-on ? Si on le sait, c'est qu'on ne l'était pas.

On a raison de dire que ce n'est pas à l'innocent de prouver son innocence. C'est à la justice de le faire. Cela explique le silence de Dieu face au mal. C'est à l'homme de prouver l'innocence de Dieu et non à Dieu de le faire. S'il le faisait, il serait ridicule. Il ne serait pas si innocent que cela. Et quelle explication donner à propos du mal régnant sur terre ? Il ne manquerait plus qu'il y en ait. Qui plus est, quoi faire, quoi dire ? S'excuser d'avoir créé la vie ? Quelle insulte ce serait. Cela voudrait dire que tout ce qu'il y a de bien est une erreur. Quelle insulte. Quelle gifle.

Le silence de Dieu est la plus belle réponse au mal régnant sur terre. Il maintient l'innocence de la vie. L'innocence de Dieu. L'innocence de la relation de Dieu à la vie. Dieu est d'abord innocence. Il crée la vie en toute innocence. Il maintient la vie en toute innocence. En ce sens, il n'a pas de plan, comme on le pense, comme on l'a tant pensé. Il n'a pas une ruse cachée. Il ne fomente pas en usant des événements. Il est plutôt cette vie qui est avant tout, au-delà de tout. L'amour qui aime est amour avant et au-delà de tout. Dieu est cet amour. Et son plan n'est autre que celui-là. Avant tout, au-delà de tout, il aime l'homme. Et quand il se présente dans l'Histoire, sous la forme de son Fils, il est innocence ne renvoyant que de l'innocence aux méchants. Ce qui dès lors nous renvoie à nous-mêmes. Le problème du mal qui nous torture tant est notre problème. Il pointe vers notre méchanceté. Nous voudrions que le mal ait un sens. C'est la méchanceté qui parle. Celle-ci ne tolère pas qu'il n'en ait pas. La preuve. Quand il a du sens, elle est furieuse. Quand il n'en a pas, aussi. Dans tous les cas, elle est furieuse. Signe que le sens n'est pas son problème. C'est la fureur qui l'est. Le méchant qui est furieux cherche des raisons d'être furieux. Il voudrait que la vie les lui donne. Comme il ne peut en trouver, il est furieux et par là même méchant.

La vie ne peut donner du sens au mal. Pour une simple raison. Le méchant vit. C'est donc que la vie est bonne, s'il vit. Il y a ainsi, avant toute raison, une vie qui est bonne. C'est la vie qui a du sens et rien que la vie. Le mal n'a aucun sens. L'innocent le reconnaît. Il cesse de se tourmenter et vit, en toute innocence. Le méchant se tourmente. Il pose donc la question du mal, qui est une méchante question. Cette question le met en rage. Plus il la pose, moins il a la réponse. Moins il a la réponse, plus il la pose. Si l'on ne veut pas devenir fou, il n'y a dès lors plus qu'une réponse : l'athéisme. À défaut d'innocence, c'est la seule issue possible au problème des relations entre Dieu et le mal. Plus de Dieu ? Le problème du mal cesse d'être obsédant. On ne se demande plus quelle est l'intention de la vie à travers l'existence du mal. Le mal devient le mauvais. Le sens de la vie se transforme en aménagement de la vie. On cherche à être heureux. L'hédonisme est la vérité de l'athéisme. Épicure, Spinoza en sont les illustrations.

Il n'y a, autrement dit, que deux issues possibles au problème du mal, si on ne veut pas devenir fou et furieux. L'innocence ou l'athéisme. La foi totale dans la vie et dans Dieu. Ou le refus total de Dieu. Avec une nuance importante toutefois entre les deux. L'athéisme n'est pas innocent et ne peut l'être. S'il se réconcilie avec la vie, c'est au prix de la mort de Dieu. Il y a là une forme de meurtre. Un sourd rapport à la méchanceté malgré tout. L'athée qui ne croit pas en Dieu n'y croit pas, parce que, s'il y croyait, il serait en colère contre lui. Son indifférence, sa non-foi, son refus de croire masquent une immense colère cachée. Une colère se disant à elle-même qu'il vaut mieux qu'elle ne croie pas, plutôt que de s'énerver. Témoin Camus. Au fond, il est fort en colère à propos de ce qui se passe sur terre. Fort en colère que le mal existe et qu'il soit aussi absurde de lui donner un sens, que de ne lui en donner aucun. L'athéisme devient dès lors la seule façon de mettre fin à sa colère. Il est une innocence sans innocence. La seule innocence que l'homme puisse se donner en dehors de l'innocence des saints. Aussi n'est-ce pas un hasard si tous les grands athées sont des penseurs de l'innocence. Tous ont cherché à vivre en toute innocence. Tous font un éloge de la joie. Témoin Nietzsche. Que veut-il dans sa philosophie ? Innocenter le devenir. Bénir la vie. Ne plus penser à mal. Ne plus rien culpabiliser. Être pur et serein vis-à-vis de toutes choses, innocent, comme un ciel pur et clair. « Je ne suis que bénédiction et affirmation, tant que tu m'environnes, ciel pur, lumineux, abîme de clarté. Jusqu'au fond des abîmes, je porte mon affirmation qui bénit… Comme une cloche d'azur, j'ai porté sur toutes choses cette liberté, cette sérénité céleste, le jour où j'ai enseigné qu'au-dessus d'elles et par elles il n'y a pas de "vouloir éternel" qui agisse[1]. » On songe à Mallarmé : « Le Ciel est mort. Vers toi j'accours. Donne, ô matière, l'oubli de l'Idéal cruel et du Péché… Je suis hanté. L'Azur ! L'Azur ! L'Azur ! L'Azur[2] ! »

La vie vivante vit sans se poser de questions. Elle vit avant tout. Elle vit au-delà de tout. Elle vit envers et contre tout. Malgré le mal. Sans se préoccuper du mal. Sans penser à mal. En ce sens, l'innocence est bien le grand problème de la vie étant donné qu'il

---

1. Nietzsche, « Zarathoustra », in *Vie et vérité*, *op. cit.*, p. 116.
2. Stéphane Mallarmé, *Poésies*, Livre de Poche, 1977, p. 23.

n'y a pas plus beau que de vivre en toute innocence. C'est une telle vie qui donne sens à la vie. C'est elle qui est la réponse à toutes les questions que l'on se pose. La vie a du sens quand il y a une foi infinie dans la vie. Quand on est dans cette foi. Quand on est cette foi.

Il faut toutefois bien préciser une chose. Une telle foi ne peut exister qu'avec Dieu. Le langage le montre bien. Qui a la foi ne se prive de rien. Il croit en toute vie, même dans la vie divine. Ce que l'athéisme ne fait pas. L'athéisme est privatif. Il se retient. Il ne se lâche pas. Il ne va pas jusqu'au bout de la vie. Et ce, parce qu'il y a une méchanceté en lui. Il veut une innocence qui vienne de l'homme et non de l'innocence elle-même. Il veut s'innocenter lui-même et non être innocenté par la vie.

Le langage de la foi dit qu'il faut passer par Dieu pour être innocent. Il ne dit pas cela pour brider l'homme, le faire dépendre de Dieu, le ramener de force à une religion, mais par sens profond de la vie et de la liberté au contraire. L'innocence dans la vie vient de la vie. L'innocence dans la vie est l'innocence même de la vie. En ce sens, l'homme ne peut se la donner. Il ne peut que la recevoir de la vie même. Il la reçoit, quand il se laisse totalement aller à la vie. On est tel, quand on est dans un état de grâce. Tout passe. Le lâcher prise est total. On a alors la grâce. On est même la grâce. On comprend et on fait comprendre que l'innocence est une grâce. Celui qui la possède est visité par la vie. Il est innocent parce qu'il est innocent dans son innocence. Celle-ci n'est pas feinte.

L'innocence, en ce sens, dénonce l'athéisme qui ne cesse de répéter que l'on n'a pas besoin de Dieu pour vivre ni pour être soi. C'est heureusement faux. On peut tout se donner, sauf une chose : l'innocence. L'innocence que l'on se donne n'est pas innocente. Quand tel est le cas, on s'innocente. On n'est pas innocent. On se justifie. C'est le cas de Nietzsche. Il justifie trop l'innocence, pour qu'elle soit innocente. Il explique trop qu'il est innocent, quand il se passe de Dieu, pour être vraiment innocent. Le langage est, de ce point de vue, impitoyable. L'athéisme qui prétend pouvoir être innocent en se passant de Dieu n'est pas si innocent que cela, puisqu'il se passe de Dieu. Il fait dépendre l'innocence du fait de se passer de Dieu. Ce qui n'est pas innocent. L'innocent ne songe même pas à se passer de Dieu. Il est innocent. C'est la vie qui parle en lui. Et avec la vie, la foi infinie dans la vie.

On l'aura compris, l'athéisme est l'attitude de l'homme qui n'arrive pas à se lâcher. C'est l'attitude de l'homme qui ne s'est pas délivré de l'homme. Si tel était le cas, l'athée ne serait pas athée. Il serait la vie même. La foi infinie dans la vie même. Il n'y aurait en lui aucune restriction. Pas trace d'incroyance. Ne lui jetons pas la pierre toutefois. Posons la question de Dieu à partir de l'innocence.

Une chose apparaît. Bien peu de croyants ont la foi. Qui est innocent parmi eux ? Pas grand monde. Dieu n'y est pas innocent. Il est plein d'arrière-pensées. Plein de savoir. Plein de méchanceté. On se sert de lui comme d'un argument. Pour fonder. Pour vérifier. Pour avoir raison. Les premiers athées ne sont pas les athées, mais les croyants, quand ceux-ci ne sont pas innocents. Une telle perte d'innocence est d'un poids immense. Comment ne pas devenir athée face à une foi pleine de méchanceté, afin de retrouver son innocence perdue ? C'est ce qu'a voulu Nietzsche. Contre le christianisme rationalisé, retrouver la pureté d'une vie libre. Mais pourquoi s'être arrêté à l'athéisme ? C'est la foi infinie dans la vie, qu'il aurait dû retrouver. Sans athéisme.

Lumière de l'innocence. C'est elle qui est la vraie sagesse. Paradoxe. Toute la sagesse humaine n'a qu'un sens : parvenir en ce point de la vie où l'on vit, sans se poser de questions. En toute innocence. Qui y parvient ? Bien peu. L'athée qui se veut athée pour être innocent n'est pas innocent. Il croit trop dans son ne pas croire pour croire vraiment dans l'innocence. S'il était innocent, il ne serait même pas athée. Il serait innocent.

Même chose pour le croyant. Il y a un croire qui nous prive de toute innocence. C'est le croire militant. Le croire qui croit dans le croire pour s'opposer à celui qui ne croit pas. Un tel croire est accusateur. Il allume déjà les bûchers de l'Inquisition. Il va brûler les hérétiques et les athées parce qu'ils ne croient pas. Il se fera brûler par les bûchers de l'athéisme, qui en feront un martyr, pour défendre l'incroyance comme d'autres ont défendu la croyance. L'humanité va se transformer en une humanité de coupables. L'Histoire va devenir la tragédie de l'innocence. Ce qu'elle est au demeurant. Qui veut être innocent ? Personne. On veut être croyant ou athée. On ne veut pas être innocent. Sinon on ne serait pas des croyants militants ou des athées militants. On serait innocent. Et l'on verrait Dieu à travers cette innocence. Et voyant Dieu, on n'aurait pas besoin d'y croire, puisqu'on le verrait.

L'Orient a senti quelque chose de l'innocence que nous ne savons plus sentir. Il parle de lâcher prise. De vide. De nescience. Sagesse de l'Orient. On comprend que les Occidentaux en mal d'innocence fassent le « pèlerinage aux sources », pour reprendre le titre d'un ouvrage de Lanza del Vasto, résumant sa vie. Mais pourquoi ne pas rapprocher le vide de l'innocence ? Pourquoi l'appeler vide ? Pourquoi tous ces discours contre l'*ego*, fustigeant celui-ci ? Quand on est innocent, on n'est même pas contre l'*ego*. Quand on est contre l'*ego*, on n'est pas innocent. On est méchant. Qui plus est, on est méchant sans le savoir, contre soi, contre l'autre, contre toute l'humanité, en lui faisant honte de son *ego*. Cela se voit chez Schopenhauer. Il a pressenti que la vie passait par un non-savoir comme par un non-vouloir. Il en a fait une arme. Le sage est devenu ainsi, sous sa plume, celui qui cherche l'innocence pour renoncer à l'illusion. Attitude méchante. Si l'on est innocent pour se délivrer de l'illusion, l'innocence n'est qu'un moyen pour devenir celui qui a triomphé de l'illusion. L'innocence n'a pas été inventée pour renoncer au monde. Il s'avère que, lorsqu'on est innocent, on ne recherche pas le monde. On n'en a pas besoin. On a l'innocence. On n'a pas besoin de renoncer au monde. Celui-ci s'estompe de lui-même. L'innocence réussit là où toutes les sagesses échouent. Non seulement elle renonce, mais elle renonce au renoncement lui-même. On est loin de Schopenhauer avec sa théorie du renoncement rationalisé proprement sinistre, ainsi que Nietzsche l'a fort bien vu, sans malheureusement aller jusqu'au bout de sa perception. Ce n'est pas en détestant ceux qui détestent la vie et en justifiant cette haine par la sagesse qu'on réhabilite la vie. C'est en vivant. Il n'y a pas à faire un système de l'innocence. Il y a à être innocent.

Cela invite à reconsidérer Socrate. « La seule chose que je sais, c'est que je ne sais rien[1] » nous dit le maître des maîtres dans *L'Apologie de Socrate*. Oui. Mais Socrate le sait encore trop. La preuve. C'est en se comparant aux hommes politiques, aux artisans,

1. Platon, *Apologie de Socrate*, trad. L. Brisson, Flammarion, 1996, pp. 94-95.

aux poètes, qu'il nous explique qu'il est sage, parce qu'il ne prétend pas l'être. L'innocent qui dit qu'il est plus innocent que quelqu'un d'autre n'est pas innocent. Il sait qu'il est innocent. Socrate qui dit qu'il est sage parce qu'il sait qu'il ne l'est pas. Il n'est donc pas innocent. S'il était sage, comme il le disait, il ne saurait pas qu'il l'est et il ne ferait pas de ce non-savoir un savoir. Il ne saurait même pas que ne pas savoir est la sagesse. Il serait heureux et, au lieu d'énerver la cité, il jouirait de son bonheur. Socrate veut trop que les hommes deviennent sages pour être sage. Il y a, malgré tout, en lui, un tyran qui sommeille. Le tyran de la sagesse.

La cité a condamné Socrate. Ce procès n'est pas inepte. Socrate n'est pas innocent. Il enseigne une sagesse qui n'est pas innocente. Si cette sagesse se propage, l'humanité est en danger. En faisant du non-savoir un système, on va compliquer l'accès de l'humanité à l'innocence. Il faut donc arrêter Socrate. Mais pas le tuer. Il fallait que Socrate meure à sa sagesse et non qu'il meure. Il fallait donc innocenter Socrate pour qu'il s'innocente lui-même. Alors, le socratisme aurait été évincé. On aurait supprimé ce système absurde qui consiste à douter de tout pour parvenir à l'innocence. On aurait développé une véritable innocence. La culture occidentale en aurait été transformée. Au lieu de cela, à quoi assiste-t-on ? Socrate, au lieu de mourir philosophiquement à Socrate, mime sa mort à lui-même en étant condamné à se tuer par la cité, qui l'oblige à boire la ciguë. Il y a là un signe. La cité ne veut pas que Socrate meure à lui-même. Elle ne veut pas d'un véritable innocent. Si bien que, au fond, Socrate et la cité sont d'accord, malgré les apparences. Personne ne veut d'une véritable innocence. La cité n'en veut pas. Socrate non plus. Et tout le monde joue. La cité joue à condamner Socrate et celui-ci joue à mourir. Tout le monde veut conserver le savoir. La cité veut croire que la sagesse réside dans la politique, la technique et l'inspiration délirante. Socrate veut faire croire que la sagesse consiste à savoir qu'on ne sait pas. Tout le monde veut savoir ce qu'est la sagesse au lieu d'être sage. Personne ne veut être innocent. Cela donne la cité qui condamne Socrate, à savoir un innocent. Et Socrate, qui accepte que sa propre innocence soit condamnée. Résultat, nous vivons encore sur fond de cette tragédie. Qu'est-ce qui a gagné au bout du compte dans cette histoire ? L'institutionnalisation du doute et du scepticisme. Pas de foi dans la vie. Plus d'innocence. Et tout cela mis en système. D'où la névrose de la culture occidentale. Une névrose difficilement repérable. On ne croit pas. Mais on croit dans le fait de ne pas croire. Cela détourne les hommes du divin. Cela détourne la jeunesse. Les germes de divin que la vie contient ne sont plus vécus.

Socrate aurait dû être condamné à être innocent.

C'est la seule condamnation qu'il méritait. L'humanité devrait être condamnée à être innocente. C'est la seule condamnation qu'elle mérite. Quand tel est le cas, cela donne des juges innocents innocentant un innocent. Il n'y a plus que des innocents. Et, par là même, il n'y a plus de meurtres, ni d'injustices. Quand on condamne à l'innocence, on ne condamne pas l'innocent que l'on porte en soi, ni l'innocent qui se trouve en autrui. L'humanité est délivrée. Quand, malheureusement, tel est le cas, tout le monde est condamné. Condamnant l'innocent que l'on porte en soi, on condamne celui qui vit en autrui.

Cela permet d'avoir un nouvel éclairage sur l'athéisme. Déclarer Dieu coupable d'indifférence face au mal ; accuser donc Dieu, source de vie, d'être coupable et non pas innocent, c'est maintenir l'idée que rien n'est innocent. Si l'athéisme était libre, il ne critiquerait même pas Dieu. S'il le critique, c'est qu'il n'a pas renoncé au désir de culpabiliser et, avec lui, au refus de l'innocence. Socrate l'a senti, puisqu'il va plaider son innocence. Sans pour autant expliquer ce qu'est l'innocence. Sans être innocent. Il accuse ses accusateurs. Il ironise. Cela le condamne. Il ne croit pas en l'innocence. Il ne croit pas en son innocence. C'est ce qui distingue la mort du Christ de la mort de Socrate. Le Christ ne dit rien. Il se tait. Il est l'innocence. Il ne dit pas qu'il est innocent. Étant ainsi l'innocence, il révèle le fond de la tragédie humaine. L'homme ne croit pas à sa propre innocence. Il ne croit pas à la vie infinie qui est en lui. Il ne croit pas qu'il peut être une telle vie infinie. Il ne croit pas qu'il est cette vie infinie. Il préfère être coupable. Il peut être ainsi lui au lieu d'être la vie même.

Il est très facile d'être coupable. Il est plus difficile d'être innocent. C'est là le problème de fond de l'humanité, si bien perçu par la psychanalyse. Si bien perçu avant elle par Dostoïevski. Relisons la fin des *Possédés*. Stavroguine, le nihiliste, se confesse : « Je veux obtenir mon propre pardon », dit-il au père Tikhone. « C'est là toute ma confession, toute ma vérité. Tout le reste est mensonge. Voilà pourquoi j'aspire à une souffrance démesurée », dit Stavroguine. « Dieu vous pardonnera votre manque de foi, car vous vénérez le Saint-Esprit sans le connaître », répond Tikhone. « Même si vous ne parvenez pas à vous pardonner à vous-même, le Christ vous pardonnera[1]. »

Qui n'a pas la foi culpabilise l'existence. Qui culpabilise l'existence se culpabilise de la culpabiliser ainsi. Qui se culpabilise ainsi culpabilise l'existence, afin de se délivrer de sa culpabilité. Il existe une fausse face à cet enchaînement de culpabilités. Celle que se propose Stavroguine. Se culpabiliser. Souffrir. Il

---

1. Dostoïevski, *Les Possédés*, trad. B. de Schloezer, Gallimard, 1988, vol. 2, p. 494.

s'agit là d'une ruse du mal. En se faisant du mal, on continue de faire du mal à la vie. On humilie celle-ci à travers soi. La réponse au mal consiste à ne plus faire du mal ni à la vie ni à soi et non pas simplement ne pas faire du mal à la vie, mais en faire à soi. D'où la profondeur de Tikhone. Pour supprimer le mal, il faut se pardonner. Arrêter de se culpabiliser. Il faut ressusciter l'innocent que l'on porte en soi. Cela veut dire oser vivre sans se poser de questions. Oublier l'homme que l'on est, pour devenir la vie que l'on devrait être et que l'on n'est pas. Ce que Vladimir Jankélévitch résume si bien, quand il écrit : « La religiosité russe est moins détériorée par l'immensité du savoir, par l'épaisseur et la rigidité du dogme, et par les imposantes architectures de concepts que ne l'est la théologie catholique romaine… Le père Zossime dans *Les Frères Karamazov* est un starets et non un prélat, ni un dignitaire de la hiérarchie ecclésiastique, mais un simple moine, dont la sagesse, voire la sainteté, agissent sur les hommes par le rayonnement de la seule présence plutôt que par l'enseignement. Son charme rayonne de l'être en personne… L'innocent est si translucide, si inconscient de son propre message qu'on le dirait presque inexistant ; il se tient à la fine extrême pointe de l'être, nul ne peut savoir comment[1]. »

1. Vladmir Jankélévitch, *Quelque part dans l'inachevé*, Gallimard, coll. « Folio essais », 1998, p. 98.

Il existe une tendance à sacrifier l'innocent. C'est ce que montre René Girard, sans nous dire qui est l'innocent que l'on veut sacrifier. Celui-ci est le renoncement à nous-mêmes. On sacrifie le sacrifice de soi au lieu de se sacrifier. On le sacrifie d'autant plus quand il prend une figure visible. Celle du Christ notamment. Il énerve. Il irrite. Il rend furieux. Il bouscule l'homme passionné qui veut dominer, être tyran, au lieu d'aimer. On sacrifie tous les jours l'amour. Celui-ci bouscule l'homme des passions. Il est faux de dire que la violence est le fond de l'homme. Tout comme il est faux de parler de pulsion de mort. Au commencement de l'homme, il y a l'amour. Puis vient le refus de l'amour. Être homme, c'est mourir à ce refus.

La vérité de l'Homme

Il y a l'enfant. Il y a l'innocent. L'enfant comme l'innocent souffrent. Cette souffrance choque. Elle est révoltante. Elle est insupportable. On accuse Dieu à cause d'elle. Ce n'est pas Dieu qu'il faut accuser. Ni l'homme. Il faut comprendre. Simplement comprendre. Pourquoi en arrive-t-on à faire souffrir l'enfant et l'innocent ?

Ceux-ci nous renvoient à nous-mêmes. L'enfant dit le temps. L'enfant dit la vie. Le temps fait peur. La vie fait peur. On refuse le temps et la vie. Parce que, pour les accepter, il faut se faire enfant. Ce qui ne va pas de soi. Au lieu de l'enfant à l'adulte, il faut aller de l'adulte à l'enfant. Tout refaire donc. Recommencer ce que l'on pensait avoir déjà fait. Ce qui n'est pas si contradictoire que cela. Il y a la naissance inconsciente à la vie. Il y a la naissance consciente à celle-ci. Il faut naître deux fois pour naître à la conscience. On peut naître à celle-ci parce que l'on est déjà né. Mais être né, ce n'est pas naître. On naît, quand on naît et on renaît à chaque moment du temps. C'est ce que donne la naissance consciente. Qui naît consciemment naît toujours. Il ne naît pas qu'une fois. Il dépasse, de ce fait, la mort. C'est mourir que de naître une seule fois. On ne naît pas. On est né. Cette naissance est déjà mort. Autre chose est de naître. Une telle naissance ne meurt pas. Elle vit. On est alors vraiment né, quand on naît à une telle vie. L'enfance dit la vie qui est devenue pleinement consciente. Ce qui n'est pas simple. On rechigne à naître à une telle vie. On veut être né et non pas naître. Paresse. Faiblesse. Passion. On préfère être mort au temps que d'être l'enfant du temps. Ce qui n'est pas un hasard. Il faut être innocent pour naître et pas simplement être né. Il faut pouvoir dire oui à la vie, au lieu d'accuser celle-ci. Cela demande une révolution intérieure.

L'innocent dit le moi. Le moi libre. Le moi est libre, quand il est librement le moi. Sans penser à être un moi. Geste non évident, là encore. On se surveille trop. On appelle cela penser. Pour être innocent, il ne faut plus se surveiller. Non seulement il ne faut pas penser, mais il ne faut pas penser à ne pas penser et ne pas le penser. C'est dire s'il ne faut pas penser. On y parvient en n'étant pas coupable. Et en n'étant même pas coupable de ne pas être coupable. Cela s'appelle l'insouciance. L'absence de souci. Impossible, dira-t-on. Comment ne pas s'en faire ? Vivre, c'est se soucier. Ou bien, on ne vit plus. On est irresponsable. Erreur. Il est possible de ne pas se soucier, sans être irresponsable. Il suffit d'accepter ses limites. L'homme n'est pas tout. Personne n'est tout. C'est là la force de l'homme, la force de chacun. Tous les maux de la vie viennent de ce que l'on n'accepte pas nos limites.

Faisons deux expériences. J'accepte mes limites. Je prends conscience que je ne suis pas tout. Immédiatement je me calme. Je ne m'en veux pas de ne pas tout faire. De ce fait, je ne me culpabilise pas. Dieu y pourvoira. La Providence y pourvoira. Acte libérateur. En disant cela, je fais confiance à la vie. En faisant confiance à la vie, je deviens innocent. En devenant innocent, je deviens un enfant. Je me libère. Je libère la vie. L'acte le plus important au monde réside dans le fait de reconnaître ses limites. Cette reconnaissance est créatrice. Elle conduit à la véritable conscience. Celle-ci ne consiste pas à être consciente, mais à être consciente d'être consciente.

C'est ainsi que l'on devient conscient. En allant aux limites. En se reconnaissant limité.

L'inverse vient prouver cette analyse. Faisons l'expérience de vivre sans limites. Comme on n'accepte pas ses limites, on se veut tout. Comme on se veut tout, on en veut à la vie de ne pouvoir être tout. On s'en veut également. On tombe dans la culpabilisation comme dans la culpabilité. La vie est jugée mauvaise. On se pense mauvais. Plus rien n'est innocent. Du coup, plus d'innocence, plus d'enfance. Pourquoi vivre dans un monde où rien n'est innocent ? Et pourquoi naître à un tel monde ?

Tout se joue autour de la notion de limite. Qui s'accepte limité rentre dans la conscience, parce qu'il rentre dans la conscience de la conscience. C'est là que se situe toute conscience. La conscience ne surgit que dans la remise en question d'elle-même. Elle est si elle est contre elle-même. C'est alors que la vie parle en éclairant la conscience. Celle-ci n'existe pas. Il n'y a que la vie. On est conscient, quand on laisse la vie s'engouffrer en soi afin de venir contester la vie. On comprend alors ce qu'est la conscience. Celle-ci n'est que de la vie venant bousculer la vie, afin de venir lui montrer plus de vie encore. La conscience naît du dialogue de la vie avec elle-même. Elle est un plus de vie par rapport à un moins de vie.

Il faut être innocent pour vivre ainsi. Enfant également. Cela demande d'accepter d'être destitué de soi-même, de son pouvoir. On se voulait adulte ? Il importe de ne plus l'être. On pensait savoir ? Il importe de savoir que l'on ne sait pas. Pour être, il faut accepter de n'être rien. Ni adulte, ni savant. Il faut ne pas avoir peur de devenir un néant. On découvre alors l'essentiel. Qui n'est rien n'est pas quelque chose, mais lui. Le néant le donne à lui-même. Paradoxe. Le plus court chemin menant de moi-même à moi-même passe par le néant de moi-même. Si je veux exister, il faut passer par le néant de moi-même. Je deviens alors moi, sans rien d'autre. L'être du moi passe par le néant du moi. Qui n'est rien est enfin. Il cesse d'être quelque chose pour devenir lui. Rien, que lui.

Cela éclaire bien des choses. La vie la plus consciente qui soit est la vie la plus limitée qui soit. On en a l'intuition, quand on dit que la vérité de la vie réside dans la vulnérabilité de celle-ci. Qui se sent faible se veut fort. Qui se veut fort cache sa faiblesse derrière une apparence de force. Cela donne la violence, cette façon de jouer à être fort, qui, jouant avec tout, fait tant de mal. La vraie force est ailleurs. Qui est fort ne joue pas à l'être. Qui ne joue pas à être fort ne joue pas avec le monde. On est là dans le respect du monde. Cela sauve le monde.

La limite sauve le monde. Qu'il y ait un homme pour se dire limité. Un espace nouveau apparaît. On arrête de jouer. On cesse de jouer avec tout.

Cela détruit la violence. Celle-ci n'était qu'un « cirque ». Un spectacle. Un jeu. La conscience des limites déjoue ce jeu. Elle le fait cesser. On comprend donc la sagesse qui dit que ce qui a été donné de plus grand à l'homme réside dans le sens de ses limites. Si l'homme est homme, c'est parce qu'il a conscience de ses limites, la chose est avérée. D'où cette profondeur de Pascal : « L'homme n'est qu'un roseau, le plus faible de la nature, mais c'est un roseau pensant. Il ne faut pas que l'univers entier s'arme pour l'écraser ; une vapeur, une goutte d'eau suffit pour le tuer. Mais, quand l'univers l'écraserait, l'homme sera encore plus noble que ce qui le tue, puisqu'il meurt et l'avantage que l'univers a sur lui, c'est que l'univers n'en sait rien. Toute notre dignité consiste donc dans la pensée[1]. »

On pense généralement que la vulnérabilité est un défaut. Cela est vrai, quand cela consiste à se laisser investir par l'extériorité sans réagir. Quelqu'un qui n'a pas de défense est dramatiquement faible. Il est bon, dans ces circonstances, de l'inviter à se ressaisir et de se renforcer. Il existe, cependant, une vulnérabilité nécessaire. C'est celle qui consiste à avoir conscience de ses limites en se laissant investir par une telle conscience. On est alors non pas dans une faiblesse dangereuse, mais dans une logique de l'infini. On ne doit se laisser envahir par rien, sauf

1. Pascal, *Pensées*, Édition Lafuma / Seuil, 1978, p. 110.

par l'infini. La vulnérabilité positive est vulnérabilité à l'infini. On est là dans une logique de l'hypersensibilité. Rien à voir avec la vulnérabilité destructrice, qui est insensibilité à l'essentiel et porosité à l'égard de l'inessentiel. Cela éclaire les grands combats qui secouent le monde. Le mal qui tourmente tant. La souffrance de l'enfant comme de l'innocent. Le vainqueur de l'histoire n'est pas celui que l'on croit. C'est la vulnérabilité qui triomphe de tout. C'est elle qui retourne le monde pour l'amener à la vie. Le monde pense à l'envers. Par ignorance, par peur, il croit dans les pouvoirs. Il cherche l'invulnérabilité. L'Histoire est le grand retournement de cette illusion. Elle est la patiente découverte par l'humanité de la vérité du monde. Le fond de la réalité réside dans une hyperconscience. Il faut, pour la découvrir, accepter sa limite. On n'accepte pas celle-ci aisément. On commence par la nier. On se lance donc dans l'aventure du pouvoir. On se veut invulnérable, avant de découvrir que c'est là une faiblesse et non une force. On était faible, alors que l'on se croyait fort. On devient fort en se retournant.

L'homme n'est pas Dieu. Et c'est là que réside sa chance. Il est fini. Dieu est le tout autre et non pas lui. Il suffit d'en prendre conscience pour découvrir le caractère « divin » de la condition humaine. La conscience des limites est conscience de la conscience. Au moment même où elle rencontre la limite d'elle-même, elle touche à l'infini d'elle-même. Il suffit de rencontrer sa limite pour la dépasser. La conscience en est le signe. Parce que la limite n'est pas extérieure. Elle est intérieure. Elle réside dans la relation de la conscience avec elle-même. Descartes comme Pascal s'en rend compte, quand il découvre que notre bien est intérieur et non extérieur. « Il est certain que, si nous considérons tous les biens qui sont hors de nous comme éloignés de notre pouvoir, nous n'aurons pas de regret de ne pas posséder les royaumes de la Chine ou du Mexique et, faisant de nécessité vertu, nous ne désirerons pas être sains étant malades ou être libres étant en prison que nous ne regrettions maintenant d'avoir des corps de diamant ou des ailes pour voler[1]. » Descartes n'est pas stoïcien. Il ne croit pas en un ordre du monde gouverné par le destin. Il a simplement le sens de l'intériorité. Les choses sont bien telles qu'elles sont, parce que le réel n'est pas une affaire d'ordre extérieur, mais intérieur. Rien ne pouvant enlever à l'intériorité son intériorité, rien n'est mauvais. Aussi ne convient-il pas de s'offusquer de l'ordre du monde, comme le révolté qui invective l'univers et Dieu. C'est être là dépourvu d'intériorité. Il n'y a pas à se demander si le monde est bien ou mal fait. Il n'y a qu'à être soi et à savoir le rester. Rien ne peut empêcher qui-

1. Descartes, *Discours de la méthode*, 3e Partie, Nathan, 1982, p. 50.

conque d'être lui-même. C'est l'étonnante nouvelle de l'intériorité. Une histoire le montre bien. Celle du *Petit Poucet*[1].

La moralité du conte résume bien son sens. Il s'agit d'accepter ses faiblesses. Le fort vient souvent du faible. Pour ne pas dire toujours. « On ne s'afflige point d'avoir beaucoup d'enfants, quand il sont tous beaux, bien faits, bien grands et d'un extérieur qui brille. Mais si l'un d'eux est faible et ne dit mot, on le méprise, on le raille, on le pille. Quelque-fois cependant, c'est ce petit marmot qui fera le bonheur de toute la famille. »

Le Petit Poucet est l'histoire d'une naissance intérieure. Chacun possède en lui un Hermès, un dieu des carrefours et des passages, un dieu des conversions, des relations et des communications. Chacun a un messager intérieur. Il s'agit de le libérer.

Le conte met en scène un couple de bûcherons vivant dans la misère avec sept enfants. Un jour, pour ne plus subir la famine, le père décide d'abandonner ses sept petits dans la forêt. Le Petit Poucet qui a tout entendu du projet paternel va à la rivière et ramasse des petits cailloux blancs. Le lendemain, quand le père emmène ses fils dans la forêt, il sème ces cailloux le long du chemin. Si bien que, une fois abandonnés, il n'est pas difficile aux enfants

---

1. Charles Perrault, *Contes en prose*, Le Livre de Poche, 2004, pp. 76-86.

de revenir à la maison paternelle. Bien en a pris au Petit Poucet d'avoir sauvé ses frères. Le Seigneur du village avait une dette envers le bûcheron. Voilà qu'il l'acquitte. Avec l'argent, le pain revient et les estomacs sont rassasiés. Jusqu'à ce qu'ils ne le soient plus. L'argent dépensé, voilà de nouveau la famine. Et, avec elle, se repose la question d'abandonner les enfants dans la forêt. Cette fois-ci cependant, le père prend ses précautions. Il enferme ses enfants. Impossible d'aller à la rivière chercher des cailloux. Le Petit Poucet prend alors des miettes de pain.

Parade maladroite. Les oiseaux du ciel ont tôt fait de manger celles-ci. Si bien que les enfants sont vraiment perdus. Drame. Lamentations. Jusqu'à ce qu'une idée surgisse. Monter sur le sommet d'un arbre pour retrouver son chemin. Ce qui est fait. Surprise. Une fumée au loin indique une maison. Les enfants s'y dirigent. Ils ne savent pas qu'un ogre y vit. Ce dernier se réjouit à la vue de cette chair fraîche. Il a justement des amis qui vont venir. Les enfants feront un mets de choix. La femme de l'ogre les couche avant l'exécution dans la chambre de ses sept filles. Celles-ci ont des couronnes. Les petits garçons ont des bonnets. Durant la nuit, le Petit Poucet intervertit les coiffes. Les garçons se retrouvent avec des couronnes et les filles avec des bonnets. Stratégie payante. Au milieu de la nuit, l'ogre qui vient égorger les enfants n'y voit que du feu. Il tue ses sept filles. Quand le lendemain il s'en aperçoit, hurlements. Les petits entre-temps sont partis. L'ogre les poursuit. Fatigué, il boit du vin, décide de faire un somme et enlève ses bottes de sept lieues. Le Petit Poucet les subtilise. Il vole vers la maison de l'ogre, explique à sa femme que son mari enlevé par des brigands a besoin d'une rançon. La fortune de l'ogre empochée, muni des bottes de l'ogre, il part se mettre au service du roi, dont il devient le messager. C'est la gloire, la richesse. Le Petit Poucet peut revenir vers ses parents les mettre définitivement à l'abri.

Ce conte décrit l'histoire de chaque être humain. Nous avons tous en nous des forces régressives symbolisées par l'ogre, un être banal, ballotté par la vie, figuré par le couple de bûcherons et enfin un germe de vie capable de retourner toutes les situations à l'image du Petit Poucet. L'homme banal ballotté par la vie fait tout à l'envers. Ainsi, quand les épreuves surviennent, il est tenté de sacrifier ce qu'il a de meilleur, à savoir ses qualités intérieures symbolisées par les sept enfants. Heureusement, la vie veille en empêchant que les perfections et les vertus potentielles aillent se perdre dans l'obscurité des labyrinthes intimes. Il faut toutefois plus d'un combat pour que la vie parvienne à s'imposer.

Il faut d'abord le combat de la terre. Celui que gagne le Petit Poucet avec les cailloux blancs. Il suffit d'être équilibré et de faire preuve de bon sens dans ce monde, si l'on veut pouvoir survivre. L'obscurité n'a pas de consistance. Un peu d'intelligence suffit à la dissiper. La clarté l'emporte toujours sur la confusion. Les petits cailloux blancs ramassés à la rivière afin de servir de repères donnent raison à Descartes et à son *Discours de la méthode*.

Il faut cependant aussi le combat du ciel. Celui que gagne le Petit Poucet. Les forces obscures que l'on porte en soi se méfient du bon sens. On ne peut pas discuter avec quelqu'un de mauvaise foi. Il faut autre chose. Quelque chose de transcendant. C'est ce que comprend le Petit Poucet, lorsqu'il monte au sommet d'un arbre pour retrouver son chemin. Il se verticalise. Pour vaincre les forces de mort, il importe d'être dans sa force de vie. Pour être dans sa force de vie, il convient d'aller attaquer le mal à sa racine. C'est ce que signifie l'épisode de l'ogre. Face à la logique de mort qui va de la conscience vers l'inconscience en avalant la conscience, la logique de vie va de l'inconscience vers la conscience en s'appropriant les forces qui sont dans la conscience. C'est ce que signifie le remplacement des bonnets de nuit par les couronnes. L'être humain a une couronne intérieure. Celle-ci sommeille souvent sans se révéler. Elle est à l'état de bonnet de nuit. Il s'agit de passer de l'état de bonnet de nuit à l'état de couronne. Cette transformation se révèle être payante. L'inconscience renvoyée à elle-même se dissout d'elle-même. Témoin l'ogre qui tue ses filles, se saoule et dort, perd ses bottes et finalement sa fortune. L'inconscience ne vit que tant que la conscience ne vit pas. Elle se dissipe dès que celle-ci vit. À l'inverse, dès que la conscience se met à vivre, celle-ci progresse à grandes enjambées. Elle libère ainsi la communication royale avec la vie, d'où jaillit toute richesse.

Le Petit Poucet est une belle histoire de résilience, au sens où Boris Cyrulnik a utilisé ce terme. Nous avons tous deux vies. La vie avec le moi vivant la vie sans moi vivant. L'histoire de nos vies est celle d'une transformation. Celle qui s'opère quand on passe de la vie sans moi à la vie avec le moi. Il suffit que le moi se mette à vivre la vie qu'il vit inconsciemment, pour que celle-ci naisse à elle-même. On est alors dans la vie au sens fort. Étrange paradoxe de la vie. Ce n'est pas parce que l'on vit que l'on est vivant. Pendant une partie de la vie, quoique l'on vive, on ne sait pas que l'on vit. On ne vit donc pas. On se met à vivre, quand on entreprend de s'appliquer à sa propre vie. La vie devient alors vraiment vivante. Cela passe par la limite. Qui se limite à lui-même se limite, certes. Mais, en se limitant ainsi, il devient lui-même. Et en étant lui-même, c'est l'être qui se dévoile. Il comprend alors ce que l'on a tant de mal à comprendre et qui est si lumineux, quand on l'a compris ; la vie se trouve non pas dans le monde que l'on a en face de soi et que l'on n'est pas, mais en soi dans l'homme que l'on est malgré le monde que l'on n'a pas. Tout être humain souffre d'un divorce entre l'homme qu'il est et le monde qu'il voudrait avoir. Tant que l'on n'a pas grandi, on pense ne pas être parce que l'on n'a pas. On confond l'être et l'avoir. On veut avoir pour être, en se désolant de ne pas être parce que l'on n'a pas. Jusqu'à ce qu'un jour on comprenne qu'il n'est pas besoin d'avoir pour être. Il suffit d'être. La vie s'ordonne alors. On est, bien que l'on n'ait pas. Mieux, moins on a, plus on est. La perte n'est pas une perte, mais un mystère. Là où il n'y a rien, on est. Le néant de l'avoir est plénitude de l'être. Cela aide à comprendre le mystère de la mort. Un jour vient où on perd toute la vie. On n'a plus rien. Paradoxalement, c'est ce jour-là que l'on est. Ceux qui vivent le mourir s'en rendent compte. Ils sont comme jamais au fur et à mesure où ils sont de moins en moins. La mort qui est néant d'avoir est être à l'état pur. C'est l'énorme surprise de la mort, lisible dans l'étonnement de certains mourants, voire dans les larmes de joie comme certains, Husserl, par exemple, pleurant de joie avant sa mort comme Pascal pleure de joie lors du *Mémorial*.

À sa façon, le Petit Poucet raconte cet art des passages. Qu'importe que l'on soit petit et même le plus petit, si l'on est, on n'est pas petit, on est immense, puisque l'on a toute la plénitude de l'être en soi. Cela fait penser au chêne et au roseau, qui nous ramène au roseau pensant. Le chêne croit qu'il est parce qu'il a. Comme il n'est point, il ne peut résister à la vie. Il faut être pour affronter l'être de la vie. Qui n'a point d'être est « eu ». Il se fait avoir. Il n'y a que l'être qui permet de ne pas se faire avoir. Qui a son être ne se fait pas avoir. Il possède ce qui possède en étant un dépossédé. Ce qu'est le roseau. Le roseau n'a rien. Il est. Il peut donc résister à la vie. L'être de la vie ne peut rien contre lui, puisqu'il est dans l'être. L'être ne peut pas aller contre l'être. Cela répond à la question du tsunami et de Dieu. La Fontaine a répondu à cette question avec trois siècles d'avance. Pascal aussi[1].

La vie est un grand tsunami. C'est un raz de marée. Elle donne tout. Elle prend tout. En prenant tout, elle convertit l'avoir en être. Le tsunami qui a eu lieu en Asie du Sud-Est nous bouleverse. Il y a de quoi. Mais nous oublions les nôtres. Nous oublions notre propre vie, qui est un tsunami. Si bien que le sens de celui-ci s'éclaire. S'il nous frappe, c'est que notre propre conscience de la vie comme de nous-mêmes ne nous frappe plus depuis longtemps. Ayant étouffé nos raz de marée intérieurs, les raz de marée extérieurs nous bouleversent et nous ne nous y intéressons que pour mieux continuer à ignorer ceux que nous aurions dû faire vivre et que nous ne faisons pas vivre.

Merveilleux La Fontaine, qui a tout compris. *Le*

1. La Fontaine, *Fables et Contes*, Gallimard, coll. « La Pléiade », 1991, Livre 1, p. 64.

Chêne et le roseau. Qui est brisé par les tempêtes ? Celui qui a pensé qu'aucune tempête ne le briserait. Celui qui se croyait fort, parce qu'il pensait que la force consiste à avoir et non pas à être. La preuve. Les Occidentaux rendus sur place après la catastrophe ont été frappés par une chose. Il n'y avait que les Occidentaux pour se révolter contre le Ciel auquel ils ne croient pas. Les « indigènes » qui croient au Ciel n'ont eu aucun geste de révolte. Ils se sont tus. Ils ont nettoyé leurs villages dévastés et commencé à reconstruire. Avec une immense dignité. La mort ne paraît scandaleuse qu'à celui qui a oublié que la mort existe et qu'il va lui aussi un jour mourir. L'oubli de la mort n'existe que parce que l'oubli de l'être existe, tant on est absorbé par l'avoir. En fait, le tsunami a davantage eu lieu en Occident qu'en Orient. Il a davantage frappé ceux qui n'en ont pas souffert que ceux qui en ont souffert. C'est toute la différence qu'il y a entre les peuples de l'avoir et les peuples de l'être. Qui ne sait plus être parce qu'il ne fait qu'avoir ne sait plus quoi faire, quand l'avoir disparaît. Il pense ne plus rien être parce qu'il n'a plus.

Boris Cyrulnik a décrit la façon dont on sort du malheur. Tous les témoignages convergent. C'est en faisant levier avec soi-même. On désespère face à l'épreuve et on souffre, tant que l'on oublie que l'on est. Quand on s'en souvient, prenant conscience de ce que l'on est, on découvre qui on est. On n'est pas l'épreuve, l'échec, le ratage de la vie. On est celui, celle qui est malgré l'épreuve, l'échec. Et ce faisant, on est celui qui, en étant ce qu'il est, laisse transparaître l'être qui est ce qu'il est. On devient ainsi « résilient ». Dans les camps de concentration, c'est ainsi que les survivants ont survécu. Tel Bruno Bettelheim, ils ont découvert l'individu fondamental, le « cœur conscient »[1]. Entre révolte et désespoir qui marquent les réactions de celui qui s'identifie à l'extérieur de lui-même, il y a l'individu qui s'identifie à lui-même. On est sauvé, quand on a trouvé cet individu-là. Tous les récits de récits de résilience racontent cette conversion, souligne Boris Cyrulnik. C'est ainsi que l'on trouve en eux toujours la dynamique que l'on trouve chez Maxime Gorki. La désolation, la réparation, le triomphe. Ce que l'on trouve, au demeurant, dans *Le Petit Poucet*. La désolation des parents. Puis, la réparation, lorsque le Petit Poucet remplace les bonnets de nuit par des couronnes. Enfin, le triomphe, l'enfant l'emportant sur l'ogre. Ce qui répond à l'interrogation sur l'attitude de Dieu face à la souffrance des enfants. Quand on vit dans l'extériorité, quand on est avalé par l'ogre des forces inconscientes que l'on porte en soi, on a le sentiment que Dieu ne fait rien. On est déprimé. Comme les parents sont déprimés.

1. Boris Cyrulnik, *Un merveilleux malheur*, Odile Jacob, 1996, p. 11.

Comme l'homme banal est déprimé. Quand, en revanche, on est dans son germe de vie, tel le Petit Poucet, on surmonte son symptôme dépressif. On réveille l'homme couronné que l'on porte en soi. On ne se demande plus ce que Dieu fait. On fait et l'on s'aperçoit que Dieu est dans ce faire. Il est ce germe de vie qui, en étant vécu, terrasse la mort.

Il y a l'homme arrêté, l'homme qui ne vit pas. Il y a l'homme en mouvement, l'homme qui vit. C'est l'homme arrêté, l'homme qui ne vit pas, qui se demande ce que Dieu fait face au mal. Qui ne fait rien a besoin que Dieu fasse, puisqu'il ne fait rien. Il est angoissé que rien ne se fasse. Il aimerait que Dieu fasse, pour continuer à ne rien faire. Qui fait n'a plus cette angoisse. Agissant, il découvre en lui une énergie lui permettant d'agir. Il est non seulement dans la vie, mais dans la vie de la vie. Dieu devient une évidence. Dieu apparaît, en même temps qu'il apparaît et que le mal disparaît. Il comprend alors le sens des choses. La vie étant vivante, elle veut que l'on vive. Tout se comprend dès lors que l'on se met à vivre au lieu de s'arrêter. Il n'y a qu'une chose à faire pour cela : s'identifier à la vie que l'on est et non au monde que l'on voudrait avoir et que l'on n'a pas.

Il y a ce que l'on est. Il y a ce que l'on fait. On est parce que l'on fait. On ne fait pas simplement parce que l'on est. On a là le sens du mimétisme. C'est par le mime que l'on passe de l'être au faire. On fait ce que l'on fait, parce que l'on ne se contente pas d'être ce que l'on est. On vit ce que l'on est. On fait ce que l'on est. Donc, on est ce que l'on est. L'être passe par le faire. Il faut faire être ce que l'on est, pour être ce que l'on est. La Bible le montre bien, quand elle met en place une double création de l'homme. D'abord, Dieu crée l'homme ; puis il le fait. D'abord, l'homme est. Puis il devient ce qu'il est. C'est alors qu'il est vraiment. Il ne se contente pas d'être. Il est ce qu'il est. Il est alors vraiment. Dans l'accomplissement de son être. Cela renvoie au fait de dire que l'homme a été créé dans l'image et pour la ressemblance avec Dieu. L'homme a été créé dans l'être de Dieu pour être cet être. L'homme est de l'être et il est appelé à faire être cet être. Il n'y a donc que de l'être. Il n'y a que de l'être en mouvement. Il n'y a que du Je Suis se communiquant à d'autres Je Suis.

Le mimétisme est à la base de toute construction humaine. De toute anthropologie également. Tous les anthropologues s'accordent à ce sujet. L'homme grandit en mimant son entourage. Il devient ce qu'il est en mimant ce qui est. Il est ce qu'il est en faisant ce qui est. Le mimétisme est la médiation de la libération de soi. On est en se faisant. On se fait en étant ce que l'être fait. Le mimétisme est la médiation permettant de passer de l'être extérieur à l'être intérieur.

Il n'est pas aisé de passer de l'être au faire être. Cela demande une mort à soi. Il importe de passer de l'enfant de l'autre au père de soi. L'enfant de l'autre rechigne contre le père de soi. Il rechigne tellement qu'il le tue. Témoin, ce que constate Freud à l'échelle individuelle comme à l'échelle collective. Individuellement, l'enfant est en révolte contre son père. Il ne veut pas tuer l'enfant de l'autre pour faire naître le père de soi. Il désire demeurer l'enfant de l'autre. Il tue donc le père de soi. Cela donne les tyrannies de l'intimité où l'enfant de l'autre domine, terrorise et tue le père de soi. Tragédie non pas du devenir mais du non-devenir. À l'échelle collective, ce psychodrame d'adolescence donne le meurtre de Dieu par la civilisation. Cela donne deux réactions. Le conformisme religieux. L'athéisme. Pour ne pas devenir soi, on se réfugie dans une religion extérieure. Ou bien on devient extérieur à toute religion. Dans tous les cas, on refuse la paternité intérieure. Si bien que l'anthropologie doit être reconsidérée. L'homme n'est pas cet être qui passe de la nature à la culture, comme on le pense si souvent. Il est cet être qui passe de l'enfant aliéné au père libéré. Il n'y a pas de nature à l'origine de l'homme. Il n'y a que rupture. L'homme est celui qui cesse d'être un aliéné pour devenir un délivré. C'est le sens de l'histoire d'Israël. C'est le sens de notre histoire. Nous sommes aliénés tant que nous nous croyons libérés. Nous sommes libérés dès que nous nous découvrons aliénés. Il suffit de lire la Bible pour s'en rendre compte. Celle-ci raconte la réalité des choses. Elle explique ce qui se passe quand l'homme naît et quand il ne naît pas. Ce qui permet de comprendre pourquoi on tue des enfants et des innocents. L'enfant qui n'est pas né devient l'homme qui empêche l'enfant de naître. L'innocent qui n'est pas né devient le coupable culpabilisant qui interdit à l'innocent d'apparaître.

Tout est donné dans la Genèse. L'homme recule devant la paternité intérieure. Il préfère l'homme extérieur à l'homme intérieur. Il préfère consommer du fruit de l'arbre du bien et du mal plutôt que d'être un arbre de vie. Il préfère être l'enfant de l'autre plutôt que de devenir le père de soi. Il est facile de juger de l'extérieur en étant extérieur à la transcendance. Autre chose est de devenir transcendant. On ne veut pas être transcendant, mais pouvoir juger la transcendance. Tout juger par la même occasion. Ce qui donne ces comportements qui, sous prétexte de critiquer le mal, finissent par prendre l'allure de ces consommateurs en colère fulminant contre le mal qui appellent Dieu comme on appelle la direction dans un restaurant, quand quelque chose ne va pas. La Bible et le judaïsme nous le montrent bien. Les récits que l'on y trouve mettent en scène l'humanité qui se trompe d'humanité. L'humanité se pense comme une humanité banale, alors qu'elle est une humanité divine.

L'histoire de Caïn et d'Abel le montre bien. Celle-ci raconte la naissance du meurtre, mais aussi la façon d'en sortir. Ainsi que le rappelle Marie Balmary, en hébreu, Caïn veut dire « J'ai acquis » et Abel « partir en fumée[1] ». Caïn est celui qui possède. Il est dans l'avoir. Abel est celui qui se dépossède en partant en fumée. Caïn et Abel symbolisent la dualité de l'avoir et de l'être. Caïn est agriculteur et offre à Dieu les produits de sa terre. Abel est pasteur et lui offre les aînés de ses agneaux. Caïn donne ce qu'il a. Abel donne ce qu'il est. On comprend dans ces conditions que Dieu refuse les dons de Caïn. On va à l'être par l'être et non par l'avoir. Si Dieu acceptait les dons de Caïn, il permettrait que l'on accède à l'être par l'avoir. Il interdirait l'être. Il empêcherait Caïn d'aller vers son être. Le refus divin n'est pas un refus, mais une levée d'interdit. Dieu ne veut pas que l'humanité s'interdise d'elle-même.

Caïn ne l'entend pas de cette oreille. Dominé par la logique de l'avoir, il élimine l'être en tuant Abel.

1. Marie Balmary, *Abel ou la traversée de l'Éden*, Grasset, 1999, pp. 300-345.

Son histoire ne s'arrête cependant pas là. Une fois son meurtre accompli, Caïn fuit. Il se sent coupable. Comme Adam après la chute. Qui fait le mal identifie la vie au mal et rend ainsi la vie invivable. Dieu ne se venge pas toutefois. Mieux. Il interdit que l'on tue Caïn. Qui le tuera sera tué sept fois. Caïn devient un signe. Dieu soigne le non-être par l'être et non par le non-être. On a là la réponse quant au silence et à l'absence de Dieu. Celui-ci n'est ni silencieux, ni absent. Il agit par l'être. Notre habitude de voir le monde avec les yeux de l'avoir nous empêche de le comprendre. Plus les hommes perdent leur dignité, plus il importe de leur en donner une. Moins ils sont, plus il convient qu'ils soient.

Ainsi, l'histoire de Caïn est celle de l'invention de l'amour face à la haine, du refus de se venger face au mal. On l'oublie. Pourtant, il y a là un geste fondateur. La justice se fonde sur le refus de la vengeance. Qui se venge introduit la notion de meurtre légal. Il n'y a pas de meurtre légal. Aucun meurtre n'est légal. Tous les jours, malheureusement, des crimes sont commis dans le monde. La justice s'efforce de ne pas se venger. C'est cela qui sauve. On n'en veut pas à la justice de ne pas se venger. On lui en veut plutôt quand elle le fait. Appliquons le même principe à Dieu. Dieu n'est pas un Dieu de vengeance, mais de justice. Il arrive au désir de vengeance de le regretter. C'est lui qui parle alors d'un silence de Dieu.

On pourra dire que l'épisode de Noé contredit cette idée. Dieu n'envoie-t-il pas un déluge pour balayer l'humanité contre laquelle il est en colère ? Ne précipite-t-il pas Sodome et Gomorrhe dans les flammes ? N'a-t-il pas un côté exterminateur chez lui ? Pris au pied de la lettre le récit donne à le penser. Symboliquement, il en va autrement. Noé signifie le repos. Ce qui est repose dans son être. L'être et le repos se confondent. Être, c'est reposer en soi. Reposer en soi, c'est être. On parvient à l'être quand on rentre en soi comme dans une arche intérieure en y emportant tous les possibles de l'existence, toutes les énergies de la vie symbolisées par les animaux. On devient alors comme Dieu. Et l'on comprend que Dieu est le Dieu de l'alliance.

On comprend Dieu chaque fois que l'on balaye l'humanité extérieure afin de rentrer dans son humanité intérieure où sommeillent toutes sortes d'énergies, toutes sortes de possibles. La vie est profondeur infinie. Celle-ci se dévoile dans la profondeur. Plus il y a de profondeur, plus il y a d'être. Plus il y a d'être, plus on est. C'est donc dans une vie submergée de profondeur que Dieu se dévoile. C'est une telle profondeur qui guérit. Le mal, la violence viennent de ce que l'humanité reste à l'extérieur d'elle-même. Qui est extérieur à lui-même n'est pas. Qui n'est pas en veut au monde de ne pas être. Il accuse le monde de ne pas faire ce qu'il devrait faire. On se délivre de cette logique de violence en rentrant en soi. Ce qu'invite à faire toute psychothérapie. Dans l'Histoire, la religion est le grand thérapeute de l'humanité. On ne l'aperçoit pas assez. Notre habitude de confondre religion et mal empêche de l'apercevoir. Dieu agit par le biais des religions et, notamment, de l'Église. Celle-ci accueille, nourrit, protège, éduque, enseigne, ressource, guérit, vivifie. Seul un être sans Église peut avoir l'impression que Dieu est silencieux et absent. Dans la vie de l'Église, ce n'est nullement le cas. Noé raconte le don de la religion à l'humanité. Le judaïsme a parfaitement bien compris en quoi consiste la religion et ce qu'être religieux signifie. La religion est avant tout repos. Être religieux signifie se reposer. D'où l'importance du *shabbat*. Rentrons dans notre repos intérieur. On découvre la logique qui guérit. C'est parce que nous ne sommes pas en repos en nous-mêmes que nous avons l'impression que Dieu ne fait rien et se tait.

La cabale explique que Dieu a créé le monde en se retirant pour le laisser advenir. Les Pères de l'Église, les Pères grecs notamment, disent la même chose. Ils utilisent le terme de kénose pour décrire la présence divine. Dieu agit dans le retrait. Il ne faut pas avoir une image spatiale de ce retrait. Celui-ci ne signifie pas un éloignement dans l'espace, mais la réalité très puissante et très intime de l'action divine. Dieu sur qui tout repose « repose ». C'est en reposant en soi qu'on le trouve et que, le trouvant, on libère les plus grandes forces qui soient. La maladie se guérit par le repos. La violence aussi. Si on se reposait plus qu'on ne le fait, on comprendrait mieux l'action divine dans l'Histoire. Dieu agit par les grandes forces de repos de l'univers. Il ne bouge pas. Il ne s'agite pas. Il n'agit pas. Et c'est cela qui fait bouger les choses. Cela qui agit. Cela qui transforme le monde. Toute œuvre créatrice naît d'un repos. Il faut laisser reposer le regard pour voir et laisser reposer une oreille pour entendre.

On bouge trop. On s'agite trop. C'est pour cela qu'il y a tant de crimes, de violence, de mal. C'est ce que montre bien l'épisode du sacrifice d'Abraham. Quand l'homme vit à l'extérieur de lui-même, il a une religion violente. Il sacrifie ses premiers nés. Au lieu de sacrifier son être premier qui est l'être extérieur afin d'aller dans l'intérieur, il fait l'inverse. Il sacrifie l'être extérieur sans rentrer à l'intérieur. Cela donne la religion des Aztèques fondée sur le sacrifice humain. Religion emblématique de toutes nos religions. On sacrifie l'humain tous les jours, d'une façon ou d'une autre. À l'économie. À la politique. Il n'est pas rare d'entendre dire qu'une bonne guerre ou une bonne crise arrangent les choses. Ne disons pas que l'humanité n'a pas de Dieu. Le Dieu du sang, le Dieu de la mort, le Dieu du meurtre est le premier Dieu de l'humanité. La plus grande religion qui soit est celle de la violence.

Abraham est comme tout homme. Il a cette religion. C'est ce qui explique la stérilité de Sarah. Ni Abraham ni Sarah ne sont allés dans leur profondeur intérieure. La Bible le suggère explicitement. Abraham s'appelle Avram et non Abraham. Il est le « Très Haut » et non le « Père des multitudes ». Sarah s'appelle Saraï et non Sarah. Elle est « Ma Princesse » et non « Princesse de tous ». Abraham et Sarah sont dans l'avoir et non dans l'être. C'est la raison pour laquelle ils ne peuvent pas « avoir » d'enfants. On donne la vie quand on est la vie. Ni l'un ni l'autre ne voient l'autre. Dieu va les retourner. Il révèle à Abraham qu'il va être père. Abraham rit et le révèle à Sarah qui rit aussi. Ils sont centenaires. Comment pourraient-ils enfanter ? C'est pourtant ce qui a lieu. Ce qui est logique. Le rire est la vraie religion de l'humanité. Et non le meurtre. Le rire salue la vie. La vraie religion de l'humanité est celle de la vie. On découvre une telle religion de la vie quand on rentre en soi. En faisant naître son homme intérieur, on remonte le cours du temps. On rajeunit au lieu de vieillir. La mort cesse d'être une angoisse. La vie devient un grand rire.

Dieu envoie Abraham et Sarah dans leur naissance intérieure. Il libère leur aptitude à rire. Ils peuvent alors mettre au monde Isaac, le rire de Dieu. Cette naissance n'est cependant pas suffisante.

Tout n'est pas accompli. Abraham doit aller au bout de sa naissance intérieure. Il doit totalement délivrer la religion de la vie. C'est ce que signifie l'épisode du sacrifice. Là encore, la Bible est explicite. Abraham n'a pas compris l'ordre divin d'aller sacrifier son premier-né. Il n'a pas réalisé que Dieu lui demande de sacrifier le premier-né de lui-même à savoir l'homme extérieur qui a la religion de la mort et non son fils. Isaac. La preuve, quand Abraham interprète l'ordre divin de l'extérieur, Dieu ne s'appelle pas Iahvé à savoir Je Suis, mais Adonaï, qui signifie les forces, les énergies. En revanche, quand Abraham passe de l'extérieur à l'intérieur, quand il est retenu par son ange intérieur de tuer son fils, Dieu ne s'appelle plus Adonaï mais Iahvé. Abraham oscille, autrement dit, entre son inconscience et sa conscience. Il est dans une logique de mort, quand il est dans son inconscience, dans une logique de vie, quand il est dans son Je Suis. C'est Isaac qui va permettre à son père de passer de la mort à la vie. Tout simplement en appelant son père après que son père l'eut appelé. Abraham dit « Me voici » comme Isaac l'a dit. En disant « Me voici », il fait surgir le nom de Iahvé. Il rentre dans son Je Suis qui rentre en lui. Plus besoin de tuer un enfant à l'extérieur, quand on a fait naître son homme intérieur[1].

1. Annick de Souzenelle, *L'Égypte intérieure*, Albin Michel, 2001, pp. 203-209.

On a ici la réponse à la question de savoir comment Dieu peut tolérer la souffrance des enfants. Il ne la tolère pas. Il la combat. Et c'est l'œuvre de la religion bien comprise que d'effectuer ce combat. L'enfant ne souffre plus, quand l'homme intérieur est né. Il cesse d'être sacrifié, quand l'humanité naît à la religion de la vie grâce au nom de Dieu « Je Suis ». Dieu n'est donc pas en face de l'humanité en train de la regarder se démener. Il est la mutation même de l'humanité. Il est la vie souffrante quand la vie souffre. La vie martyrisée, quand la vie est martyrisée. La vie vivante, quand la vie déborde. Cela est évident avec le Christ.

Dieu se fait enfant en la personne de Jésus son fils. Au moment même où celui-ci naît, Hérode, le roi d'Israël, apprenant qu'un autre roi est né, fait tuer tous les enfants de moins de deux ans, afin d'évincer l'intrus. Ce massacre est révélateur. Il ne faut pas confondre le pouvoir et la puissance. Le pouvoir est contrainte, violence. La puissance est rayonnement, lumière. On peut dominer par le pouvoir comme le tyran domine. On peut dominer par la puissance. On est alors le vrai Roi. Le Christ est venu révéler la véritable royauté, qui est de puissance et non de pouvoir. C'est la raison pour laquelle il se heurte au pouvoir qu'il vient heurter. Moins on est dans la puissance, plus on est dans le pouvoir. Plus on est dans la puissance, moins on est dans le pouvoir. Dieu n'utilise pas le pouvoir. Il utilise la puissance.

S'il utilisait le pouvoir pour abattre le pouvoir, il diviniserait le pouvoir. Ce qu'il ne fait pas. D'où l'impression qu'il ne fait rien. Ce qui est, bien évidemment, une erreur. Il agit. La preuve. Le Christ a bouleversé le monde en révélant la vraie royauté. Elle émane de la puissance des doux. La douceur est irrésistible. Rien ne peut s'opposer à elle puisqu'elle ne s'oppose à rien. Contrairement au pouvoir qui commence toujours par gagner avant de perdre, elle commence toujours par perdre avant de gagner. C'est ainsi. Les grandes choses se font toujours en silence. Le bien ne fait pas de bruit et le bruit ne fait pas de bien. C'est le pouvoir qui se montre. Il le fait en pratiquant la terreur. Sa victoire fait sa défaite. Qui terrorise se fait haïr. Qui se fait haïr est un jour submergé par ses ennemis. Qui prend l'épée périt par l'épée, selon la grande loi des chocs en retour, qui est la grande loi de la vie. La haine appelle la haine. La violence entraîne la violence. Si bien que le violent est pour lui-même le pire ennemi de lui-même. La douceur est, à l'inverse, pour elle-même la meilleure amie d'elle-même. Pour l'humanité aussi. Le doux ne se faisant pas d'ennemis surmonte toute inimitié. Il devient ainsi le grand vainqueur de l'Histoire. Heureux les doux. Ils hériteront la terre. Cela demande d'avoir de la force d'âme. On n'en a pas toujours. On est tenté de ne pas en avoir. Quand on est en face de la terreur, il arrive que l'on ait envie de terroriser la terreur. On sait que cela ne conduit qu'à son escalade.

Nous parlons trop la langue du pouvoir. Nous la laissons trop parler. C'est elle qui nous suggère de haïr, de répondre au mal par le mal. C'est elle qui nous murmure qu'étant donné le mal régnant sur terre Dieu ne peut exister et, s'il existe, il ne peut être bon comme on le dit. Seul le pouvoir tient ce genre de syllogismes. Comme il est violent, il fait désespérer. Comme il désespère, il devient violent. On sort de la violence et du désespoir par la douceur ainsi que la foi. La douceur fait aimer la vie et l'amour de la vie fait aimer la douceur. On comprend alors ce que l'on avait tant de mal à comprendre. C'est une logique d'invisible douceur qui mène l'Histoire. Souvent au prix du martyre. Il faut le savoir. Ce n'est pas parce que l'on gagne que l'on a gagné, ni parce que l'on perd que l'on a perdu. Le martyr qui perd la vie a gagné toute la douceur du monde. La violence qui gagne le pouvoir a perdu toute la lumière du monde. Le violent a gagné de vivre sans douceur, sans lumière, sans éternité. Il a gagné de vivre une éternité de malheurs, au milieu des violents. On comprend dès lors pourquoi Dieu est doux. Pourquoi il est allé sur la croix. Pourquoi il existe. C'est sa mort qui est la meilleure preuve de sa vie. La plus grande force du monde résidant dans la douceur, Dieu ne peut être qu'un Dieu doux et ce Dieu ne peut que mourir sur la croix. Aussi étrange que cela puisse paraître, la mort de Dieu sur la croix est la preuve de son existence, cela ne pouvant s'inventer. C'est la douceur qui parle, quand on parle ainsi. Ce n'est pas un raisonnement de métaphysicien. Dieu existe parce qu'il est doux. Il existe chaque fois que l'on est dans la douceur. Celle-ci le fait comprendre. Et, le faisant comprendre, elle éclaire ce qui manque tant. On a trop parlé de Dieu sans douceur. Voilà pourquoi son existence semble si peu probable, si lointaine, si incompréhensible. Oui. Heureux les doux. Non seulement ils guérissent la terre de ses blessures en y introduisant la douceur qui lave tout, mais en plus ils nous offrent les lumières qui nous manquaient. On comprend l'invisible, quand on comprend la douceur. Souvenons-nous. Qu'est-ce qui a été un baume pour le cœur, quand nous avons eu mal ? Qu'est-ce qui l'est encore, quand nous avons mal ? Un discours justifiant le mal ? Nullement. Un tel discours accable. Il est le mal en donnant raison au mal d'exister, comme les amis de Job donnent raison à sa souffrance de l'assail-lir. Non, ce qui nous a apaisés, c'est un peu de paix, un peu de douceur, un peu de silence. C'est là l'explication qui nous manque, quand il est question du mal. La seule qui soit valable. Il n'y a pas d'explication au mal, sinon qu'il n'y a pas d'explication à avoir. La réponse au mal n'est pas une affaire de raison, mais de douceur. Le monde est tourmenté et se tourmente, parce qu'il vit sans douceur. Dieu a répondu au mal par sa douceur. Il a montré quel est, quel doit être le Dieu de l'humanité. C'est cette douceur qui manque à l'athéisme. Au bout du compte, celui-ci est faux parce qu'il est dur. Ne pas croire parce que le mal existe, c'est rajouter dureté à la dureté déjà existante. Il y a tant de révolte, tant de désespoir, pourquoi en rajouter encore ? Et si on était un peu plus doux au lieu d'être de plus en plus dur ? Dieu n'est pas dans les explications, mais dans la douceur. Il est dans ce qui repose, dans ce qui fait rire, dans ce qui apaise. La preuve. Un peu de repos, un rire, de la douceur. Nous voilà prêts à repartir et à vivre cette vie qui nous paraissait dépourvue de sens. C'est cela Dieu. Un élan de vie vers la vie avant tout sens, par-delà toute explication. Ton élan.

CONCLUSION

Le monde et la vie

Dostoïevski, le prophète

Avec le cri d'Ivan Karamazov, Dostoïevski a lancé la grande question moderne sur le mal et sur Dieu. Il y a lui-même répondu. Ce n'est pas dans un raisonnement que l'on trouve une réponse au sujet de Dieu comme du mal, mais dans l'amour, la compassion et la foi. Si Dieu a du sens, c'est d'être cet élan de vie vers la vie qui, donnant envie de vivre, donne du sens à la vie. S'il y a du sens à se tourner vers lui, c'est pour sentir cet élan vivre, pour le faire croître, pour le ressusciter quand il n'est plus. Le mal trouve dès lors son éclairage. Il existe quand Dieu n'existe plus. Quand il n'y a plus d'élan, quand on n'a plus d'élan vers cet élan. Dieu est vivant. Il naît, il meurt, selon que l'on naît ou que l'on meure. Il est là où l'on est. Il n'est pas là où l'on n'est pas. Sachant une chose : il est là où nous ne sommes pas encore. Et, quand nous ne sommes plus encore à nos yeux, nous le sommes encore aux siens. La vie se souvient toujours des vivants. Il faut vivre pour ne pas vouloir vivre. La vie contient ce qui la nie. C'est sa force sur nous. Le signe aussi de son grand amour. Elle donne de la vie même à ce qui va contre elle.

L'athéisme moderne se fonde sur le mal pour nier Dieu. On ne l'a pas toujours nié pour une telle raison. On a nié Dieu pour des raisons scientifiques. On l'a nié pour des raisons morales. On l'a traité d'illusion. On le traite encore d'illusion. On a vu en Dieu un refus de s'assumer, d'être libre et responsable de soi. Avec la question du mal, Dieu prend une autre allure. Il n'est plus une illusion ni une fuite. Il est étrangement bien réel. La réalité devrait être divine si Dieu existait. Tel est l'argument employé contre Dieu, pour dire qu'il n'existe pas. Ce qui est un aveu. On croit donc au divin, si on fait à Dieu le reproche que la réalité ne soit pas déjà divine. On y croit même furieusement. On voudrait que Dieu soit déjà là et le monde déjà sauvé. Certains, comme André Comte-Sponville, n'hésitent d'ailleurs pas à dire qu'il l'est déjà. Ils veulent dire qu'il est bon que la réalité soit et qu'il n'en est point d'autre. La vie est ici et non pas ailleurs. Elle est dans l'homme et non en Dieu. Ce propos est vrai, si je m'en tiens à une vue extérieure des choses. Si je me figure les choses spatialement, il va de soi que la vie est ici et non ailleurs, avec l'homme que je suis et non pas avec autre chose. Mais si maintenant je vais dans l'intérieur des choses, il en va autrement. Appelons Dieu l'extraordinaire de la vie, je m'aperçois que celui-ci n'éloigne pas du réel ni de l'homme que je suis, mais au contraire en rapproche. Mieux, impossible d'être dans la réalité ni en moi-même sans Dieu.

Se priver de Dieu, autrement dit, revient à se priver de réalité comme de soi. Il est rare que l'on ait perdu le sens de la réalité comme de soi-même. C'est la raison pour laquelle l'athéisme radical est rare. Dostoïevski a eu raison de le faire remarquer. Les gens se disent athées, parce qu'ils ne vont pas au bout de l'athéisme. S'ils y allaient, la vie n'ayant aucun sens, aucune espèce de valeur, ils devraient pouvoir tuer et se tuer sans sourciller. Ce qu'ils ne font pas. Si bien que le problème de l'existence de Dieu se renverse. La question n'est pas de savoir si Dieu existe, mais pourquoi l'athéisme existe. Comment se fait-il que l'on puisse vivre en pensant que la vie n'a aucun sens ? De deux choses l'une, ou la vie n'a pas de sens et on le démontre comme le surréaliste vidant son revolver sur la foule gratuitement. Ou bien elle a un sens. Il convient alors d'en tirer les conséquences. Trop facile d'appeler ce sens Dieu, dira-t-on ? Nullement. Ainsi que le souligne Descartes, ce n'est pas imaginer quoi que ce soit que d'imaginer Dieu. C'est, justement, ne plus rien imaginer. Un être infini et parfait dépasse l'imagination humaine. C'est en ce sens que parler de Dieu n'est pas imaginaire. En ayant le sens de l'inimaginable, on donne au réel comme à l'homme tout leur sens. Descartes ne dit pas autre chose. Il déclare avoir besoin de Dieu pour penser et être dans la réalité. Cela se vérifie aisément. Il suffit de savoir s'émerveiller. L'extraordinaire que l'on vit délivre la réalité du réel comme l'humanité de l'homme. Il n'y a, de ce fait, qu'un mal qui est tout le mal. Celui de ne pas s'étonner de vivre ni de ce que le monde existe. Dieu et le cœur vont ensemble. Notre cœur le sait. C'est la raison pour laquelle nous vivons. Reste alors une question. Pourquoi la conscience refuse-t-elle ce que le cœur pressent ? Sans doute parce que l'on veut mettre le cœur dans l'intelligence au lieu de faire l'inverse. Mettre l'intelligence dans le cœur, ainsi qu'invitent à le faire tous les spirituels, qui ont bien compris une chose. L'homme a des problèmes avec Dieu, parce qu'il en a avec son intelligence. Il ne veut pas renoncer à la tentation de vouloir dominer et comprendre. Il tue donc Dieu pour faire vivre le pouvoir de sa raison raisonnante. Même les théologiens ont ce défaut.

Dostoïevski l'a bien compris. L'athéisme est hanté par Dieu, parce que son propre désir de pouvoir le hante, comme il hante tout homme, croyant ou non croyant. En ce sens, la vraie question de Dieu se trouve dans le cœur de l'homme et concerne la relation que celui-ci peut entretenir avec sa propre force d'amour. Aime-t-on ? Va-t-on aimer ? Va-t-on aller au bout de sa propre force d'amour ? Il y a des croyants qui croient croire en Dieu. Dépourvus d'amour, en fait, ils n'y croient pas. Il y a des non-croyants qui, parce qu'ils aiment, croient déjà plus qu'ils ne le croient. À l'aune de l'amour, les croyants et les non-croyants ne sont pas ceux que l'on croit.

La conversion de Raskolnikof dans *Crime et châtiment* est, de ce point de vue, remarquable. Elle illustre bien ce qui se passe dans le cœur humain. Raskolnikof qui veut tout comprendre, tout dominer, a compris que parvenir au pouvoir absolu passait par le crime. C'est en tuant la vie qu'on la domine. Le crime est l'accomplissement de la nature de la raison humaine. Aussi n'est-ce pas un hasard s'il fascine les intellectuels, confère Camus et *L'Homme révolté*. Confère la violence de l'intelligence humaine. Il y a une chose que Raskolnikof ignore toutefois. C'est qu'en tuant on se tue. On ne peut pas tuer la vie sans tuer sa vie. Jankélévitch rappelle avec finesse que le crime est la punition de l'assassin. Il n'y a pas pire pour un homme que d'être un criminel. Le crime est d'abord un crime contre lui-même. Raskolnikof en fait la douloureuse expérience. Lors de son crime, il ne tue pas simplement une vieille usurière tyrannisant tout le quartier. Il tue une pauvre innocente qui n'a rien fait. Geste révélateur. Raskolnikof rêvait d'être un surhomme.

Le surhomme a eu peur d'être dénoncé. Il a eu peur du gendarme. Il a voulu le pouvoir sans en payer le prix. On ne peut pas tuer un homme sans se mettre à dos les hommes. Tout a un envers. Pour vivre pour le pouvoir il faut vivre et être homme. Si on ne respecte pas ces réalités, celles-ci se révoltent et le pouvoir devient impossible. Il n'y a donc pas simplement ce que l'homme peut contrôler avec sa raison et son pouvoir. Il y a le fait de l'humanité ainsi que celui de la vie. C'est ce que signifie Dieu. Il est le don toujours déjà fait de la vie et de l'homme à chacun. Qui nie ce don se nie. Qui l'accepte ressuscite. La vie humaine est l'histoire de ce don que l'on refuse dans une vie qui se perd et de ce don que l'on accepte en revenant à la vie. C'est ce que comprend Raskolnikof. Niant sa propre vie, il bascule dans un délire. Et pour cause. On ne peut pas à la fois vivre et nier la vie. Nions la vie, quand on vit, on se condamne à vivre la négation de soi et de sa vie. On devient une négation vivante pour soi et pour le monde. Cela veut dire, tristesse, délire, dépression. Raskolnikof va tomber dans ce gouffre. Il va en sortir parce qu'un jour une jeune prostituée, Sonia, le regarde comme un vivant et un homme. Avec amour. Il est resté à ses yeux un homme et un vivant. S'il l'est, c'est que là se trouve sa réalité. Là se trouve la réalité. Celle-ci se trouve dans une vie que l'on accepte. Une vie venue d'avant notre vie et se maintenant par delà tout. Pour l'amour, un homme est d'abord un homme et le demeure toujours. Qu'il soit un assassin ne change rien à l'affaire. Et même, cela justifie qu'il y ait plus d'amour.

On se demande ce qu'est Dieu. Un seul regard d'amour suffit à le montrer. Cette vie infinie dont on se demande si elle existe ou si elle est une simple illusion existe bien. Il suffit d'un regard d'amour pour que l'on comprenne ce que la raison humaine ne pouvait pas comprendre. Il existe une vie infinie comprenant tout au-delà de tout. Pour une telle vie, un homme est toujours un homme et le demeure toujours. Un homme est digne d'amour, surtout s'il a tué.

On ne peut pas empêcher l'homme de tuer et de faire le mal. Pour l'empêcher en étant sûr de pouvoir le faire, il faudrait supprimer l'homme et la vie. Il faudrait tuer l'homme. Le refus de tuer l'homme explique donc la possibilité du mal. Dieu « tolère » le mal, parce qu'il veut que l'homme vive. Son projet est d'abord la vie et non pas l'ordre. Qui plus est, si le mal existe, l'homme n'est pas abandonné au mal. La preuve. La vie qu'il porte en lui crie dans les profondeurs et le conduit tôt ou tard à se convertir à lui-même. Loi des chocs en retour. Si la vie ne peut pas empêcher le mal *a priori*, le mal ne peut pas empêcher la vie *a posteriori*. La vie vous rattrape toujours. On ne peut lui échapper. Pour une simple raison. Il faut vivre pour faire du mal.

Il faut même vivre pour se tuer. Il faut donc à un moment faire ce que la vie réclame. Vivre et non faire le mal. La vie a toujours le dernier mot. C'est elle qui a raison du mal, qui donne l'impression d'avoir raison de la vie.

En ce sens, c'est vivre qui est la réponse au mal et non comprendre le mal. Raskolnikof va le comprendre en revenant à la vie et en acceptant de se laisser comprendre par celle-ci. La vie se trouve dans la vie et non dans la mort et dans le crime. Il faut oser cette tautologie apparemment simpliste. Cela s'appelle vivre en toute innocence. Le comprendrons-nous un jour ? L'athéisme, une fois les révoltes légitimes contre les bêtises de la religion idéologique, finit pas être une bêtise lui aussi. On ne fonde rien sur le désespoir et la révolte. On ne va pas loin avec des gens qui ne croient pas que la merveille de la vie n'est pas qu'un accident. Espérons que viendra un jour où des voix qui sauront être capables de se faire entendre diront : « L'athéisme, ça suffit. » Nous serons plus libres que nous ne le sommes en ces temps où l'incroyance n'est plus le vecteur de lu-mières inédites, mais d'obscuri-tés envahissantes. Le monde moderne a tout pour être heureux. Il ne l'est pas. Il lui manque de faire vivre le mystère d'une vie qui vit déjà en lui et qui ne demande qu'à vivre plus encore. Il faut arrêter de se féliciter d'être les meurtriers de Dieu, pour devenir les vivants de Dieu. Ce que Raskolnikof fait, quand, abandonnant sa logique de criminel, comme on dépose un habit usé qui ne sied plus, il redevient le vivant qu'il était, sans savoir qu'il était. Seule une humanité perdue croit que la vie se trouve dans le mal. Et ce parce qu'elle pense obscurément que le mal se trouve dans la vie. La vie n'est pas un mal, mais une bénédiction. Raskolnikof ose le comprendre. Il est alors libre. Et, mieux que cela, innocent. Ce qu'il rêvait au fond d'être, sans savoir l'être. Il faut, pour être innocent, être simplement innocent. On peine à le devenir. On veut se donner l'innocence au lieu de la recevoir. Sonia la jeune prostituée qui aime Raskolnikof le sait. C'est la raison pour laquelle elle dit à celui-ci « va au carrefour, salue le peuple, baise la terre que tu as souillée par ton crime et proclame tout haut à la face du monde : « Je suis un assassin[1]. » Si Raskolnikof avoue qu'il est criminel et non innocent de commettre des crimes, il va faire revivre l'innocence qui est en lui. En appelant le crime le crime, il va appeler l'innocence innocence. Et l'appelant ainsi, il va la faire revivre. Tant il est vrai qu'il suffit de ne plus innocenter le crime pour la faire reparaître. L'homme est un vivant avant tout. Là réside son innocence. Sa seule faute est de ne pas le croire. En se mettant à le croire, Raskolnikof l'éprouve. Lui

---

1. Dostoïevski, *Crime et châtiment*, trad. V. Pozner, Gallimard, vol. 2, p. 358.

qui vivait un cauchemar est soudain guéri. « Un immense attendrissement le gagna. Les larmes lui jaillirent des yeux. D'un seul élan, il se précipita à terre, se mit à genoux au milieu de la place, se courba et baisa le sol avec une joie délicieuse. »

Du monde à la vie

On discute beaucoup à propos de Dieu. Il y a ceux qui y croient. Il y a ceux qui n'y croient pas. Le monde est, de ce fait, divisé entre croyants et non-croyants, entre partisans de Dieu et partisans de l'homme. On pense, dès lors, que telle est la réalité des choses, telle se formule la question de Dieu, comme celle de l'homme. Il y a là une erreur. La vraie question n'est pas celle de Dieu ou de l'homme, mais de la vie. Il y a ceux qui vivent et ceux qui ne vivent pas.

Quand on vit, que ce soit Dieu ou l'homme, Dieu n'est pas un problème pour l'homme ni l'homme pour Dieu. Dieu étant la vie infinie invitant toute vie à vivre ainsi qu'à se personnaliser, il veut l'homme. L'homme étant la vie vivante et personnelle, cette vie veut la vie infinie que l'on trouve en Dieu. Dieu et l'homme deviennent ainsi la face l'un de l'autre. Dieu est le visage infini de l'homme et l'homme le visage incarné de Dieu. Renvoyant l'un à l'autre, ils se révèlent l'un l'autre. Et, se révélant ainsi, tout devient vivant grâce à une telle rencontre. Quand un homme se met à vivre de tout son être, il fait vivre non seulement ce qu'il vit, mais ce qui vit. Tout devient personnel ainsi qu'individuel. La vie infinie de Dieu n'est plus une réalité abstraite, mais concrète. Elle se révèle être une vie vivante vivant en tout point de la réalité. De sorte que l'infini n'est pas plus grand que le fini. Il n'écrase pas celui-ci. Chaque point de l'univers compte, quand la vie infinie se vit en tout point.

On le découvre en vivant. Cela demande de vivre. On se met à vivre en allant de l'extérieur à l'intérieur. Concrètement, cela veut dire passer du monde à soi. Ce qui n'est pas simple. Le monde est ce que l'on voit. Ce que l'on voit est un ensemble confus de bonnes et de mauvaises choses projeté dans un vertigineux foisonnement, dans une stupéfiante exubérance. Le monde n'a pas de sens, parce qu'il les a tous. Il faut dès lors comprendre que, s'il y a un sens, celui-ci est ailleurs. Dans la vie et non dans le monde.

Si le monde est ce que l'on voit, la vie est ce que l'on ne voit pas. Et pour cause ! Nous sommes cette vie. Nous sommes un point de la vie infinie, ce souffle créateur s'incarnant et s'individualisant afin d'amener toute chose à la liberté et à la création. De ce fait, si le monde n'a pas de sens, la vie en a un. Témoin le fait que nous aimons la vivre. Et que, vivant ainsi, nous faisons vivre le monde en créant un monde vivant. On comprend alors ce qui est souvent obscur, s'agissant du sens de la vie. Un tel sens existe. Il n'est pas simplement extérieur à nous, déposé devant nous dans le monde. Il est en nous. Il est la vie infinie poussant l'homme à vivre, afin qu'il fasse vivre le monde. Il vit dès lors quand l'homme vit. Dieu a bien un plan. Il veut que l'homme soit le sens en le faisant vivre. Quand tel est le cas, celui-ci devenant l'icône de la vie, Dieu et l'homme se rencontrent en lui. L'homme passe de l'homme au Christ, Dieu fait homme. Et, devenant tel, il prend conscience que la question de Dieu ne réside pas tant en Dieu que dans le Christ, à savoir l'unité de Dieu et de l'homme, du fini et de l'infini.

Relisons les Évangiles. Le problème de la vie et du monde y est clairement posé. Le Christ se définit comme étant la vie, en distinguant la vie du monde. Le royaume n'est pas du monde, dit-il. Sous entendu, il n'est pas au-delà de lui, mais dans la vie. La vie est envoyée dans le monde. Le monde, en un premier temps, la refuse. Il lui fait obstacle. Le visible refuse l'invisible. Ce que l'on voit refuse ce que l'on est. On est alors dans le Satan, qui signifie obstacle. Le monde refusant ce qu'il est se raccroche à ce qu'il voit, tels les hommes perdus et enchaînés de la caverne de Platon. L'humanité est esclave du monde qu'elle voit. Elle vit sans intériorité. Sans profondeur. D'une façon plate et banale. Toutefois, dès lors qu'il est vécu de l'intérieur, l'obstacle est surmonté. Il devient porte, ouverture, passage, Christ et non Satan. Il suffit de voir ce que l'on voit au lieu de simplement le voir, on passe de l'image à la présence. Le visible n'est plus un obstacle pour l'invisible. Il est révélation de l'invisible. On est dans le monde de l'apparition et non plus de l'apparence. Tout paraître, dès lors qu'il est habité, devient révélation.

Le monde n'est donc un obstacle que quand il n'est pas habité. Il est une ouverture dès lors qu'il est vécu. On passe de l'obstacle au passage en vivant l'obstacle comme un signe. Le monde fait obstacle ? C'est qu'il nous faut le vivre autrement. Il nous faut le vivre précisément et non attendre qu'il vive pour nous. D'où le sens de cette parole du Christ : « J'ai vaincu le monde. » Mon moi vivant a vaincu le monde. Qu'importe que le monde soit un non-sens. Quand la vie en a un, il n'y a pas de problème à vivre au milieu du monde. On peut vivre au milieu de la tempête. Il suffit de vivre. Là est le point d'équilibre. Nous avons du mal à le comprendre. Nous sommes quotidiennement confrontés à la question du monde. Sous deux formes : l'oubli de la vie, le désespoir à propos du sens. Quand on oublie la vie, on cherche à donner un sens au monde. On y parvient en forçant celui-ci. En lui imposant la dictature d'un sens. Quand on s'en aperçoit, il n'est pas rare que l'on désespère du sens en pensant qu'il n'existe pas, du fait que le monde n'en a pas. Le désespoir devient le second oubli du sens. Ce qui est tragique.

Il est juste d'entendre l'appel du sens. Il est tragique de vouloir aller chercher celui-ci dans le monde. Quand le sens appelle, c'est la vie qui appelle. Celle-ci appelle d'autant plus que le monde n'a pas de sens, puisqu'il les a tous. Quand on ne le comprend pas, on débouche sur la folie des rationalisations humaines. Il n'est pas exagéré de dire, à cet égard, que Dieu a été et demeure la plus grande folie de la raison humaine. Il suffit de regarder l'Histoire passée et présente. Quand on veut donner du sens au monde, on déclare celui-ci pensable. Quand on déclare celui-ci pensable, on assure ce sens par un sens *a priori*, un sens d'avant tout sens. Dieu en l'occurrence. Tout est alors garanti. Pour la connaissance comme pour la vie pratique et sociale. Un seul problème cependant. Un tel Dieu que l'on ne vit pas est un Dieu mort. Ce n'est qu'un grand architecte de l'univers, auquel il n'est pas besoin de croire pour adhérer. Un athée peut croire en un tel Dieu. En outre, un tel Dieu a des effets de mort. Quand tout a du sens, le mal n'est plus un mal. Il est une nécessité. Point donc besoin d'aimer ceux qui souffrent. Ils doivent souffrir. Résultat, on a un théisme qui n'est qu'un athéisme masqué. Ce théisme a fait des ravages. Il continue d'en faire. On a tué au nom de Dieu. On tue encore. L'Inquisition a tué. L'islamisme tue.

Qui se raccroche à un Dieu mort le dispensant de vivre, qui s'agrippe à un Dieu garde-fou devient fou. Pour ne pas vivre, pour avoir le monde, on est prêt à tout. Qui a peur du non-sens du monde a un Dieu en guise de sens, qui tue.

On comprend dès lors le refus de Dieu et l'apparition de l'athéisme. Celui-ci demeure cependant une impasse. Il faudrait, pour bien faire, que l'athéisme soit un vrai a-théisme, à savoir une critique du théisme comprenant la raison de celui-ci et de sa terreur. C'est parce que l'on ne vit pas Dieu que Dieu est un Dieu de terreur et non parce qu'il y a Dieu. Ce n'est pas Dieu qu'il faut mettre en cause, mais l'absence de vie. Quand on ne le fait pas, à un Dieu sans vie on oppose une vie sans Dieu. Autre façon de ne pas être dans la vie. On débouche alors sur un mélange d'athéisme doux et d'athéisme dur. L'athéisme doux consiste à dire que, puisque Dieu n'a pas de sens, c'est le monde qui est le sens. L'erreur de la foi, rappelle André Comte-Sponville, réside dans le fait de croire que le sens de la vie se trouve en Dieu, au-delà du monde[1]. C'est le monde qui est le sens. Il n'y a pas d'autre être que le monde. Nous ne sommes pas autre chose que le réel que nous vivons et nous devenons sages en devenant ce réel. Si nous sommes, c'est parce que nous sentons que nous sommes. Si nous sentons que

1. André Comte-Sponville, *Impromptus*, PUF, 1996, p. 183.

nous sommes, c'est parce que le monde nous le fait sentir. Devenons donc le monde, nous devenons ce que nous sommes. D'où la bénédiction du monde, que l'on trouve chez Nietzsche ou Camus. Pour ne pas gommer le monde par Dieu, ils gomment Dieu par le monde. Commençant dans la douceur, un tel athéisme se termine dans la violence. Celle de l'homme révolté dénoncé par Camus. Ce qui est logique. Quand on fait du non-sens le sens, on ne peut être que contre tout sens et donc on ne peut que détruire celui-ci. Pour prouver que le monde est Dieu, il est impératif de tuer Dieu. D'où la guerre de l'athéisme contre la religion, voire contre la culture. Témoin, la destruction de la religion dans toutes les dictatures communistes et celle de la culture dans toutes les dictatures fascistes.

Si le théisme est un athéisme caché, l'athéisme est un théisme rampant. Cette complémentarité vient de ce que, malgré les apparences, ceux-ci sont au fond d'accord. C'est le monde qui compte. Les modalités seules diffèrent. Alors que le théisme mondanise Dieu en faisant de celui-ci une idole de la raison, l'athéisme divinise le monde en faisant de celui-ci une idole de la raison. Aussi sont-ils deux faces de la même médaille, l'un étant la théorie de l'autre et l'autre la pratique de l'un. Quand on veut être athée, on se justifie en disant que tout a du sens. Quand on dit que tout a du sens, on finit par diviniser le monde et tout se permettre pour exprimer que tout a du sens. Nous vivons présentement dans ce climat idéologique, à savoir celui de l'homme qui regarde le monde au lieu de vivre. Cela donne cet étrange mélange de raison théorique et pratique d'une part, d'esthétisme et de révolte d'autre part. C'est dans ce contexte propre à la modernité que se comprend la question d'Ivan Karamazov.

Celui-ci a une inspiration juste, dont les conséquences sont fausses. Il est juste de dénoncer le théisme qui rationalise le mal et qui justifie ainsi la souffrance des enfants. Il est faux de donner l'athéisme comme remède à ce théisme. Tuer Dieu, sous prétexte de se débarrasser de la religion qui justifie le mal, c'est justifier le mal contre Dieu, après que l'on a justifié le mal en son nom. Le mal au nom de l'homme après le mal au nom de Dieu demeure toujours le mal. D'où l'impasse d'Ivan, de la révolte et de l'athéisme. Face au mal, il importe de faire le bien que l'on ne fait pas, au lieu de faire le mal que tout le monde fait. Il faut donc devenir l'innocent que le monde ne fait pas vivre, au lieu de reprocher à Dieu de ne pas le sauver. Il y a dans la question qu'Ivan adresse à Dieu un refus de s'adresser une question à lui-même. N'accuse-t-il pas Dieu de ce qu'il n'a pas fait lui-même ? Ne reproche-t-il pas à Dieu de ne pas être l'innocent qu'il devrait être et qu'il n'est pas ? Quand on fait le bien, sans plus penser à mal, on devient comme un enfant.

Les autres voient Dieu dans celui qui vit ainsi et lui voit Dieu dans le regard de ceux qui voient Dieu. On ne se demande plus où est Dieu, ce qu'il fait, pourquoi il se tait.

Nous avons tendance à reproduire la crucifixion du Christ. Il y a quelque chose de théiste chez Hérode et d'athée chez Pilate. Bien qu'ils soient opposés, ils sont au fond d'accord, ainsi qu'en témoigne leur réconciliation à la mort du Christ. C'est dominer le monde qui importe, afin de vivre pour lui. Le Christ qui vit en toute innocence dans la vie et non pour le monde est l'intrus. Il faut tuer l'intrus. On le tue donc.

L'opposition entre croyants et non-croyants reproduit un tel schéma. Qui se dit croyant tombe dans une représentation mondaine. Tout comme celui qui se dit incroyant. Opposées dans la forme, ces représentations ne s'opposent pas sur le fond. La croyance est défendue comme le remède miracle par les croyants et l'athéisme est une panacée pour les athées. Il s'agit dans les deux cas non pas d'être, mais d'avoir. On a la foi ou le doute pour dire que l'on a le moyen de conquérir le monde au lieu d'être dans la vie. Si le Dieu sans vie permet de ne pas rentrer en soi, la vie sans Dieu permet d'éviter l'accomplissement de soi. Théisme et athéisme réunis permettent d'éviter la vie qui va de soi à l'infini.

Bergson l'a fort bien compris. Quand on fait de Dieu une entité extérieure sans le vivre, rappelle-t-il dans *Les Deux Sources de la morale et de la religion*, on bascule dans une contradiction insoluble. Après avoir montré qu'il faut un sens pour penser le monde et le conserver et que ce sens est Dieu, il devient impossible d'expliquer pourquoi il convient d'appeler Dieu un tel sens. Pourquoi croire en quelque chose que l'on raisonne ? Et raisonner ce en quoi on veut croire ? Le non-croyant a raison de dire que, si l'on a besoin d'un sens pour vivre, il ne voit guère pourquoi appeler celui-ci du nom de Dieu. D'où son refus de Dieu. Et son désir de ne pas nommer ce qui lui permet de penser. Ce qui pose de nouveaux problèmes. Comment penser sans se demander d'où vient la pensée et ce qui fait penser ? N'est-ce pas inconséquent ? N'est-ce pas renoncer à penser sous prétexte de penser ? Autre contradiction insoluble. En apparence toutefois.

Souvenons-nous. Qu'est-ce qui fait penser ? Cela commence par le fait de ne pas tout accepter. Et donc par deux gestes. Celui de ne pas accepter le mal qui se déroule dans le monde. Celui aussi de ne pas vivre banalement. L'un ne va pas sans l'autre. On refuse le mal parce que l'on a le sens de l'extraordinaire de la vie. Et comme on a un tel sens, on refuse le mal. Quand tel est le cas, on réalise que c'est grâce à une vie infinie, extraordinaire et transcendante, qu'on refuse le mal et que le monde se personnalise. C'est aussi parce que l'on se personnalise en refusant le mal que l'on débouche sur une vie transcendante, extraordinaire et infinie. Dieu devient alors une évidence. La vie infinie et la personne sont liées. La vie infinie est une personne. La personne existe grâce à une vie infinie. On découvre la personne infinie de Dieu en devenant une personne. C'est l'appel de la personne en nous, qui révèle Dieu comme personne. Il n'y a donc rien d'arbitraire dans le fait d'appeler Dieu par son nom. Dieu est un nom évident, quand on vit l'expérience de l'appel et pas simplement celle de coller un mot sur une idée. Qui entend l'appel de la personne en lui entend le nom de Dieu, à savoir personne infinie faisant tout vivre. Ce que retranscrit d'ailleurs le mot Dieu, dérivé de Zeus, le dieu de la lumière et de la foudre, le Tout Vivant.

On l'aperçoit, quand on est dans la vie, pas question de croire ou de ne pas croire. Mais plutôt, un non qui devient un oui et un oui qui devient un non. On est loin de nos pauvres débats sur la croyance et sur l'incroyance. La croyance, ce oui sans non. La non-croyance, ce non sans oui. Les deux sont des impasses, aucun n'étant dans la vie. Aucun n'étant dans la personne.

Il faut se laisser porter par la vie et par la personne. En toute innocence. Comme un enfant. Le mal n'a alors pas prise. Et l'on ne se demande plus pourquoi Dieu le tolère, s'il l'utilise et comment. Étant dans la vie, tout parle. Même au milieu du mal. On comprend alors son erreur. On donne trop d'importance au mal qui se fait, pas assez au vivant que l'on est. On pleure donc sur le vivant que l'on n'a pas su être quand on pleure sur l'enfant abandonné. Signe d'un échec, mais aussi que tout n'est pas perdu. Il y a en nous quelque chose qui sait que l'on est un vivant. On est donc déjà dans la personne infinie, sans le savoir. Si elle n'existe pas pour nous, nous existons pour elle. Il faut dès lors relire la révolte face au mal. Celle-ci est un signe de vie et pas simplement de colère et de haine. Il n'y a, de ce fait, pas de croyants ou d'incroyants. Il n'y a que des vivants. À la nuance près qu'il y a des vivants, des vivants qui ne le sont plus et d'autres qui ne le sont pas encore. C'est ainsi, en tout cas, que le Christ a vu les hommes. Les voir de la sorte, c'est les aimer. C'est voir en eux, même s'ils se disent des ennemis de Dieu, des êtres originaux, souffrants, en devenir comme des enfants sur le point de naître. Les saints de la Sainte Russie vers lesquelles les foules affluaient ont, eux aussi, vu les hommes ainsi. Notamment, les révoltés et les désespérés, pour qui ils avaient une tendresse particulière. Par leur amour, ils faisaient vivre le vivant qui sommeille en chacun.

L'humanité est en passe de naître à la personne infinie. Un jour, elle naît à cette personne. Un jour, la vie s'insurge. L'homme connaît alors une révolte créatrice, un désespoir sublime. Il se révolte contre la vie révoltée qui l'empêche de vivre. Il désespère de la vie désespérée qui lui interdit d'être homme. Alors, l'homme impitoyable qui souffrait et qui faisait souffrir se met à vivre. Et s'il a des pleurs, c'est d'avoir perdu du temps en refusant une vie qui est si belle, si belle en son essence et un homme qui peut être si beau, si beau, en sa destinée…

Quand on écoute son cœur, au lieu de regarder le monde et de se focaliser sur le mal, la vie s'apaise. L'existence se transfigure. On comprend alors la source de la révolte et du désespoir. Le mal n'existe que parce que le bien n'existe plus ou pas encore. Il n'existe en dehors de nous que parce que nous ne faisons pas vivre en nous la personne infinie appelant l'homme à la vie pour que celui-ci fasse vivre le monde. Il n'y a donc pas de silence de Dieu. Il n'y a qu'une humanité qui ne parle pas encore. Quand on le sait, le cœur lavé de tout chagrin et de tout souci, on devient en mesure de saluer la vie et les hommes comme une bénédiction. Parce que l'on est ainsi vivant, la vie commence. Tout sourit dès lors et, là où l'on pensait qu'il n'y a que le silence de Dieu, il n'y a plus désormais que le sourire de Dieu.

Table

3
LES LIMITES DU DÉSESPOIR

4
LES LOGIQUES INVISIBLES

La Philosophie
Milan, 1996

Les Philosophes modernes
Milan, 1997

La Souffrance : la recherche du sens perdu
Gallimard, 1997

Cassirer, la politique du juste
Michalon, 1998

Les Grandes Interrogations morales
Milan, 1999

Les Grandes Interrogations politiques
Milan, 1999

Petit Précis de philosophie grave et légère
Milan, 2000

Petite Philosophie du bonheur
Milan, 2001, 2012

Hegel ou la Défense de la philosophie
Milan, 2001

Les Grandes Interrogations esthétiques
Milan, 2003

Les Philosophes contemporains
Milan, 2004

La Foi, ou la nostalgie de l'admirable
Albin Michel, 2004

Petit Traité sur le devoir du bonheur
Milan, 2004

Saint Augustin ou la Découverte de l'homme intérieur
Milan, 2005

Le Philosophe et la Vie
Entretiens avec Rachel et Alphonse Goettmann
Desclée de Brouwer, 2005

L'Indifférence, une fuite ?
Éditions de l'Atelier, 2006

Petite Philosophie de l'esthétique
Milan, 2006

Pascal ou l'Expérience de l'infini
Milan, 2007

Descartes ou l'Héroïsme de la modernité
Milan, 2008

Le Corps glorieux
Phénoménologie pratique de la philocalie
des Pères du Désert et des Pères de l'Église
Peeters, 2008

Petite Philosophie pour vaincre les jours tristes
Milan, 2009

Comprendre pour aimer la philosophie
Milan, 2009

Retour à l'émerveillement
Albin Michel, 2010

Une vie pour se mettre au monde
(avec Marie de Hennezel)
Carnet Nord, 2010,
et « Le Livre de Poche », n° 32187

Deviens qui tu es
Quand les sages grecs nous aident à vivre
Albin Michel, 2014

Les Grandes Interrogations philosophiques
Milan, 2014

La Tentation de l'homme-Dieu
Le Passeur, 2015

Voyage au bout d'une vie
Bartillat, 2015

Entretiens au bord de la mort
Bartillat, 2015

L'Au-delà
Noesis, 2015

La Miséricorde ou la Défaite de l'enfer
Médiaspaul, 2016

RÉALISATION : NORD COMPO À VILLENEUVE- D'ASCQ
IMPRESSION : MAURY IMPRIMEUR À MALESHERBES (45)
DÉPÔT LÉGAL : MARS 2017 - N° 132542 (215770)
IMPRIMÉ EN FRANCE